JN080977

ウェス・アンダーソン

旅する優雅な空想家

WES ANDERSON

THE ICONIC FILMMAKER AND HIS WORK

by Ian Nathan

イアン・ネイサン＝著
島内哲朗＝訳

フィルムアート社

Brimming with creative inspiration, how-to projects and useful information to enrich your everyday life, Quarto Knows is a favourite destination for those pursuing their interests and passions. Visit our site and dig deeper with our books into your area of interest: Quarto Creates, Quarto Cooks, Quarto Homes, Quarto Lives, Quarto Drives, Quarto Explores, Quarto Gifts, or Quarto Kids.

First published in 2020 by White Lion Publishing,
an imprint of The Quarto Group.
The Old Brewery, 6 Blundell Street
London, N7 9BH,
United Kingdom
T (0)20 7700 6700
www.QuartoKnows.com

WES ANDERSON
by Ian Nathan
Copyright© 2020 Ian Nathan
Japanese translation published by arrangement with
Quarto Publishing plc through The English Agency
(Japan)Ltd.

Designed by Sue Pressley and Paul Turner, Stonecastle Graphics Ltd

This is an unofficial publication and has not been endorsed, sponsored or authorized by either any studios or Wes Anderson. All trademarks, service marks and trade names used herein are the property of their respective owners and are used only to identify the products or services of these owners. The publisher and author are not associated with any product, service or vendor mentioned in this book and this book is not licensed or endorsed by the owner of any trademark, service mark or trade name appearing herein.

PICTURE CREDITS

AF archive/Alamy Stock Photo 14, 18–19, 22–23, 28, 32上, 59, 79, 90, 94, 124–125右, 131下, 136, 197; Allstar Picture Library/Alamy Stock Photo 110; Backgrid/Alamy Stock Photo 187右; BFA/Alamy Stock Photo 8–9, 186–187左; Collection Christophel/Alamy Stock Photo 6, 12, 16, 24, 26, 30, 81, 83, 87下, 92, 99, 126下, 127,132, 140, 142上, 144–145, 146, 180–181上; Entertainment Pictures/Alamy Stock Photo 20–21, 32下, 34, 35, 66, 82, 84–85, 87上, 95, 101, 138–139, 190, 197下, 211, 212l,212–213右, 214, 215, 216, 219上, 219下, 220, 222; Everett Collection Inc/ Alamy Stock Photo 13, 29下,36, 38, 44下, 47上, 50, 51, 54, 61, 96, 126上, 134, 137, 143, 159, 161上, 195, 197上, 198–199左; Featureflash Archive/ Alamy Stock Photo 164; dpa picture alliance/Alamy Stock Photo 175下; Geisler-Fotopress GmbH/Alamy Stock Photo 210; Gtres Información más Comuniación on line, S.L./Alamy Stock Photo 190; LANDMARK MEDIA/Alamy Stock Photo 192, 193, 195, 201, 202, 203, 204上, 204–205下;Moviestore Collection Ltd/Alamy Stock Photo 173, 205上, 205下·左, 208; Nathaniel Noir/Alamy Stock Photo 91; parkerphotography/Alamy Stock Photo 100; Photo 14/Alamy Stock Photo 41, 46, 47下, 57, 58, 63, 64, 73, 74, 76, 78, 89, 124左, 130下, 142下, 161下, 170, 179下; Pictorial Press Ltd/Alamy Stock Photo 36–37右, 105, 206; PictureLux/The Hollywood Archive/ Alamy Stock Photo 29上, 40, 43, 44上, 49, 80; ScreenProd/Photononstop/ Alamy Stock Photo 45; Sportsphoto/Alamy Stock Photo 22, 103, 188; TCD/Prod.DB/Alamy Stock Photo 31, 33, 52, 65, 67上, 67下, 69, 71, 93, 97, 102, 107, 108–109, 111, 112上, 112下, 113, 114, 116, 118, 119, 120, 121, 146, 148, 151, 152–153, 154, 157上, 157下, 158-159, 160上, 160下, 162–163下, 163上, 167, 168, 169, 172, 175上, 176, 177, 178, 179上, 182, 184上, 184下, 145, 189; United Archives GmbH/Alamy Stock Photo 70; WENN Rights Ltd/Alamy Stock Photo 7.

GATEFOLD INSERT PICTURE CREDITS

Bottle Rocket poster: Everett Collection, Inc./Alamy Stock Photo; *Rushmore* poster: Everett Collection, Inc./Alamy Stock Photo; *The Royal Tenenbaums* poster: AF archive/Alamy Stock Photo; *The Life Aquatic* poster: Collection Christophel/ Alamy Stock Photo; *The Squid and the Whale* poster: Photo 12/Alamy Stock Photo; Peter Bogdanovic: PictureLux/The Hollywood Archive/Alamy Stock Photo; *Hotel Chevalier*: Allstar Picture Library/Alamy Stock Photo; T*he Darjeeling Limited* poster: Sportsphoto/Alamy Stock Photo; *Fantastic Mr. Fox* poster: Photo 12/Alamy Stock Photo; Roman Coppola: AF archive/Alamy Stock Photo; James Ivory: colaimages/Alamy Stock Photo; *Moonrise Kingdom* poster: TCD/Prod.DB/ Alamy Stock Photo; *The Grand Budapest Hotel*: TCD/Prod.DB/Alamy Stock Photo; *She's Funny That Way* poster: Everett Collection Inc/Alamy Stock Photo; Bar Luce: Marina Spironetti/Alamy Stock Photo; *Sing* poster: Everett Collection Inc/ Alamy Stock Photo; *Escapes* poster: Everett Collection Inc/Alamy Stock Photo; *Isle of Dogs* poster: Entertainment Pictures/ Alamy Stock Photo; Spitzmaus Mummy in a Coffin and other Treasures Exhibition: Independent Photo Agency Srl/Alamy Stock Photo; *The French Dispatch* poster: Entertainment Pictures/Alamy Stock Photo.

CONTENTS

イントロダクション

「秘訣……わからないな。まず何かすごく好きなものを見つけて、そして……それを死ぬまでやるといいんじゃないかな」[1]

——マックス・フィッシャー『天才マックスの世界』(1998)

ウェス・アンダーソンが監督した最初の映画『アンソニーのハッピー・モーテル』(1996)の最初の場面で、自分のことで頭がいっぱいな主人公アンソニー(ルーク・ウィルソン)が、結んで繋いだシーツを伝って地面に降り、精神病院から脱走する。この念の入った脱出計画は、オーウェン・ウィルソン演じる親友ディグナンの発案。怪しげな計画を練るのが生きがいのようなディグナンは、茂みに隠れて待っている。アンソニーは自主的に入院しており、いつでも好きなときに、正面玄関から堂々と退院できるのだが、ディグナンはそれを知らない。何ごとかと慌てる医師にアンソニーは「あいつがすごくやりたそうだったから」と説明する。「本当のことを言っちゃ悪いと思って」[2]。

上:ウェス・アンダーソンは同居人で友人でもあったルークとオーウェンのウィルソン兄弟主演でデビュー作『アンソニーのハッピー・モーテル』を撮った。監督本人が経験した実話を誇張した物語。

右ページ:2015年ローマ国際映画祭にて。仕立てたように精巧な自作に合わせて個性的なスタイルを開拓した。

『アンソニーのハッピー・モーテル』から『フレンチ・ディスパッチ』(2021)まで、素晴らしくも困惑に満ち、個性的かつ一点の汚れもないような10本の映画たちを監督したアンダーソンだが、このテキサス生まれの映画作家も、ディグナンと同じ思考様式の虜になっているといえるのかもしれない。せっかく本や映画のような冒険ができるなら、出来合いのロープを揺らして大地に降り立つことができるなら、正面玄関から歩いて外に出るなぞもっての他なのだ。現実も、解像度を上げなければつまらない。

アンダーソン映画に登場する複雑な主人公たちを並べてみると、気づくことがある。どのキャラクターも、解決できない何らかの不幸せと格闘している、あるひとりのキャラクターを発展させたものなのだ。「極度の疲労」として現れるその不幸せは、全員に共通した病なのだ。

常に自作によって深い思索を行っているアンダーソンだが、こう発言してもいる。「私がドラマにしたいのは、そして私がときどき可笑しいと思うのは、何かの虜になった誰かが解き放たれる様子なんじゃないかと思うことがあるんです」[3]。

著者が観た最初のウェス・アンダーソン作品は『天才マックスの世界』(1998) だった。三角関係を描いたこの風変りな映画を私が大いに気に入った理由は、どうして自分がこの映画を気に入ったか、はっきりわからないからだった。腹を抱えるほど笑えるがコメディとも言い切れず、心温まる一方で悲しく、シニカルで、すべてを見透かしたような映画でもある。過激で、観ていると気恥ずかしさに歯がむず痒くなるようなギャグに満ちていながらも、心休まる。そしてすべてが美しく整えられている。他にあの映画を表す言葉はみつけられない。そこから私は、ほんの刹那に現れて消えるアンダーソンランドという双極性の不思議の国に行くために、喜んで白兎の穴に身を投じることになった(『ダージリン急行』[2007] の兄弟をめぐる騒動に特に魅かれつつも、『グランド・ブダペスト・ホテル』[2014] にチェックインするたびに、その変わらぬ素晴らしさを再発見してしまうのだ)。

不運な主人公たちの物語を、スイス製時計のような精巧さで組み上げ続けるのはなぜかと問われたら、アンダーソンは狼狽えるだろう。他に方法などあるわけがないじゃないか。「私は、あるやり方に従ってセットをデザインしたり、物を飾りつけたり、映画を撮っています」とアンダーソンは言ったことがある。「方法論を変えるべきかと考えたことも何度かありましたが、結局今のやり方が好きなんですよ。私の、映画監督としての肉筆の証のようなものなんです。現在に至るまでのどこかで、私とわかる筆跡が残る映画を作ると心に決めたんだと思います」[4]。

上：レイフ・ファインズ扮する最高のコンシェルジュ、ムッシュ・グスタヴ・H。『グランド・ブダペスト・ホテル』のフロントにて。この役は監督の分身とも読める。洗練され品があり、ピンチに強い。

ウェス・アンダーソンは、ウェス・アンダーソン以外のものにはなり得ないのだ。コーデュロイのスーツから、ABC順に整頓された本棚から、アート映画への参照から、アナグマに扮したビル・マーレイに至るまで、彼の映画は彼自身の人生の、そして人格の延長なのだ。時としてアンダーソンの作る映画は、映画作りそのものについての映画でもある。『ライフ・アクアティック』(2004)には文字通り撮影隊が登場し、『グランド・ブダペスト・ホテル』ではカオスの只中必死に平静を保とうと努めるムッシュ・グスタヴ・Hが登場するが、悩める芸術家が彼の映画のいたるところに隠れているのだ。

続編などというみっともないものは、アンダーソンにはあり得ない。ダラスの下町からインド北部からディストピアの日本に至るまで、彼の作品世界は幅広く多様だ。そして海洋学からファシズムから犬に至るまで、扱う主題は多岐に渡る。それでもアンダーソン作品群は、完全に自己完結した世界の中で親密に繋がりあっているのが感じられる。もはやウェス・アンダーソンは、ウェス・アンダーソン流の家元なのだ。

実は、アンダーソンは年齢を重ねるにつれて、さらにアンダーソンらしさを増している。『フレンチ・ディスパッチ』は、目にも眩いAリスト俳優たちの共演によるストーリーテリングのお祭りなのだ。

そしてそのような理由により、ウェス・アンダーソンは書籍の題材として魅力的なのだ(彼自身も映画書籍の愛好家である)。精密な演出上の策略。色彩設計を示すムード・スケッチ。厳選された布地。そして定規で測ったかのように精巧なカメラ移動。それらの要素が脚本と切っても切れない関係を維持するような、隅々までコントロールされた映画制作ができる監督は数少ない。着る物や、自分の社会的な居場所の飾り方は、そのキャラクターがどういう人なのかを決定する。美術や衣装デザインは、プロットの捻りや登場人物の語られない背景と切り離すことはできない。『ライフ・アクアティック』の船員たちが、真っ赤なビーニー［折り返しのないニット帽のこと］をそれぞれ微妙に違った角度で頭にかぶっていたのを覚えておいでだろうか。もちろん、アンダーソン本人が各キャラクターの帽子の被り方を一々監修した。彼は分子レベルで映画を作るのだ。彼が作るそれぞれの映画は独自の生態系を持っており、表面には光りが漂っているがその下には暗い潮が流れる海なのだ。

「彼の作品が持つ作り物っぽさには、観る者を引き寄せて息をするのも忘れさせる何かがある」[5]と、「GQ」誌の記事でアンダーソン作品を考察したクリス・ヘスが書いた。「事実とフィクションと感情」[6]が入り混じったあの感覚は、部分的にしか思い出せない夢に似た親近感がある。アンダーソンの作る映画は厳密には現実に根差していないかもしれないが、必ず現実にある何かについての映画なのだ。

撮影現場でのアンダーソンは、親しみやすく魅力たっぷり、そして妥協知らずの活力をもって完璧を求める。「ウェスは、人並外れて親切で辛抱強い奴隷使いだね」[7]と冗談で言ったボブ・バラバンは『ムーンライズ・キングダム』(2012)に出演して以来、年々数を増やしていくアンダーソン組の一員になった。アンダーソン組の常連俳優たちを率いるのは役者兼アンダーソンに霊感を与えるミューズでもあるビル・マーレイだ。バラバンの冗談は、しかし的を得ている。アンダーソンは、死ぬまで「いつか必ず嫌になると思えることは絶対にしない」[8]というポリシーを決めたのだ。ひょろ長い体つきで、声を荒げないことで知られるアンダーソンだが、現場を仕切るのが誰かは心得ている。そのことは、あのジーン・ハックマンさえも肝に銘じさせられた。

自己満足で、甘ったるくてキッチュで、洋菓子屋の商品棚ほどの権威もない取るに足らないものだとアンチ・ウェスの批評家たちにこき下ろされるアンダーソンの映画だが、私なら現代という時代において（あくまでノスタルジックで洗練された部類の現代として、だが）、最もぶれることなく尽きせぬ興味深さをもった作品群として分類するだろう。

ウェス・アンダーソンの作品に絶妙な親しみやすさを与えているのは、他の誰の映画とも違うという事実に他ならない。

映画監督であり批評家であり、数ある映画関係の名著の著者でもあるピーター・ボグダノヴィッチは、友人アンダーソンの作品を指してこう言っている「ウェス・アンダーソンの映画を観れば、どこのどいつが作ったかすぐわかる。でも彼のスタイルを言葉で言い表すのは難しい。最高のスタイルというものは、どれも目立たないからだ」[9]。

次のページ以降、アンダーソンの映画を一本ずつ、制作年代順に（当然だが）、美しい写真満載で詳しく観察していこうと思う。各作品の原点をたどり、インスピレーションの源を探り、どのようなものによって作品が出来ているか論じていく。願わくば謎めいたウェス・アンダーソンという神秘を紐解くことを目指して。ムッシュ・グスタヴに言わせれば、そんなものは「消えゆく文明の微かな灯」[10]にすぎないのかもしれないが。

アンソニーのハッピー・モーテル

長編映画第1作を撮るにあたり、アンダーソンは自分の人生をひっくり返して芸術にした。犯罪の世界に身を投じようと頑張るダラス在住の3人の友人たちを描いたこのカルト映画は、若き監督兼脚本家の実体験と、ちょっとした運から生み出された。

ウェス・アンダーソンの人生とキャリアを詳細に観察するのが本書の目的なのだから、まずは、物語の中の物語の中に隠された物語から話を始めなければなるまい。開けても開けても次がある、何重にも入れ子になったマトリョーシカと較べられるアンダーソン作品だが、彼の映画にもその中心には小さな本体が入っているのだ。

まずは、若きアンダーソンが学校から帰宅して冷蔵庫の上に「感情的にこじらせた子どもの対処法」[1]というパンフレットを見つけた日のことから始めよう。それが兄弟ではなくて自分のことだと、彼はすぐに理解した。「私の兄弟たちは面倒は起こさないし、何かあったら自分のせいだと思うタイプです」[2]。兄弟たちは、アンダーソンと較べるとうまく両親の離婚に適応していた。アイスボックスの上に同じパンフレットを発見し、母の不倫に反抗して愛人未満でボーイスカウトのつま弾き者でもあるサム・シャカスキーと駆け落ちするスージー・ビショップですら、若いアンダーソンよりマシだった。アンダーソンの不適応度は、同じように里親に感情的に問題ありと見做されたサム以上だった。

繊細、いや敢えて言えば複雑だったアンダーソン少年。後にインタビューで幾度となく述べているように、子ども時代最大の「トラウマ」[3]である両親の離婚の答を見つけようと、彼は未だに奇妙かつメランコリーな映画群を作り続けているのだ。『ザ・ロイヤル・テネンバウムズ』の物語の中心にあるのは、大人になった3人の天才児たちが、どうしようもない父親に捨てられて負った心の傷なのだ。

上：ウェス・アンダーソン若干26歳。世界的映画作家というより、いまだヒューストン出身のスケボー小僧という感じ。

話を戻そう。そう、若きアンダーソン。母親が勧めたカウンセリングのお陰かどうかは不明だが、アンダーソンは両親に対して、パリでのひとり暮らしを提案した。若干12歳のときだ。彼はパリ移住計画の利点を売りこむために、提案書を作って両親に渡した。「移住すべき理由を並べたんです」と彼は説明する。「フランスの学校の方が優秀な理科のカリキュラムがある、とか」[4]。提案書はきれいにまとめられていたが、内容はクラスの友達からの受け売りで、「何の根拠もない作り話」[5]だったと、本人が認めている。フランスの首都での生活は何倍も素晴らしいに違いないと、彼は想像した。F・スコット・フィッツジェラルドやヘミングウェイ等、移住してきた有

右：忘れられたデビュー作の公開用ポスター。監督がウィルソン兄弟と一緒にダラスに住んでいた時代の経験が生かされている。

名人を多数輩出する歴史がパリにはあるではないか。

両親にやんわりとその実現不可能性を説かれたアンダーソンだが、現在彼は、一年の半分近くを芸術に溢れたモンパルナス界隈を見下ろすアパートで過ごしている。彼は、ヨーロッパ的なアロマに満ちた作品で知られるアメリカ人映画作家なのだ。

ここで、次のエピソードへ。ヒューストンの街にある気取った名門プレップ・スクール〔大学進学に主眼を置いた私立の一貫校〕で、若きアンダーソンが問題を起こし始めた頃の話。4年生のときの担任が機転の利く女性で（彼女の機転は彼の人生の転機になった）、当てどなく彷徨うアンダーソンの心を一か所に落ち着かせるには、彼に芝居を演出させるしかないことに気づいたのだ。そう、『天才マックスの世界』の主人公、感情的に混乱しながらも抜け目なく頭脳明晰なマックス・フィッシャーのように。

それは週単位のポイント獲得制だった。アンダーソンが一週間何も問題を起こさなければ、先生がポイントをくれた。ポイントが一定数貯まったら、先生はアンダーソンに校内で5分間の芝居を行うことを許可した。「今やっていることは、何というか、漠然とその頃やっていたことの続きのような気がしています」[6]と彼は言っている。

アンダーソンのやりたいことは、最初から芝居の題材と形式に現れていた。地元の重要な歴史的事件といえばアラモの戦い〔テキサス独立戦争のなかで1836年にメキシコ共和国軍とテキサス分離独立派との間で行われた戦い〕だが、アンダーソン版アラモは、「度外れて大きな戦争場面」[7]になったと彼は言う。アンダーソンはデイヴィー・クロケット〔アラモの戦いの英雄〕を演じた。

上：犯罪者予備軍のなり損ない野郎ども。ルークとオーウェンのウィルソン兄弟、近所の喫茶店経営から俳優に転身したクマール・パラーナ、ボブ・マスグレイヴ、そして同居人のアンダーソン。

『天才マックスの世界』のマックスのように、彼も一番良い役はいつも自分で演じた。自分が演出した芝居は「ほとんどの場合、客に喜ばれてました」[8]と彼は回想する。好きだったテレビ番組や映画に強く影響された彼の芝居には、違った演出による何バージョンかの『キング・コング』や、頭を切り落とされた騎乗の男を主人公にした『首無し騎士』を「緩く脚色した」[9]ものも含まれる。演目の中には『5台のマセラッティ』というのもあり、文字通り5台のマセラッティの中に役者が座っているのだった。経験を積んだ現在から振り返ると、「ちょっと動きが足りない」[10]とアンダーソンは認めている。

今さら驚くようなことでは無いと思うが、アンダーソンは大人びた、才能に溢れる子どもだった。恐らく天才児だったのかもしれないし、それは今も変わらない。彼は感情的に問題を抱えた12歳児のまま大人になり、今はその悩みの最高の捌け口を与えられただけなのではないかと言う人もいる。そして彼の捌け口は、私たち観客にとっても最高の感情の捌け口となるのだ。

とても整然とした映画の中で描かれる、とても雑然とした人々。ウェス・アンダーソンの世界を一言でまとめるなら、そういうことになる。描かれる感情は本物だが、それ以外はどこか作り物くさい。アンダーソンの作ったすべての映画の中に、何らかの形で彼自身の過去が見えるのであれば、彼の映画は自伝的なディテールに溢れているということになる。アンダーソンは、彼を彼たらしめているものを、物語の繊維に織りこむ。記憶、場所、名前。友人や知人、近所のコーヒーショップの主人を自作に出演させ、彼独自にカスタムメイドされたスタイルで描く。仮に他人が書いた脚本を監督することになったら、恐らくできない。自分の気まぐれな思いつきだけに彼は仕える。だからこそ彼は作家なのだ。

というわけでこの本は、1969年5月1日にテキサス州ヒューストンで生まれたウェスリー・ウェールズ・アンダーソンの幼年時代を継ぎ合わせた物語から、始まらなければならない。どれも関係があることなので、よく聞いておくように。

アンダーソンは、兄のメルと弟のエリック・チェイスに挟まれて3人兄弟の真ん中に生まれた。兄は医師、弟は芸術家になった。エリック・チェイスの描いた絵の多くが、アンダーソンの映画やDVDのカバーを飾っている。本当の兄弟、または友人同士の役を演じる本当の兄弟が、『アンソニーのハッピー・モーテル』、『ザ・ロイヤル・テネンバウムズ』そして『ダージリン急行』に登場する。兄弟愛もいたるところで描かれる。海洋学者の間にも、カーキスカウト隊員にも、そして戦前のヨーロッパが誇る最高級ホテルのコンシェルジュたちの秘密結社の中でも。

母のテキサス・アン・アンダーソン(旧姓バローズ)は、考古学者だった時期があり、子どもたちは遺跡の発掘現場に同行したこともあった。しかし、3人の男の子を独りで育てるために、彼女は不動産仲介士として働いた。アンジェリカ・ヒューストンが演じる、テネンバウム家の傷ついた女家長エセルが考古学者であることに注目してほしい。母テキサスもまた、いかにも文学的な家系の出身だった。彼女の祖父〔実際は叔祖父〕エドガー・ライス・バローズは『ターザン』の原作者であり、自作のいくつかを冒険ものだと解釈しているアンダーソンにも、曾祖父〔曾祖叔父〕の遺伝子の一部は受け継がれているようだ。父メルヴァー・レナード・アンダーソンは広告と広報の分野で働いた。彼はアンダーソンにスウェーデンの血筋をもたらした。陰鬱に喜びを見出す天才イングマール・ベルイマンを輩出した土地だ。

家族の絆というアンダーソンの最大の関心事。絆を結びつけているのは血縁でも友情でも、機能不全でも、深海探査でもかまわない。それが彼の関心の土台となった。

上：改稿につれて『アンソニーのハッピー・モーテル』の喜劇要素は減り、義理堅くも不健全な友情の物語になった。

高校の運動選手タイプか不平ばかり垂れている一匹狼という典型的なテキサス人のイメージに反して、粋な服に身を包んで独自の世界観で知性を追求するアンダーソンは、異星に追放されたニューヨーカーを彷彿とさせる。ヒューストンでの子ども時代について彼は「暑くて、蒸し暑くて、蚊がいっぱい」[11]と振り返っている。それでもアンダーソンは、最初の2本の映画をテキサスの都会で撮り、この南部の州を夢のような温かさで包んだ。問われれば自分はテキサス人だと答える彼は、決して声を荒げることがない。いつも柔らかなテキサス訛り。

アンダーソンの両親は、ヒューストンにある名門校セントジョンズ（詳細は『天才マックスの世界』参照）に息子を通わせられるほどには裕福だったが、アンダーソンには「金持ちになることに執着する」[12]時期があった。そのとき彼は、贅沢極まりない高級住宅の絵を多数収めた「お屋敷の本」[13]を自分で作ることに凝った。屋敷の前にはロールスロイスが停めてある。『天才マックスの世界』のハーマン・ブルームが乗っているベントレーを彷彿とさせる。

一時期、木の上に住む人たちの絵を描くことにも凝った。枝々には家があって共同体を形成している。『ファンタスティック Mr. FOX』では、上昇志向のフォックス一家が高級住宅街にある木の中に（短期間だが）引っ越す。ツリーハウスは、『ムーンライズ・キングダム』でも重要な役割を果たす。そして、いつも不機嫌なマーゴ・テネンバウムが書いた初期の戯曲は「木の上のレビンソン一家」だった。アンダーソンは、ヨハン・ダビット・ウィースの『スイスのロビンソン』にのめりこんだ。1971年にディズニーが作った映画版では、複雑なツリーハウスの建造が描かれるが、これにも夢中になった。

アンダーソンと兄のメルは、別の方向から家に出入りできるようにと、屋根に穴を開けたことがある。

ちゃんと図面を引き、何日もかけて穴を開けたが、父の逆鱗に触れた。アンダーソンはあれほど激しく怒った父を、後にも先にも見たことがない。

彼の子ども時代は、図面やら、設計図やら、製図で溢れていた。まだ機嫌がよかった頃に父が買ってくれた製図机に向かって、アンダーソンは何時間も複雑な画を描いた。そして世界を、より整った快い形に設え直した。アンダーソンは大人になったら建築家になりたいと思っていたが、後に小説家に変えた。「私が作っている映画は、この2つの組み合わせじゃないかと思います」[14] とアンダーソンは言っている。

アンダーソンが初めて観た映画。彼が思い出せるかぎりそれは、ヒューストンのダウンタウンの名画座で観た『ピンクの豹』(1963) だ。その映画館では、ディズニーのカートゥーン映画も観た。映画制作者という存在に初めて気づいたのは、家にあったアルフレッド・ヒッチコックのボックスセットを片っ端から観たときだった。監督の名前が、主演俳優よりも大きく扱われていたのだ。アンダーソンは作品にも感銘を受けたが、特にアパートのある街角を丸ごと再現した『裏窓』(1954) のセットに驚嘆した。

オタク期を通過することは、避けようもなかった。病院の待合室で、ラルフ・マッカリーによって描かれた『スター・ウォーズ』(1977) のコンセプト画をまとめた本を読んだことを、アンダーソンははっきりと覚えている。そして、スティーブン・スピルバーグ。アンダーソンはスピルバーグが大好きだった。特に「インディ・ジョーンズ」シリーズの持っている、茶目っ気たっぷりの冒険ものという様式がお気に入りだった。

自分は映画を作る運命にあると確信したアンダーソンは、父親のヤシカ・スーパー8という8ミリカメラを無期限貸与してもらい、映画を撮り始めた。注意深く段ボールで作られたセットを活用した映画は、長くても3分程度だった。これは、スピルバーグ、ピーター・ジャクソン、ジョエルとイーサンのコーエン兄弟、J・J・エイブラムスをはじめ、未来の巨匠たちが皆通ってきた道だった。ただしアンダーソンに限っては、制作規模と予算が増えても、手作り感は維持された。

1976年に撮った『The Skateboard Four（未／スケートボードの4人）』は、10代の少年たちがスケボー・クラブを作る話だ。図書館から借りてきたイヴ・バンティングとフィル・カンツによる同名小説の、非公式の映画化だった。アンダーソン扮するクラブのリーダーであるモーガンは、新メンバーの参加によって神経質になり、クラブの調和を乱してしまう。兄弟が持つ対抗心と、リーダーであることにつきものの苦労が、ここから主要なモチーフとして進化を始める。しかも、『ライフ・アクアティック』のプロットとそっくりではないか。

アンダーソンは、兄弟たちを言いくるめて出演させた。その結果、弟のエリック・チェイスは、兄の映画のDVD特典に多数出演することになり、『ファンタスティックMr. FOX』のイカしたクリストファソンの声を演じ、『ムーンライズ・キングダム』ではカーキスカウトのマッキンタイア秘書を演じることになる。

若きアンダーソンの作品の中には極小版インディ・ジョーンズも何本か含まれていたのだが、家族の車の中に置いてあったカメラとフィルムが盗まれたため、永久に失われてしまった。アンダーソンは街中の質屋を探して回ったが、見つけることはできなかった。もう、それは終わったことだ。それも悪くはなかったのかもしれない。アンダーソンは当時を回想して「観ても、将来性は感じられなかったと思いますけどね」[15] と言っている。

18歳になったアンダーソンは、オースティンにあるテキサス大学に進学、哲学を専攻したのがいかにも彼らしい。そこでは物書きが再び彼の目標になった。ジャーナリスト、あるいは小説家、または戯曲家。戯曲のクラスを受講したアンダーソンは、ベネディクト講堂の真ん中に置かれた大きなテーブルに着席した。テーブルの反対側には、ブロンドのヤツが座った。お互い関心も見せず、口もきかなかった。

その男の名前をオーウェン・ウィルソンといい、アンダーソンとウィルソンは、程なくお互いに多くの共通点を見出すことになる。どちらも名門プレップスクールに通い、相手を見下した皮肉屋に見えるが実は照れ屋だというのも同じだった。そして2人とも意図的なアウトサイダーだった。ウィルソンは片眼鏡をしているアンダーソンを覚えているというが、アンダーソンは否定する。俳優にありがちな、話を面白くする調味料の盛りすぎだというのが、彼の主張だ。

2人がついに口をきいた記念すべき瞬間に関しては、諸説が存在する。アンダーソンによると、学校の廊下で「前から仲が良かったみたいな顔をして」[16]横滑りしながら側に来たウィルソンに、どの英語の授業を取ったらいいか尋ねられたそうだ。ウィルソンが覚えている出会いも同じ廊下だったが、近づいてきたのはアンダーソンで、ウィルソンをひとりにして、ぴったりな役があるので自分の芝居に出るように依頼したという。その『チュニジアの夜』という芝居は、サム・シェパードの『トゥルー・ウェスト』という戯曲を基に書いたもので、兄弟の確執がテーマだった。『天才マックスの世界』でときどき戯曲家のマックス・フィッシャーが、いじめっ子のマグナスにベトナムを舞台にした芝居に出演を依頼する場面で、このときの記憶が再現された。

直球ではないがハンサムで、特徴的な鼻（10代で2

右：マスグレイヴとウィルソン兄弟（兄弟役にあらず）。ここもダラスで監督がよく出没した場所のひとつ。

nlotzsky's Schlotzsky's
Schlotzsky's

回折った）で知られるオーウェン・カニンガム・ウィルソンは、1968年11月18日にダラスで、3人兄弟の2番目として生まれた。兄のアンドリューは特徴のないハンサムで、弟のルークも、ちょっと覇気の無い感じだがハンサムだった。3人とも、アンダーソンの初期作品で大きな役を演じている。大学進学の前に、面倒を起こしがちでお喋りなオーウェン・ウィルソンは軍隊学校に送られた。2000年代には当代一のコメディスターになっていく。

学生時代、アンダーソンとウィルソンはルームメイトになった。2人は執筆パートナーであり、紆余曲折に満ちたハリウッドへの長くない道のりを旅するパートナーにもなった。好みのユーモアが似ていることに、ほどなく2人は気づいた。アンダーソンの言い回しによると、2人とも「同じことで悲しい気持ちになる」[17]のだった。ユーモアは悲しさの裏返しとでも言うかのように。

2人がルームメイトになる前に、まずアンダーソンはある取引をしなければならなかった。ウィルソンの友達が、提出期限が過ぎているのにエドガー・アラン・ポー著『アモンティリヤアドの酒樽』に関する小論文を書けずに困っていた。今より良い彼の部屋（ベランダと風呂トイレつき）に移る条件で代筆してやることにしたのだ。結果、ウィルソンも友人のゴーストライターも「A+」をもらった。採点をした準講師が小論文を評して「高尚かつ滑稽」と書き、それは2人のキャッチフレーズになった。「高尚かつ滑稽」[18] 以上にアンダーソンのスタイルを言い表す言葉もそうは無いだろう。

映画の虜である2人は、夜遅くまで話しこんだ。（ジョン・）カサヴェテス、（サム・）ペキンパー、（マーティン・）スコセッシ、（フランシス・フォード・）コッポラ、（テレンス・）マリック、（ジョン・）ヒューストン、そして注目の的だったコーエン兄弟のこと。苗字だけで呼ぶのが恰好いいタイプの映画作家たちだ。アンダー

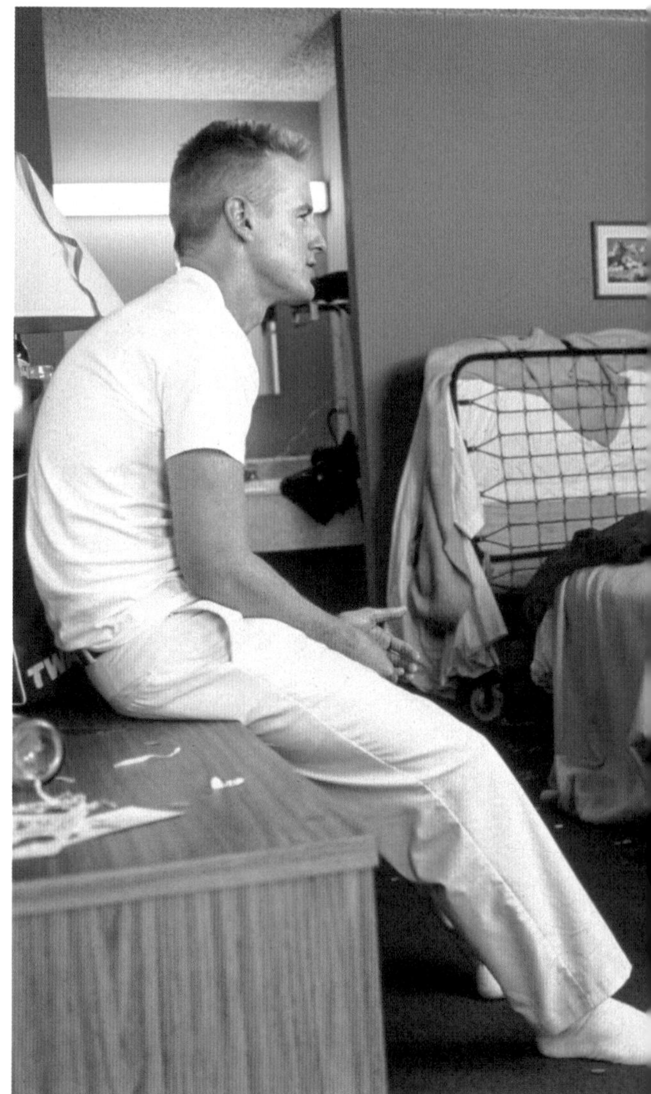

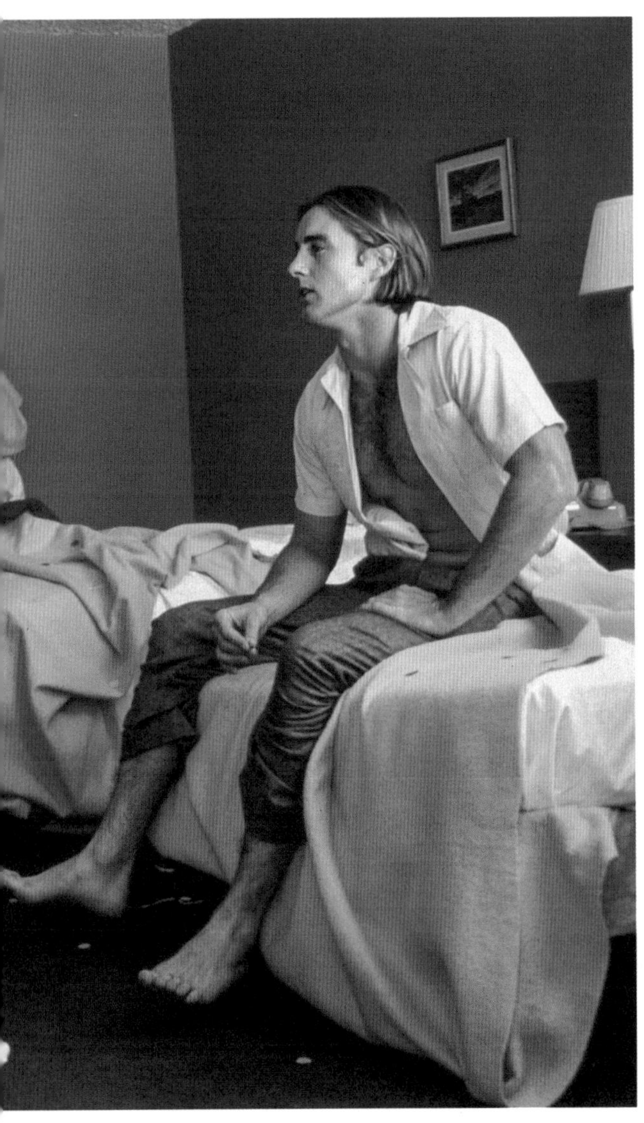

上：本屋強盗の後、ディグナンと親友のアンソニーは、地元のモーテルに隠れる。ロケ地のザ・ウィンドミル・インはアンダーソン・ファンの巡礼地になる。

ソンは、今でもまだ学生であるかのように、決まってウェス・アンダーソンとフルネームで呼ばれるようだが。

大学に映画の貸し出しができる施設があったお陰で、アンダーソンの映画の趣味は成熟した。鑑賞設備はちょっと変わっていた。学生は選んだ映画のビデオテープを手に個別のブースに入って観る。ビデオは持ち出し不可。「並んだブースの窓から、他の人がVHSで何を観ているか覗けるんです」。アンダーソンは、並んだブースの中に映ったヨーロッパの映画の神々が作った作品を思い出しながら語る。フランソワ・トリュフォー、ジャン=リュック・ゴダール、ミケランジェロ・アントニオーニ、ベルイマン、そしてフェデリコ・フェリーニ。「何というか、すごく60年代で……時代遅れっぽかったです」[19]。

大学の図書館には、映画だけでなく映画に関する書籍も多数所蔵されていた。アンダーソンにとって、読書は軽んじることのできないものだった。無類の本好きを自称する彼は、初版本の蒐集家でもある。彼の映画は本で溢れている。『ザ・ロイヤル・テネンバウムズ』や『グランド・ブダペスト・ホテル』の世界は、架空のフィクションとフィクションの事実の中に閉じている。J・D・サリンジャーやシュテファン・ツヴァイクといった悩み多き作家たちの存在が、アンダーソンの作品群に長い影を落としている。さらに本人も、子どもの頃にヒーローと仰いだロアルド・ダールが、生前執筆のときに座った椅子に腰かけて脚本を書いたりしている。

大学時代の彼は、映画監督に関する本を読んだ。ジョン・フォードやラオール・ウォルシュが撮った古い映画とフランスのヌーヴェル・ヴァーグとの関係を解説する本も読んだ。映画監督で映画史家のピーター・ボグダノヴィッチが書いた記事をまとめた本も読んだ（2人は現在友人関係）。スパイク・リーやスティーブン・ソダーバーグがどうやって最初の映

画を世に出したかという本も読んだ。そして、「ザ・ニューヨーカー」お抱えの高名な映画評論家であり、その驚くべき博識と刺すようなこき下ろしで有名なポーリン・ケイルの文章にもはまった。アンダーソンは10年生の頃から夢中でケイルを読んでいた。

以上すべての要因により、アンダーソンは再び映画の道を進む決断を下したのだった。

1991年に卒業後、アンダーソンとウィルソンはダラスに引っ越し、2人の貧乏暮らしの時期が始まった。ダラスには、ウィルソンの父が経営する産業映画制作会社があり、そこで兄のアンドリューが働いていた。2人にとって映画産業のツテといえば、その程度のものしかなかった。3兄弟の父ボブ・ウィルソンは、ある時期地元のテレビ局KERAの重役だった。それはテキサス北部に『モンティ・パイソン』をもたらした局だった。

アンドリューとオーウェン兄弟は、たまに転がりこんでくるルー

上：『アンソニーのハッピー・モーテル』プロモ巡業中のウィルソンとアンダーソン。映画狂で変わり種だった2人は大学で出会った。

右：射撃練習の場面で役に入るウィルソン。この場面をはじめとしてオープニング場面のほとんどは、習作の短編をなぞっている。

上：初商業作品で既にアンダーソン独自の色彩設計は始まっている（マイケル・マンの『ヒート』［1995］を真似た）。この場面では、黄色いカバーオールが赤い車体の前で映えている。

クとボブ・マスグレイヴ（自信なさ気な逃走車運転担当のボブを演じることになる）、そしてアンダーソンも交えて、ソックモートン通りのボロアパートで不健康な生活を送っていた。これはアンダーソンにとって最初の映画ファミリーだったわけだが、当時を懐かしむ者はいなかった。

衛生面の問題はもとより、窓の掛け金は壊れていたので、テキサスの厳しい冬は骨身に沁みた。大家に修理を迫っても、体よく無視された。腹に据えかねたアンダーソンとウィルソンは、無鉄砲な作戦を考案した（ここで覚えておきたいのは、ほとんどすべてのアンダーソン作品は、お喋りの夢想家が考案した無鉄砲な作戦が引き金で始まるということ）。

2人は、自作自演の空き巣を働いた。壊れた窓から侵入し、私物を持ち去り、地元の警察に通報した。大家は簡単には騙されず、これは「内部の犯行」[20]だと主張した（当たり）。しかも肝心の窓は修理しなかった。冷たい隙間風は防げなかったが、代わりにこの経験は2人にアイデアを授けた。けっして効果的とは言い難いが一応犯罪に手を染めた2人は、その経験を執筆中の『ボトル・ロケット』〔『アンソニーのハッピー・モーテル』の原題〕という脚本に活かすことにした。ボトル・ロケットとは、一瞬だけ華々しく火花を散らす安物の花火のことだ。

「あの映画は、当時の私たちの生き方から発生したものです」とアンダーソンは言う。「私たちという存在は、あまりしっかりしてなかったんです」[21]。

当初のプランによると、『アンソニーのハッピー・モーテル』は、アンダーソンとウィルソンが大好きなスコセッシの影響下にある、骨太の犯罪ドラマになるはずだった。しかし、街をうろうろして恰好いい場面を考案して回るという執筆プロセスを経て出来上がったのは、3人のやる気のない友人たち（オーウェン、ルーク、マスグレイヴが演じた）が、金のためというより刺激を求めて本屋に強盗に入る、という物語だった。集めた2000ドルとアンドリューから失敬した機材を手に、彼らはダラスの路上に出かけていった。そして、アンダーソンが「長編映画のオープニング部分」[22]になると考えた最初の場面を撮影した。

アンダーソンは、地元のケーブルテレビ局（コミュニティ・テレビの類）用に短編を作って実験を重ねていた。アンドリューに借りた機材を使って「編集とか他のこと全部」[23]を覚えた。その中には例の大家に関するドキュメンタリーもあったが、大家は無関心を決めこんだ。

家族の家を使って空き巣の練習をする場面は、最近経験した自作自演の空き巣ごっこに基いていた。この8分の場面ができ上ったところで、資金が尽きた。

そこで、ウィルソンは家族に頼った。彼の父が70年代にダラスのテレビ局で働いていたときの知り合いに、L・M・キット・カーソンという男がいた。カーソンは地元の映画産業では重要人物だった。ジム・マクブライドの自伝的ドキュドラマ『David Holzman's Diary（未／デヴィッド・ホルツマンの日記）』（1967）に主演し、彼が脚本を書いた『パリ、テキサス』（1984）は高い評価を受けた。カーソンは、ハリウッドに繋がっていたのだ。

カーソンは、アンダーソンたちに映画制作のイロハを教えるような師弟関係には興味がなかった。代わりに彼が授けたアドバイスは、家族親戚から金を集めてこいというもので、アンダーソンたちは素直に従った。結果5分の映像が追加され、さらに最初の8分に編集の手を加えることができた。こうして著しく改善された13分の短編映画が完成した。

アンダーソンの才能の萌芽の切れ端のようなこの映画に、後に私たちが愛することになる、あの几帳面に構成された彼独特の映画制作術との類似を見出すのは難しい。

勢い任せで手持ちカメラで撮ったような白黒映像は、あからさまにフランスのヌーヴェル・ヴァーグ、特に世慣れた若者たちを描いたトリュフォーのデビュー作『大人は判ってくれない』（1959）から頂戴したものだ。それでも、喋り続ける3人組に、絶え間なく言い争う『ダージリン急行』の兄弟たちの姿を見ずにはいられない。何より重要なのは、この短編によってアンダーソンの長編デビュー作のテンプレートが出来上ったということだ。

次に打つべき手を知っているのは、もちろんカーソンだった。彼はサンダンス・フィルム・フェスティバルに伝手があった（カーソンは重鎮ロバート・レッドフォードと直接話ができる関係だとアンダーソンは信じている）。サンダンスといえば、アメリカのインディペンデント映画を鍛える鍛冶場のようなところだ。アンダーソンの短編は映画祭に招待され、脚本ラボ〔脚本執筆開発のセミナー〕参加というオマケもついたが、監督ラボより格下だとアンダーソンは気を悪くした。

そして、ここで脚本の正体が見極められた。「登場人物の友情に、より大きな比重が置かれることになりました」[24]とアンダーソンは回想する。3人の登場人物は、主役のアンソニー（ルーク・ウィルソン）、お喋りなディグナン（オーウェン・ウィルソン）、そしてボブ（マスグレイヴ）。3人とも、人生をどう生きていいかわからず格闘している。映画を売りこむために、アンダーソンとウィルソンは、業界に蔓延る（はびこる）いつもの連中とミーティングを重ねた。その中にはミラマックスもあったが、彼らはクエンティン・タランティーノのキャリアを熟成させるのに忙しかった。奇跡的なことに、アンダーソンたちはインディペンデント映画のごたごた一切をすっ飛ばすことができた。長編劇映画として『ボトル・ロケット』を作り直すための脚本の初稿が完成すると、カーソンは短編と一

上：花火屋の前でポーズをとる3人の主役。花火のアイデアはタイトル〔ボトル・ロケット〕にも反映され、人生に迷い華々しく燃焼を望む3人の比喩になっている。

緒にハリウッドに送りつけた。

その短編のビデオテープが、モンタージュ〔断続的に繋がれた短いカットの連続〕のようにハリウッドの食物連鎖の中を人から人へ手渡される様子を、想像してみてほしい。まずカーソンは、友人のプロデューサー、バーバラ・ボイル（『エイトメン・アウト』［1988］）にテープを渡す。ボイルは友人でプロデューサーのポリー・プラットにテープを送る。『ラスト・ショー』（1971／テキサスが舞台の可愛らしい映画で、アンダーソンのお気に入り）をプロデュースしてボグダノヴィッチの映画監督としてのキャリアに活を入れたプラットは、才能を見出す鋭い目を持っていた。彼女は原石を見出した。そして「とてもユニークで、変に加工されてなくて、最高でした」[25]と、大喜びでテープをジェームズ・L・ブルックスに見せた。ブルックスは『ブロードキャスト・ニュース』（1987）の監督で、『ザ・シンプソンズ』の共同創作者で、ソニーと取引があり、映画を実際に制作する力をもっており、しかも一風変わったコメディが好みだった。

ブルックスも感銘を受けた。「本当に自分の声を持っているというのは、素晴らしいことだ。それは、ほとんど宗教的な重要性を持っている」[26]と、彼は宣言した。アンダーソンが、蟻塚に群がる何百万という蟻どもと一線を画しているのは間違いなかった。ブルックスは脚本を全部読むためにダラスに飛んだ。読んでいる最中にバスケの試合を見ようとテレビを点けたウィルソンは、ブルックスに大目玉を食らって冷や汗をかいた。ブルックスはボロアパートの住環境にショックを受け、「安ホテル」[27]と呼んだ。そしてアンダーソンとウィルソンに、ロサンゼルスに来て長編映画に相応しい脚本を完成させるように提案した。

ロサンゼルスで2人は、比較的贅沢な生活を味わうことができた。食事代として小遣いが出ただけでなく、カルバー・シティにあるソニーの撮影所にオフィスを与えられた。ロサンゼルス滞在中の2人の写真がある。2人はゴルフ・カートに乗り、魔法の国に来られた幸運に目を輝かせている。しかし実際には、2人がハリウッドのお眼鏡にかなうように脚本を書き直すには、2年という時間が必要となる。もしかしたらアンダーソンとウィルソンは怠けているだけなのかもしれないと、ブルックスは疑心暗鬼だった。打ち合わせでメモを取らないどころか、メモ帳も持ってこない2人にブルックスの苛々は高じたが、それでもソニーは、しっかりとお目付け役をつけるという条件で、短編を長編に拡張するために500万ドルの予算を用意すると提案した。

1994年の後半のある2ヵ月間、アンダーソンと制作チーム（本人は「ギャング」[28]と呼ぶのがお気に入り）は、短編を撮影したダラスのロケ現場に戻って撮影した。ヌーヴェル・ヴァーグ的な生きのいい無関心さは鳴りを潜め、代わりにアンダーソン的な豊かな色彩が動き出した。物語は、よりバカバカしい強盗へと拡張された。映画史に残る、ノンビリした強盗。まず、ルーク・ウィルソン演じるアンソニーの自宅。そして本屋（見事なコメディ場面）。そして冷凍倉庫の金庫狙い。合間にはひっきりなしに口喧嘩と内省が入り、幕間には恋に落ちるアンソニーを垣間見せる。

長方形の2階建て宿泊施設ザ・ウィンドミル・イン・モーテルは、あたかもアンダーソンが映画のために設えたかのようだった。このヒルスボロの街（ダラスから1時間）で制作関係者たちは宿泊し、劇中主人公たちは警察から逃れて隠れる。アンソニーは、パラグアイ出身のメイドであるイネス（『赤い薔薇ソースの伝説』［1992］の愛らしいルミ・カヴァソス）に恋するが、イネスは英語を話せないので、2人の関係は通訳を介して笑いを誘うことになる。そしてこのモーテルの場面で、私たちは初めてアンダーソン監督の遊び心に満ちたユーモアを目にすることになる。アンソニーがプールに飛びこむ場面では、水に抱かれて世間を遮断するという『卒業』（1967）から永久貸与したモチーフが、初めて登場する。後にアンダーソンのキャリアが花開くと、ファンたちが毎年このモーテルで、「麗しの夜会（Lovely Soiree）」というボトル・ロケットの集いを開くようになった。

ブルックスは新鮮さが何より重要と考えたので、主役の3人はウィルソン兄弟とマスグレイヴのままで撮影が行われた。彼らの演技は、ちょっと調子がズレているが、確信のなさがかえって切れ味になった。演技の道に入ろうという気はまったく無かったオーウェン・ウィルソンだが、ディグナンの演技は一際光っている。短編と同じくここでも思ったことはすべて口に出し、兵士のようなつんつん尖ったクルーカットが眩い。ウィルソンは、アンダーソンの映画版アバター第一号だ。いつも何か突拍子もない策略を練っている。一覧表や日程表、行程計画表が大好きで（オレンジと青のフェルトペンで書かれた、健康で幸せな人生75年計画の一部を、観客にも少し見せてくれる）、自分に合うように現実を再装備しようと固く心に決めている。あるいは、すでに大勢の人が推測しているように、監督の心象風景を探る地図として様々な映画を使いながら、カオスな状況に秩序をもたらそうとしているにすぎないのかもしれない。

撮影隊は、足早にヒックリー冷凍倉庫からジョン・ギリン邸へと移動した（ボブと兄が住む上品な屋敷。「フューチャーマン」というわかりやすいあだ名で呼ばれるイジメっ子の兄は、アンドリュー・ウィルソンが見事なまでの不愉快さで快演している）。フランク・ロイド・ライトが設計したジョン・ギリン邸は、アンダーソン好みの直線で構成されていた。続いては、ウィルソンを放校処分にしたセント・マークス学校。かくして『アンソニーのハッピー・モーテル』には、共通体験の場所とリズムが刻みこまれた。

不機嫌な振る舞いが印象的で、名人とはいい難い先住民の金庫破りクマールを演じるクマール・パラーナは、4本のアンダーソン作品に重要な役で出演する前は、たまに芸人もやるコーヒーショップの主人だった。そのコーヒーショップはコズミックカップといい、アンダーソンが住んでいたところからたった3ブロック先にあった。

「あのときはまだ誰も、彼がこうなるとは想像できませんでしたね」[29]と、撮影監督のロバート・イェーマンが語る。イェーマンはアンダーソンから礼儀正しい手紙を受け取った。手紙にはガス・ヴァン・サントの『ドラッグストア・カウボーイ』(1989)の撮影が素晴らしかったので、もしよかったら私のデビュー作の撮影をお願いできないかと書いてあった(イェーマンはいまだに自分の住所がどうして知られたのかわからない)。イェーマンはアンダーソンのすべての実写映画の撮影監督を務めることになり、彼の独特で風変りなスタイルが確立していくのをその目で見届けてきた。90度の素早いパン。優雅なカメラ移動。そしてマーティン・スコセッシに触発された撮影手法の、神の視点で真上から見下ろしたノートや卓上のショットと、ロックの古典にあわせて編集されたスローモーション映像のモンタージュだ(この作品の場合は、ザ・ローリング・ストーンズの「2000マン」)。

物語がクライマックスに向かい始めたところで、地元の犯罪王でありちょっと変わったミスター・ヘンリーが登場する。彼はやる気満々のディグナンたち主人公3人組を自分の組織に招き入れるが、腹に一物ある。アンダーソンは、ミスター・ヘンリー役には有名俳優を欲しがった。偶然にも自分の代理人が、70年代を代表する俳優であるジェームズ・カーンの代理人でもあることがわかった。そしてカーンは、ちょっと大きめのカメオ出演なら融通を利かせられることも(出番は3日という出演依頼だった)。ビル・マーレイも出演を打診されたが、彼がアンダーソンの羅針盤という自分の役目を受け入れるのはまだ先のことだった。

まずアンダーソンは、カーンとやり合う羽目になった。カーンは空手コーチのタク・クボタを伴って夜現れた。まるで打ち合わせたかのように、クボタはローボートという名のミスター・ヘンリーの空手のインストラクターに配役された。ある夜、アンダーソンはドアを叩く音で目を覚ました。バスローブを引っかけてドアの隙間から外を覗くと、そこには堂々とした体躯のスターが立っていた。アンダーソンは「彼はすごく興奮してました」[30]と回想する。カーンは翌日撮影する場面の話をしにきたのだが、空手の要素を入れた方がいいと主張した。「いいから。見せてやるから」[31]とカーンは言い張り、無防備なアンダーソンにヘッドロックをかけ、洗面所に引きずりこんで鏡の前で場面を演じてみせた。

「いったいどういうこと?」と酸欠気味のアンダーソンは思った。「私はバスローブ一枚で、ソニーに痛めつけられてるんだ」[32]。アンダーソン作品には『ゴッドファーザー』(1972)が頻繁に参照されるが、カーンの存在はその最もわかりやすいものになった。

カーンは、金言のようなアンダーソンの物語に困惑したが動揺はしなかった。彼は、困惑するほど全

上：フランソワ・トリュフォーがアンダーソンに与えた巨大な影響。『アンソニーのハッピー・モーテル』が持つ緩いと同時に衝動的なスタイルは、フランスの巨匠のデビュー作『大人は判ってくれない』から拝借したもの。

左：マスグレイヴとウィルソン兄弟。強盗希望の仲間たちの中で一番乗り気でない逃走自動車運転手、ボブ・メイプルソープ役。有名な写真家から頂戴した苗字は、いかにもアンダーソン的。

下：『アンソニーのハッピー・モーテル』興行失敗後にゴーカートに乗って和むアンダーソンとウィルソン。ゴーカートは『天才マックスの世界』の課外活動のひとつになる。

左：『アンソニーのハッピー・モーテル』の製作を可能にしたのは、ジェイムズ・カーンが持つ知名度だった。3日しか出番がなかったカーンは、脚本がよく理解できなかったと認めている。最初の2日はコメディだということすら気づいていなかった。

右ページ：アンダーソンもウィルソンもカーンは怖いと感じていたが、その理由の一つは、2人が『ゴッドファーザー』（1972）のソニーのことばかり考えていたからでないとは言い切れない。

力で立ち向かう役者だった。大雑把に言うとカーンは、黒澤明作品に出てくる侍みたいに髷を結って大袈裟に役を演じた。しかし、空手対決の場面で尊敬するクボタ先生が白いブリーフ一丁で現れたとき、カーンはようやくこれがコメディだと気づいたのだった。

編集も一筋縄ではいかなかった。アンダーソンの粗編集はお喋りが多すぎて、プロデューサーを苛立たせた。見るからに豪勢だがただ映っているだけ、という場面がたくさんあった。アンダーソンは、手に負える形に編集し直すように説得され、従った。しかし問題はそこで終わらなかった。何と、これ以上奇抜なコメディは要らないという理由で、サンダンス映画祭の参加を断られたのだ。まるでこの作品は、仲間外れにあっているかのようだった。

さらに、テスト試写の結果『アンソニーのハッピー・モーテル』は、ソニー史上最悪の評価を受けてしまった。試写の前にソニーの重役たちは、この作品には何の期待もしていないと宣言してアンダーソンを悲しませた。そんな彼らの「気分」[33]は、試写によって証明されてしまった。観客は群れになって途中退席し、アンダーソンも事態を理解した。徹底的な再編集だけでなく、追加撮影も必要だった。損害が大きくならないように手が打たれた。まずソニーは公開日を遅らせ、プレミア上映を中止し、最終的に1996年1月に、ほとんど宣伝もしないままわずかな館数で公開し、映画を見捨てた。

制作中、アンダーソンの自信は「自分史上最高」[34]だったが、公開によってそれも打ち砕かれた。ウィルソンは海兵隊に入ることを真剣に考慮した。

しかし、ブルックスは希望を捨てなかった。この映画は巧みに演出されている。絶対に良い映画になるという直感の声は、大きくなり続けた。スタジオは及び腰だが、批評家たちはアンダーソンを理解し始めた。ブルックスは方々で試写を繰り返し、評判が評判を呼び始めた。この監督には何かがある。それが何なのかは誰にもはっきりはわからない（そして今もって完全にはわからない）のだが。

「ロサンゼルス・タイムズ」紙の批評家ケネス・トルーマンは、作品を擁護した最初のひとりだった。彼はこの映画がサンダンスに断られたのは「説明不可能」だと考えている。そこには新しくてユニークな感性があった。悪戯心があり心に響く誠実さもあった。「悪意の無い朴訥とした、犯罪者版『カンディード』〔フランスの啓蒙思想家ヴォルテールによるピカレスク小説〕のような3人組を描いたこの自信に満ちたデビュー作がとりわけ新鮮に感じられるのは、その真面目くさった繊細な感性を一瞬たりとも緩めないからだ」[35]と彼は続けている。

「ここにあるのは、ナイーヴだが先駆的なコメディだ」と、「ワシントン・ポスト」紙のデッソン・ホーが書いた。「ものごとがどのように起きるかということに対する、作り手の純粋な興味を感じる。それが、どんなに奇妙なことであっても」[36]。

『アンソニーのハッピー・モーテル』の場合、標準的な物語の結末は手に届くところにはない。何ひとつ解決せず、謎に満ちている。アンダーソン独自のスタイルはまだ姿を現したばかりだ。これは、アンダーソン作品の中でも一番緩い映画だ。服装に関しても同じことがいえる。現場で撮られた非公式スナップの数々には、ジーンズを履いてジョン・レノンみたいな眼鏡をかけ、少年のように短い髪で案山子のように立っているアンダーソンが写っている。あたかも、年につれて彼も彼の映画も、小ぎれいになっていったかのようだ。

ダラスを中心に活動する映画評論家のマット・ゾラー・サイツは、USAフィルム・フェスティバルで初上映された短編『ボトル・ロケット』のレビューを書いて以来のアンダーソン祭壇の敬虔な信者だ。そんな彼は、長編『アンソニーのハッピー・モーテル』がダラスという街を「個人的で芸術的に描いて独特」[37]に見せたと評した。アンダーソンの物の見

上：カーンの配役が実現したのは、彼の代理人が偶然アンダーソンの代理人でもあったから。本命ビル・マーレイは脚本を読みもしなかった。

左：予測不可能なカーンだったが、スターらしい興味深い逸話で若いフィルムメイカーたちを魅了した。この作品は彼の名声に賭けていた。

上：ルーク・ウィルソンは、ロマンチックな役柄を演じられるかどうか不安だったが、彼とパラグアイ人のイネス（『赤い薔薇ソースの伝説』［1992］のルミ・カヴァソス）の場面は、優しさに溢れるものになった。

方の公正な寸評と言える。光と空間と建築物への深い理解によって、ダラスは魅惑の街になった。80年代の大河メロドラマ『ダラス』が世界中の人に条件づけしてしまった、無秩序に並ぶ出来合いの高層ビルと牧場というイメージからは、ほど遠い。アンダーソンはダラスにポップアートと寂しさという抑揚をつけて、あたかもパリであるかのように扱った。

まだ完全とは言えないまでも、この映画には彼の持つビジョンが見える。細かいディテールと全体的な気分が等しく存在する映画作家の世界。ジョージ・ルーカスと同じように、アンダーソンも異質な世界を作り上げる。そしてルーカスと同じく、彼の作る世界も本物の感情に根差しているのだ。

ここで少し参照の話をしよう。アンダーソンが文化を蒐集するカササギのような作家で、その幅がいかに広大かという話をするのに、キャリア初期の今は都合が良い。彼が作ったすべての映画は、まるで切手のように蒐集された映画や文学、アート、そして音楽の引用のコレクションで、それらの引用をたどるとアンダーソンの思考が見えてくる。言うまでもなく彼は熱烈なシネフィルであり、映画という豊饒な土壌から自らの作品を栽培している。『アンソニーのハッピー・モーテル』の撮影中、アンダーソンは常にフランス映画の影響を、さらにベルナルド・ベルトルッチのスパイ・スリラー『暗殺の森』(1970)のような官能的な街の風景を忘れないように、スタッフに言い含めた。イェーマンは、カメラのファインダーの脇に『暗殺の森』から複製した写真を貼っていたほどだ。

しかしアンダーソンのスタイルは、タランティー

上：変な言い方だが、ルーク・ウィルソン演じるアンソニーが表面的には本作の主役だった。優しいが心に何かの傷を負った主人公は、アンダーソン作品のいたるところに見られる。

ノ的な、早撃ちガンマンのごとき引用と参照からさらに一歩先に行く。彼の映画はやがて、それ自体が文字通りコレクションになっていった。すべてのコマは小道具と装飾の宝箱となり、キャラクターたちはその中に配置され、反映されるのだ。

疑うことを知らないバカ者たちの物語と、それを作った出来損ないのフィルムメイカーたち。そこには確かに約束された何かがあった。それは未来と冒険の夢なのだ。

売上げの屈辱はもはや救いようがないが（100万ドル以下）、あんなしみったれた公開の条件では勝ち目もない。そしてこの興行的大失敗からカルトが形成された。この作品は1996年の最高の10本に入ると言ったのは他ならぬスコセッシだった。彼の発言はこの作品がDVD化されたときに新しい命を得ることを確約するだけでなく、新しい一群の映画作家たちの先陣を切る存在としてアンダーソンを紹介したのだ。

「シニシズムの欠片もない映画が、ここにある」とスコセッシは書き、作品の得難い素晴らしさを説い

上：オーウェン・ウィルソンが演じたアンソニーのズッ友ディグナン。ボトルロケット(安物の花火)〔本作の原題〕を握っている。神経質で喋っていないと落ち着かない彼の癖は、キャラクターのひとつの原型になる。

た。彼は作品の持つ繊細さにも惹かれたが、強く感銘を受けたのはキャラクターの人間味だった。「人生が危険に満ちていないと現実が実感できないような若者たち。ありのままでいればいいということを、知らないわけだ」[38]。

スコセッシは、登場人物たちとの親密さにおいて、レオ・マッケリー（『吾輩はカモである』［1933］や『新婚道中記』［1937］等、スクリューボール・コメディの監督）や、フランスの名匠ジャン・ルノワールとの類似性を指摘した。いずれもアンダーソンが深い関心を示した映画作家たちだ。ちょっと歪んだ友情や目的への渇望を描いた、無軌道な青春への賛歌である自作『ミーン・ストリート』（1973）との類似を指摘しなかったのは、スコセッシの思慮深さによるのだろう。

かつて、才能が興行収入より声高だった時代があった。流行の先を行く若い才能が求められていた時代に世に出たアンダーソンとウィルソンのキャリアは、この後ロケットのように空高く昇っていくことになる。

天才マックスの世界

劇場長編第2作の発想の源として、アンダーソンはヒューストンにあるお上品な私立一貫教育校に通った自らの日々を選んだ。結果として出来上がった若者の通過儀礼を描く高度に洗練された悲喜劇は、これ以降のすべてのアンダーソン作品の出来を測る基準となった。

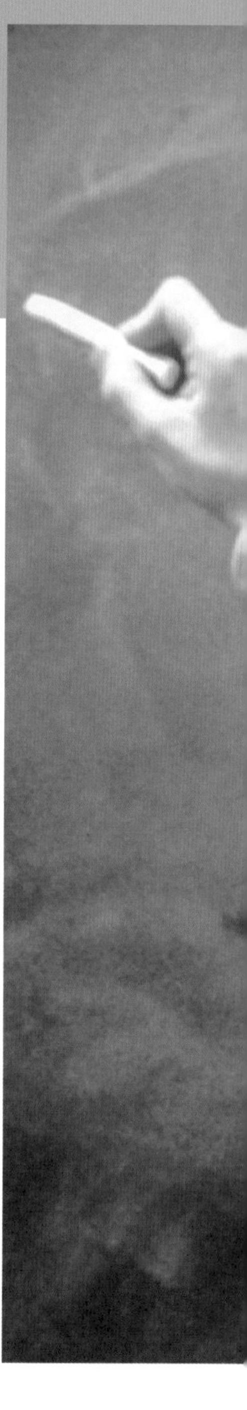

撮った映画はまだ一本しかないというのに、ウェス・アンダーソンは、自分の気まぐれだけに導かれる作家のように振る舞った。『アンソニーのハッピー・モーテル』がほとんど儲けを出さなかったのは、ある意味祝福でもあった。アンダーソンに箔がついたのだ。スコセッシがアンダーソンへの忠誠を宣言して以来、ハリウッドの上層部（お金を持っている人たち）の間でアンダーソンに好意的な者の輪は広がる一方だった。瞬く間にアンダーソンは、逸品と認定されたのだ。スタジオに甘やかされて個性的な作品を撮る映画作家。スタジオの連中は、信用の徴とでもいうように、こぞってアンダーソンを着用した。

チョコレートの詰め合わせ箱のような自らの想像力から、アンダーソンは好きな味を選び放題なはずだ。それでも一作撮り終えて次作の構想を巡らせているときは、次に行きたい方向を完全に理解している。次はラシュモア学園に入学だ。ややこしく拗れた感情を抱えた15歳のませた若者と、どこか自滅的な中年の鉄鋼王の物語。そう聞いて大ヒット間違いなしと思った人はいなかったが、喜んで賭けに乗ろうという者は大勢いた。

『アンソニーのハッピー・モーテル』と同様、『天才マックスの世界』も、アンダーソンが結局は入学しなかった映画学校の願書に添付された企画書を基にしている（その中には『ライフ・アクアティック』のアイデアを書き留めたものもあった）。本作の脚本は『ア

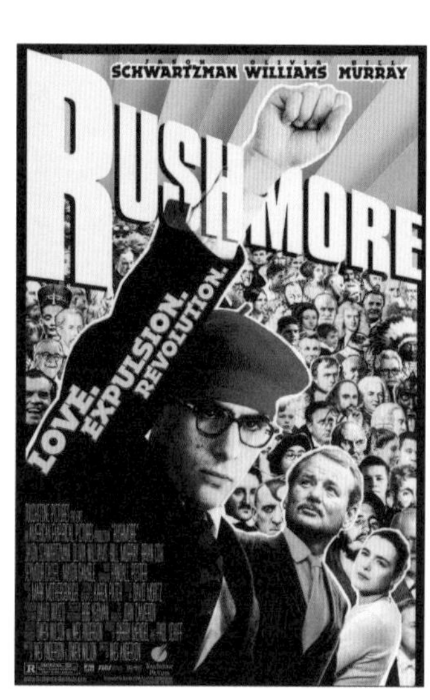

右：アンダーソンの出世作と目される『天才マックスの世界』は、きわめて私的なデビュー作以上に私的な作品。

右ページ：学園のはみだし者マックスを演じるジェイソン・シュワルツマンは、アンダーソンが想像したマックス像の正反対だったが、精神的にぴったり適合した。歩き方も決め手のひとつだった。

$\frac{x^2}{a^2}+\frac{y^2}{b^2}=1 \Rightarrow$

左：チャールズ・M・シュルツの実存主義的マンガ『ピーナッツ』。負け犬のチャーリー・ブラウンと70年代に制作されたアニメ版が、『天才マックスの世界』に長い影を落としている。

ンソニー』と同様、オーウェン・ウィルソンと共同で執筆されたが、2人がアイデア出しを始めたのは『アンソニー』の制作以前だった。アンダーソンは共同作業に依存する。彼が共作ではなくひとりきりで脚本を書いた作品はひとつしかない。誰かとアイデアを話しあったり実演してみるまでは紙に書かないというのが、アンダーソン好みの執筆の流儀なのだ（当然丸めて捨てられる紙が増える）。話し相手が欲しいのだ。同志たちとわいわい賑やかな現場と較べて、ひとりで脚本を書くのはあまりに孤独な作業なのだ。

パッケージとして考えた場合、『天才マックス』はリンゼイ・アンダーソンの『Ifもしも....』（1968）に代表されるような、英国伝統の騒々しい「学園もの」[1]のような映画になると想定された。それを、チャールズ・M・シュルツが生んだ新聞漫画『ピーナッツ』に登場する不器用でドジなチャーリー・ブラウン的魅力で煎じ、さらに自分のプレップ・スクール時代と、幾何のテストでカンニングをして放校処分を受けたウィルソンの体験を足したものだ（『ピーナッツ』が隠し持つ痛々しさはいつもアンダーソンの心を慰めた）。参照された映画を並べてみると、まず世代を超えた恋を描いた『ハロルドとモード 少年は虹を渡る』（1971）、そして1976年に作られて続編を生みだした、シニカルな子どもたちが活躍する野球映画『がんばれベアーズ』（アンダーソン映画に登場する子どもたちの群れについて考える上で必須教材）、そして後で詳しく触れるが、大人の男性に訪れる危機を描いた、台詞の多いスリラー映画群だ。

アンダーソン愛好家にとって、もしかしたら『天才マックスの世界』は監督の持てる才能の最も豊饒な現出なのかもしれない。アンダーソンの伝記的書物の著者マット・ゾラー・サイツは、この映画は歴史上「数少ない完璧な映画」[2]だと考えている。独自のスタイルが芽を出したのは、まさにこの作品だ。ここにあるのは、仄めかされた継ぎ接ぎの断片や、定規で測ったような凝った撮影だけではない。象徴的に映画を包みこむような賑やかな仕掛けや（この場合は、実際にセットで撮影された開くどん帳）、ウィットの効いたキャプション（ジャン=リュック・ゴダールから得た閃き）、リスト化されたような小道具大道具の数々、衣装、歌、三角関係の一番尖った角のような女性、「哀しすぎて面白い」のと「面白すぎて哀しい」の真ん中のような、捉えどころがない一方でピリッと辛口の気分がある。そして、ビル・マーレイがある。

『天才マックスの世界』は、アンダーソン本人の通過儀礼だったのである。

オーウェン・ウィルソンは、知ったかぶりを演じる芸風とその恰好の良さのお陰で、『アナコンダ』(1997)、『アルマゲドン』(1997)、『ケーブルガイ』(1996)といった一連の映画に出演、頭の悪そうな役柄が続いた（『ケーブルガイ』での彼の役名「感じの悪い彼氏」は、親友アンダーソンのお気に入り）。アンダーソンのダンスパートナーとしてのウィルソンの役回りは、歳月とともに満ち欠けを繰り返すことになるのだが、彼は友人との共同作業を何より大切にした。もう一生脚本を書かせてもらえないかもしれないという「迫りくる恐怖」[3] に対処するために、『アンソニーのハッピー・モーテル』騒ぎが収まった後、ウィルソンとアンダーソンは学校に戻ることにしたのだ。

本人と見分けもつかないような変装をしたウィルソンが『天才マックスの世界』に友情出演しているという噂があるが、それは本当ではない。脚本以外での彼の貢献とは、教室に貼ってある写真の中に写っているだけだ。ルーク・ウィルソン（『アンソニーのハッピーモーテル』がもたらした好機を活かして俳優として活躍を始めていた）は、手術着に身を包んだ人当たりの良いボーイフレンドとして、小さな役を演じた。

『アンソニーのハッピー・モーテル』の脚本を完成させようと苦労していたとき、アンダーソンはバリー・メンデルに出会った。2人は気が合った。人生何があっても動じず達観しているという共通点のある2人だが、メンデルは加えてハリウッドの人脈を持っていた。メンデルの援助によって『天才マックスの世界』の脚本は、ニュー・ライン・シネマ（ワーナーブラザースのインディ映画部門）が支払った元手によって開発されることになった。しかしアンダーソンが、『天才マックス』は一貫校を舞台にした『セルピコ』(1973) だと奇妙な売りこみをかけたとき、ニュー・ラインの忍耐も限界に達した。メンデルはめげずに脚本を競りに出した。4つのスタジオが手を挙げ、ディズニーの大人向け映画部門であるタッチストーンが競り落とした。取締役会長のジョー・ロスが『アンソニーのハッピー・モーテル』の隠れファンだったのだ。ロスは『アンソニー』の2倍の予算を提示したが、900万ドルでは一世一代の賭けというほどでは無かった。

何度も出てくるインディ映画という分野について一言。アンダーソンが作る映画の傾向、仕立てられたコーデュロイのスーツ、フランス映画愛、中庸な売上げ。以上いかにもな要素のお陰で、アンダーソン映画は90年代のシネコンに吹き荒れたミラマックスのインディ映画革命を構成する作品群に数えられる傾向がある。お馴染みの面々、たとえばトッド・ヘインズ、トッド・ソロンズ、ポール・トーマス・アンダーソン、スパイク・ジョーンズ、クエンティン・タランティーノと彼の早口ギャングども、そして（今は違うが）スティーブン・ソダーバーグ。もちろん、彼らの成功がアンダーソンの急上昇を可能にしたのは間違いないのだが、一方ですべてのアンダーソン作品は、スタジオの製作システムに抱かれて作られたということは明確にしておくべきだろう。

比較されがちな同世代の映画作家たちと較べて、アンダーソン本人がまるで皮肉屋ではないのは皮肉なことだ。引用と参照とジョークの強烈なコラージュのような彼の作品であるが、どれも誠実なのだ。アンダーソンは自作の登場人物を突き放さない。登場人物の中に自分を見出すのだ。『天才マックスの世界』は彼自身の言葉によると「心がピュアなんです」[4]。

上：2人の美しい関係の始まり。マックスの、ちょっと自殺願望のあるメンター兼相棒兼恋敵ハーマン・ブルーム。演じるのは、やがてアンダーソンのミューズになっていくビル・マーレイ。アンダーソン念願の配役だった。

ディズニーが購入したのは、緩やかに落ちぶれつつあるヒューストンの小中高一貫校ラシュモア学園から2001年卒業予定のマックス・フィッシャー（ジェイソン・シュワルツマン）の物語。多才だが救いようのない、心は50歳で体は15歳という感じのマックスは、一年生担任の魅力的なローズマリー・クロス先生（オリヴィア・ウィリアムズ）に夢中だ。歳の差なんか気にもならないマックスだが、クロス先生はおおいに気にしている。

念のため言っておくと、マックスは自分がイケてると思っている。少なくとも、そのように振る舞う。熱に浮かされ、頭も口も高速回転しているような、『アンソニーのハッピー・モーテル』のディグナンのように喋り倒すのだ。貧乏な家庭の生まれだが、課外活動の分野では彼の偉業を知らぬ者はいない。62秒間続く華麗な「卒業アルバム」モンタージュによって、アンダーソンは私たちに彼流のイケてる学園生活を垣間見せてくれる。フランス語クラブ部長、切手とコイン蒐集クラブ副部長、カリグラフィ部、第二合唱部指揮者、養蜂クラブ部長、その他諸々。

さらにマックスは、地元のビジネスマンであるハーマン・ブルーム（やる気のない演技が実に自然体なビル・マーレイ）を捕まえて、校内に水族館を建設する資金援助を頼む。

ハーマンがローズマリーを口説こうと思いたち、事態はややこしくなる。「僕が先に好きになったんだ」[5]と怒ったマックスは宣言し、2人の戦いが始まる。もうひとつ言っておこう。マックスがかます無尽蔵のハッタリの奥には、彼が誰にも明かさない亡き母への深い悲しみがある。

マックスはウェスであるという読みは、単純すぎる。ラシュモア学園の廊下や芝生は、確かにアンダーソンがヒューストンで通った母校セント・ジョンズ・スクールとそっくりかもしれないが（何しろロケ地だし）、アンダーソンは大概の授業で成績優秀だった。一方マックスはほとんどの授業で落第寸前だ。

しかし、アンダーソンもマックスと同じように芝居を上演した。自称マックス・フィッシャー劇団の団長であるマックスは、アンダーソンの映画みたいに精巧だが見掛け倒しの舞台を演出する。どの芝居もアンダーソンとウィルソンが好きなタフガイ映画の翻案だ。その中のひとつが、警察の汚職を追求したシドニー・ルメットによる映画『セルピコ』だ。ニューヨークのロフト・アパート、高架鉄道、児童たちのぶっきらぼうなニューヨーク訛りに至るまで、完璧だ。それから、アンダーソンも年上の先生に一

上：マックス（シュワルツマン）と恋愛の対象クロス先生（オリヴィア・ウィリアムズ）。ウィリアムズと出会った途端、一見よそよそしいが壊れやすい英国人が先生役を演じるべきだとアンダーソンは理解した。

目惚れしていた。

黒髪のシュワルツマンは、コッポラ一族の御曹司だ（母タリア・シャイアは、『ゴッドファーザー』を監督したフランシス・コッポラの妹）。そんなシュワルツマンは、家政婦に「深く」恋していたと白状している。そのシュワルツマンに、ウィルソンの規律に欠ける部分を足してできたのがマックスだとするなら、マックスは間違いなく漠然とした不安の塊となるだろう。

マックス役を射止めようと、アメリカ、カナダ、英国の隅々から、1800人もがオーディションを受けに来た。アンダーソンは、絶対にハリウッドの有名人の甘やかされた子どもに役を持っていかれないように、14人のキャスティング・ディレクターを働かせたのだが、結局有名人の子どもに落ち着いた。

シュワルツマンは、俳優になりたいと思ったことはなかった。17歳の彼はドラマーだった。フランシス叔父さんによると、シュワルツマンの演技経験といえば親族が集まったときに従姉が演出した芝居だけだった。彼は、そのときの従姉ソフィア・コッポラに『天才マックスの世界』のキャスティング担当者に会うように説得され、キャスティング担当者にはアンダーソンに会うように説得されたのだった。

シュワルツマンが部屋に入った瞬間、2人は親密さを感じた。それはお互いの若さのせいでもあり、お互い相手が履いていた靴に感心したからでもあった（シュワルツマンはコンバースのサンダル、監督は赤い反射板つきの緑のニューバランス）。そして両者ともウィーザーズというロサンゼルスのロックバンドが好きだった。決め手となったのは、他の俳優たちと同様にネイビーブレザーを着て現れたシュワルツマンがつけていた、手製のラシュモア学園の校章だった。アンダーソンのハートを射止めたいなら、こんな手に限る。

ハリウッドに来たというのに、この若き映画監督は、どこから見ても名門学校出のお上りさんという感じの、6フィート1インチ〔185センチ〕の体格には小さすぎるブレザーとお揃いのズボンを身に着けていた。映画制作というより、宿題を手伝ってくれるお兄さんという感じだった。時が過ぎるにつれ彼の新奇なファッションは緩くなり、茶色のスーツとアスパラガス色のタイ（またはアスパラ色のスーツと茶色のタイ）に落ち着いた。

アンダーソンが脳内に思い描いていたのは、「15歳のミック・ジャガー」[6]だったが、がっちりとした体躯で無表情なシュワルツマンに会った彼は歓喜した。「最終的にこの映画は――まあ、彼の顔と声がすべてです。それと彼の独特の個性ですね」[7]。

結局自分は俳優だったという事実を認めざるを得なかったシュワルツマン（6本のアンダーソン作品に出演し、コッポラ一家とアンダーソン一座という2つの大家族の一員になった）。マックスというキャラクターが持つ肥大した世界観を彼は見事に作りあげて演じきり、一瞬たりともその仮面を外さなかった。グルーチョ・マルクスみたいな眉毛と道化のような眼鏡の下に覗く彼の表情は、ほぼ微動だにしなかった。技術的な問題もないわけではなかった。10代としても毛深かった彼は、役柄の年相応に見えるように毛を剃ったりワックス処理する羽目になった。特にレスリングの場面では。「そう、手もね」[8]とシュワルツマンは言って眉をしかめた。

チェスの天才ボビー・フィッシャーに名を借りたマックスには、神童っぽいところがあった。マックスは、萎れていくラシュモアの伝統を守ろうとしているのだ。アンダーソンの映画は、寓話のような昨日に向けられたノスタルジアに傾倒していく。最盛期のグランド・ブダペスト・ホテルを回想するグスタヴ・Hを見るがいい。映画のキャラクターと、世

右ページ：マックスが参加する山のような課外活動のひとつが、彼が編集人を務めるラシュモア学園の学校紙「ヤンキー・レビュー」。課外活動モンタージュは、アンダーソン宇宙を構成する多用な趣味興味を示唆している。

界と、監督が、揃って時間を逆行していく。だから彼の映画は時代を超越できるのだ。

すべてはマックスにとって芝居なのだ。彼は、年上の女性（もしかしたら母親代わり）と大仰に恋に落ちる、女たらしの男を演じている。彼のジェスチャーからは、『卒業』（1967）のダスティン・ホフマンのような、抑圧されたエネルギーが伝わってくる。不愉快そのものでありつつも、マックスは親しみやすさを失わない。それがこの映画の楽しさのひとつだ。応援したくなる。彼は裕福な家の子どもを演じてもみせる。奨学金を獲得してラシュモアに入学したマックスは、裕福なクラスメートたちに自分は神経外科医の息子だと嘘をつくが、本当は町の床屋なのだ。70年代に偉大なるカサヴェテスとした仕事で知られるシーモア・カッセルが、このきわめて控え目だが満ち足りた親父を、『ピーナッツ』の作者であるシュルツと同じクルーカットの髪型と眼鏡で演じている。ちなみにシュルツの父親も床屋だった。

上：ウィリアムズとシュワルツマン（ローズ先生とマックス）がセットの一角で出番待ち。この赤いベレー帽は、アンダーソン作品を彩る哀しき若者たち御用達のファッション・アイテムになる。

左：撮影現場でふざけるシーモア・カッセル（マックスの人懐っこい父役）とシュワルツマン。カッセルもまた、アンダーソンが栄光の70年代の映画史を称えるべく配役した役者のひとり。

左：有名な『卒業』の宣伝写真用にポーズを取るダスティン・ホフマン。アンダーソンはこの映画から年上の女性というモチーフを授かり、若い主人公の居場所のなさも参考にした。

「私は、何かのプロジェクトをやり遂げようとするキャラクターが好きなんです」と説明するアンダーソン自身も「無理だ駄目だ」という周囲の声に不屈の精神で立ち向かうドン・キホーテ役を演じながら生きている。「だって水族館を建てたり、舞台上で爆発物を扱うベトナム戦争の芝居なんて、頭がおかしいじゃないですか。でも彼は実現してしまうんです」[9]。

『アンソニーのハッピー・モーテル』に出てきた若者たちと同様、マックスもミニチュア版アメリカン・ドリームを追い求めている。手は届かないかもしれないが、彼らはやる気のない怠け者などではない。金持ちになることだけが目標でもない。ハーマン・ブルームのようにどさくさで儲けた者でも、冒険を求めているのだ。

アンダーソン作品のプロットにおいて本質的なのは、「非現実的な野望」[10] を持った人たちという要素だ。『天才マックスの世界』以降、アンダーソンは何度も「若者の心が老成を願い、老いた心が若返りを求める」[11] というドン・キホーテ的な主題を求めて、辺境の国々を旅することになる。大人（主にマーレイ）が子どもっぽい挙動をするようになる一方、子どもたちが大人びた振舞いを試すという現象。ブルームとマックスがそうであるように、大人と子どもは中間地点で出会う。ブルームとマックスは、これ以上あり得ないほど正反対。天才的にダメな大人と、楽観を鎧のように纏った子どもという2人組だ。

マーレイがアンダーソンに引き寄せられていったのは、偶然のなせるわざだった。アンダーソンは当然マーレイのファンだった。『ゴーストバスターズ』

（1984）や『3人のゴースト』（1988）、『恋はデジャ・ブ』（1993）といったコンセプト重視の大作映画群において、完璧なまでに不機嫌で不貞腐れた演技で天下を取ったマーレイだが、彼の交響楽のように豊饒で多才な芸の数々を完成させたのは、そして彼を80年代と90年代が誇るコメディ・スターにしたのは、『The National Lampoon Radio Hour』〔「ナショナル・ランプーン」誌のスタッフが制作したラジオ・コメディ番組〕と『サタデー・ナイト・ライブ』だった。マーレイ本人は、スターなどという呼び名を全力で否定したが、無駄だった。イリノイ州ウィルメット（シカゴの近く）で、9人兄弟の5番目として生まれたマーレイ。母は郵便仕分け室勤務、父は木材セールスマンだった。打ち上げ花火か癇癪玉として知られたマーレイは、インタビューに答えるかわりにインタビュアーと取っ組み合いになるような有名人だった。ハリウッドの一般的な方法では連絡が取れないことを誇りにしていたマーレイは、代理人が泣いて頼んでも滅多に返事をしなかった。返事は数ヵ月後ということもしばしばだった。

『恋に落ちたら…』（1993）や『エド・ウッド』（1994）そして『剃刀の刃』（1984）でマーレイが見せた、見るからに頭がおかしくない側面を、アンダーソンは深く欲していた。しかしマーレイを配役できない可能性の高さを受け入れて、別の俳優でいくプランも持っていた。

しかしマーレイはキャリアの岐路にいた。最近出演した『小さな贈りもの』（1996）と『知らなすぎた男』（1997）でも不貞腐れた役を演じたが、どちらも興行的には失敗。コメディではなく、シリアスな方向性を求める気持ちは強くなっていた。アンダーソンはマーレイを必要としていたが、実はマーレイこそアンダーソンを必要としていたのだ。主役からカメオ出演（電話一本で「出演OK」[12]）までアンダーソン作品の常連になったことで、マーレイの役者人生の

上：ハーマンの役はマーレイに当て書きされた。連絡が取りにくい事で悪名高いマーレイは脚本にほだされ、今まで読んだ中でも最高の脚本と絶賛した。

第二幕は実りあるものになった。俗っぽいバカバカしさと脆さが一体となった演技によって、ソフィア・コッポラの『ロスト・イン・トランスレーション』（2003）でアカデミー賞候補にもなった。

どん底から起死回生の復帰を果たしたマーレイを評して、「ザ・ニューヨーカー」誌のアンソニー・レインは「アメリカ映画界で唯一無二の存在」[13]になったと書いている。マーレイがその真ん丸く月面のようにでこぼこした顔をしかめる表情の豊かさは、人間というものが覚える当惑と哀愁の深さを示す地

右：終わり良ければすべて良し。学園パーティでマックスは、サラ・タナカ演じるマーガレット・ヤンという年齢相応の彼女を手にする。ちなみに、マックスがサラの眼鏡を外すのは『ロッキー』(1976)でシルベスター・スタローンがタリア・シャイア（シュワルツマンの母）に同じことをする場面の再演。

下：数あるおかしな二人組の中でも極めつきにおかしなマックスとハーマンの二人を演じるシュワルツマンとマーレイ。子どもに退行する中年男と成熟を望む若者を描きたかったアンダーソンにとって、最適なコンビだった。

図のようですらある。マーレイが表現する無表情なメランコリーは解読不能すぎて、その原因すら当てはまらない。それが彼の天才的なところだ。ハーマン・ブルーム以降のマーレイの演技は、実存的な絶望のオーラを纏っている。私たちは笑うしかない。

幸いにも、マーレイの代理人は彼に『アンソニーのハッピー・モーテル』の話を持ちこんだ人でもあった（マーレイにミスター・ヘンリーを演じる気は毛ほどもなかったが）。代理人はマーレイに是非脚本を読むべきだと勧めた。マーレイの心の琴線に触れる何かがあったのは間違いない。何しろ1週間以内にアンダーソンに連絡を入れたのだ。そして俳優組合の最低賃金レートでの出演を承諾した。「無料奉仕」[14]と本人は言いながらも、いつもより割合の少ない興行収入の歩合収入という条件も飲んだ。マーレイが出した唯一の条件は、制作日程を繰り上げることだけだった。

映画公開後のインタビューでマーレイは、「どうしたって芽が出なさそうなヤツらと一緒に落ちていく」[15]ような機会に魅かれると語っている。言葉とは裏腹にこれは褒めているのだが、彼の出演が作品の実現に手を貸したのは間違いない。

撮影初日。マーレイの気分を害するのを恐れたアンダーソンは囁くように演出したが、マーレイはすぐに大袈裟に若き監督に敬意を表した。ジェイムズ・カーンとはひどく違った温度差だ。マーレイは、スタッフと一緒に機材を運ぶなど現場を大いに楽しんだ。現場の彼は、歌姫というより道化だった。ディズニーがヘリコプターによる空撮にかかる7万5千ドルの払いを承認しなかったとき、マーレイは白地小切手を切ってアンダーソンに渡しすらした（最終的に空撮は行われなかったが、アンダーソンはもしものときに備えて今も小切手を大事に持っている）。

ブルーム役はマーレイにとって着慣れた服のようにフィットした（そしてブルームはずっと一張羅を着続けた）。結婚生活が破局を迎えつつある、地元の有力者であり富豪でもあるこの男。深い沈滞に喘ぐアメリカの富の象徴でもある。そんな彼の萎んだ心は、マックスとローズマリーとの出会いで生気を取り戻す。マーレイが表現しているのは本質的に鬱状態なのだが、常に切羽詰まった悪戯心とセットで演じられるため、実にチャーミングだ。そんな演技ですっかりその気にさせられたタッチストーンは、アカデミー最優秀助演男優賞候補の参加資格を得るために公開を早めた（バカな奴らだ）。メンデルはマーレイについて「彼の目を見るだけで、物語全体を理解できる」[16]と言った。

リッチ・アンクル・ペニーバッグ〔金持ちの小銭袋オジサン〕は、モノポリーのマスコットだが、ハーマンのキャラクターは彼に代表されるある精神性を反映している。「なにしろ、鉄鋼王ですからね」[17]とアンダーソンは述べている。『天才マックスの世界』〔原題は「ラシュモア」〕は、元々「タイクーン〔大物実業家〕」というタイトルだった。ハーマンが経営する事業はコンクリート産業と脚本には書かれたが、ヒューストンに鉄パイプを供給する工場を見つけたことで、鉄鋼業に変更された。アンダーソンは背景に飛び散る火花が気に入ったのだ。そのようなシュールでヨーロッパ的なタッチは、言葉を超えた意味を作品に与えた。ブルームのオフィスは鋼の支柱に乗っているが、これはアンダーソンが建てさせた初めてのセットだった。現実にあるもので満足できることは滅多にないアンダーソンは、これ以降自分の世界を一から造っていくことになる。

さて、ローズマリー・クロス先生に話を移そう。2人のロクデナシに挟まれた一輪の薔薇。1年生を教える愛らしい彼女もまた、悲しみの重荷を背負っている。海洋学者だった亡き夫エドワード・アップルビーの両親の家で、子どもの頃に彼が使っていた寝室で寝るクロス先生。部屋には今でも模型飛行機が吊られている。この未練が問題を大きくする。彼

上：クロス先生（ウィリアムズ）の名がローズマリーと知ったハーマン（マーレイ）は彼女に心を開く。3人の主人公たちは、互いに何らかの喪失感によって結びつけられている。

女は、マックスの子犬のような瞳に、亡き夫の冒険心を見てしまう。

オリヴィア・ウィリアムズに出会ったとたん、クロス先生が英国人だったら完璧だろうなと、アンダーソンは思った。理由はそれだけだった。ロイヤル・シェイクスピア・カンパニーで演技の訓練を受けたロンドン生まれのウィリアムズは、デビュー作品である近未来SF映画『ポストマン』（1997）の興行得的失敗の痛手から回復中だった。英国人であるということによって、彼女の存在がより大切なものに感じられた。マックスが求愛せずにはいられない存在だった。「最初からそう書けばよかったんです。それが一番しっくりくるんだから」[18] とアンダーソンは語る。前後がひっくり返ったようなアンダーソンの演出法に、ウィリアムズは慣れなければならなかった。監督の指示はことごとく矛盾しているように思

上：悩み多きグッゲンハイム校長を演じるブライアン・コックスは、『刑事グラハム／凍りついた欲望』（1986）で演じたハンニバル・レクターの血の凍るような演技が買われて抜擢された。

えた。「真面目に言ってください。でも笑いながら」[19]。

ローズマリーの関心を引くために、マックスは水族館を建て、ブルームは資金を援助する。インタビューでは自分の子ども時代に関する質問を華麗にすっ飛ばす傾向があるアンダーソンだが、図らずしてこの水族館には自伝的な詳細が潜んでいる。子どもの頃、アンダーソンは、フランスの海洋学者ジャック＝イヴ・クストーによるドキュメンタリーが大好きだった。ラシュモア学園の図書館には、ローズマリーの亡き夫が持っていたクストーの海洋探検の本が寄贈されており、その本がきっかけでマックスとローズマリーは出会う。この本は、アンダーソンがやがて作ることになる映画の予告でもあった。

物語は、マックス、ブルームそしてローズマリーを中心に展開するが（実際ほとんどすべてのショットに3人のうちの誰かがいる）、それ以外にも心に残る登場人物たちがいる。忘れてならないのはメイソン・ギャンブル（『わんぱくデニス』［1993］のデニス）。彼は、マックスのストイックで誠実な相棒ダークを演じている（君の役は、チャーリー・ブラウンにとっての「ライナス」だとアンダーソンは伝えた）。そして、いつも何かに辟易しているラシュモアの校長兼マックスの仇敵であるグッゲンハイムを演じるブライアン・コックス。アンダーソンが、このがっしりとした体躯のスコットランド

上：マックスと、メイソン・ギャンブル演じる相棒ダーク・キャロウェイ。ギャンブルは、ハンク・ケッチャム原作漫画を映像化した『わんぱくデニス』のデニスも演じたが、デニスもマックスのキャラクターの原型のひとつ。

人を配役した主な理由は、彼が『刑事グラハム／凍りついた欲望』（1986）でハンニバル・レクターを演じたからだった。アンダーソンはコックスに、ツイードのゲームジャケットを着せた。

撮影は、1997年11月22日から約2ヵ月強続いた。『天才マックスの世界』は、まさにアンダーソンが目を閉じたまま歩ける世界だった。彼の残した足跡をなぞりながら撮影しているも同然だった。「私はこの学校に通ったので」とアンダーソンは振り返る。「脚本を書いているときには『角を曲がって、エアコンの室外機があって、その隣が……』と思い浮かべていました。そして実際エアコンの隣で撮りましたよ」[20]。

撮影期間中に、セント・ジョンズ校では10年目の同窓会があった。しかしアンダーソンは撮影に忙しくて出席できなかった。その廊下のちょっと先で、

鑑賞のお供

視覚的なモチーフの手引き、またはウェス・アンダーソンという名のビンゴ

芸術品：絵画、彫刻、書籍、演劇、映画（映画中映画）、そしてドキュメンタリー。どれも主要なプロット装置として使われている。『グランド・ブダペスト・ホテル』では、ルネサンス時代の架空の画家ヨハネス・ホイトルの「少年と林檎」（実際には英国の画家マイケル・テイラーによって描かれた）がマクガフィンだった。

食べ物：アンダーソン作品には食事のシーンが多い。前菜にはコーテザン・オ・ショコラ（『グランド・ブダペスト・ホテル』）をどうぞ。最高の赤いリンゴ（『ファンタスティックMr.FOX』）、旅のお供には塩味のスナック（『ダージリン急行』）、感謝祭弁当（『天才マックスの世界』）、そして盗まれたエスプレッソ（『ライフ・アクアティック』）。

カーキ：カーキ色のスーツ（『ファンタスティックMr.FOX』）、カウボーイの服装（『ザ・ロイヤル・テネンバウムズ』）、ボーイスカウトの制服（『ムーンライズ・キングダム』）、マーゴの下着（『ザ・ロイヤル・テネンバウムズ』）、ラリーの部屋着（同じく）。茶色系の衣装は数多い。監督本人の服装のセンスにも注目。

ベレー：フランスかぶれ？芸術っぽい？何にしても、帽子の中でも目立つのがベレー帽。『天才マックスの世界』のマックスは真紅のベレー。『ムーンライズ・キングダム』のスージーはラズベリー色。

髭：アンダーソン全作品を通じてヒゲは頻発するが、特に口ヒゲは洗練と品格の象徴（またはそのような虚飾）として使われる。『天才マックスの世界』のハーマン、『ザ・ロイヤル・テネンバウムズ』のロイヤル、『ライフ・アクアティック』のネッド、『ダージリン急行』のジャック、『グランド・ブダペスト・ホテル』のムッシュ・グスタヴ・H等々。

双眼鏡：アンダーソン映画の登場人物は双眼鏡をよく使う（『ムーンライズ・キングダム』のスージーはほとんど覗き魔）。アンダーソン自身が細部へのこだわりの人なので、観客に対する良く見てくれという潜在意識下のメッセージなのかもしれない。

リスト：作品中必ず一人は、表や日程表を作って映画監督のように工程管理をしっかりしようとする登場人物がいる（『アンソニーのハッピーモーテル』のディグナン、『ダージリン急行』のフランシス、『グランド・ブダペスト・ホテル』のゼロ）。表以外に地図や図も同様の役割り。

フーツラ：『アンソニーのハッピーモーテル』以降、アンダーソン作品のタイトル、そして販促用素材に使われるフォントは、フーツラ（Futura／エクストラ・ボールド）だった。もしかしたら、フーツラ極太という字体を愛したキューブリックへの賛辞がこめられているのかもしれないし、ただ端正だからなのかもしれない。『ムーンライズ・キングダム』からは、新たに装飾的なフォントが作品毎にデザインされるようになった。戦前を描く『グランド・ブダペスト・ホテル』では、伝統的なアーチャーというフォントが使われた。

時代遅れの音響機材：いつの時代でも、理由が何であっても、アンダーソン作品の登場人物は、昔のテープレコーダーや、ディクタフォン口述筆記機、プラスチック製の電話、ヘッドフォン、そしてレコードプレイヤーを使う。ノスタルジー、アナログ機器への偏愛、または巨大なスイッチへの愛情の現れかもしれない。『ライフ・アクアティック』のベラフォンテ号内にあるカタカタ賑やかな装備類はすべてこの範疇に収まる。

交通手段：飛行機、列車、船舶、潜水艦、掘削機、ゴーカート、オートバイ（たまにサイドカーつき）、自転車、そしてスキーのリフト。自分のやり方を曲げないアンダーソンだが、動くのが好きだ。どの作品も、登場人物が何らかの交通手段を使用して移動する。『ブダペスト』までの作品には必ず追跡劇がある。『ライフ・アクアティック』（船）と『ダージリン急行』（列車）は、交通手段そのものが舞台になっている。

左：鉛筆で髭を描く『グランド・ブダペスト・ホテル』のトニー・レヴォロリ。髭はこの時代の品格の証明。

彼は映画を作っていたからだ。

制作開始前には、木漏れ日の美しい秋のニューイングランドで撮影して、『いまを生きる』(1989)の真似をしようと直感的に考えたアンダーソンだが、彼の脳内にあるイメージに合う学校が見つけられなかった。近い学校は英国にあったが、遠すぎる。「そのとき、私が通った学校の写真を母が送ってくれたんです」と彼は笑う。「ずっと探していたのは自分の母校だったと、ようやく気付いたんです」[21]。

マックスが着ている、青いシャツとカーキ色のズボンは、実際のセント・ジョンズ校の制服だ。もっともネイビーブレザーは見栄えのために追加されたのだが。マックスはついにラシュモア学園から放校され(酷い成績! 逮捕に牢屋! 野球場に無許可で水族館!)、教育制度という食物連鎖の下の方にあるグローバー・クリーブランド高校に流れ着く。この学校の場面は、アンダーソンの父が通ったラマー高校で撮影された。実は道を挟んだ隣に位置するのだが、刑務所のように荒れ果てた外観にされた。

アンダーソンの脳内にあるベン図は、事実に基づいたディテールと事実に基づかない空想が重なってできているが、その中心にはラシュモア学園という完全に密閉された世界が鎮座している。凡庸な人なら、それをヒューストンには置かない。

「寓話的な気分が欲しかったんだと思います」とアンダーソンは見立てている、「少し非現実的な感じがね。」[22]。それがマックスの目に見えているラシュモアなのだ。マイケル・パウエルとエメリック・プレスバーガーの作品群や、マーティン・スコセッシの『エイジ・オブ・イノセンス/汚れなき情事』(1993)、そしてフランソワ・トリュフォーの『恋のエチュード』(1971)のような世界。どれも、制作開始前にアンダーソンが各部署の責任者に参考として見せた映画だ。

さらにアンダーソンは、ハンス・ホルバイン(父)やアーニョロ・ブロンズィーノの絵画の絵葉書も見せた。「2人の絵は、ある色彩設計に基づいているんです」[23]と彼は説明している。こうして、この映画はゴシック調に変わっていった。『アンソニーのハッピー・モーテル』は、ホックニー風がすべてだったが、今作のためにアンダーソンは、古いヨーロッパの抑えた色彩を求めたのだ。

作品には更にレイヤーが加えられていった。フランスの写真家ジャック=アンリ・ラルティーグは6歳でカメラを手にした早熟の天才だが、クラブ活動のモンタージュでマックスがゴーグル着用でゴーカートにまたがっている写真は、ラルティーグの『ズィスーの車輪付きボブスレー、門の前で車輪が曲がった後、ラザにて、1908年8月』を参照しているのだ。その写真はマックスの部屋の壁に見ることができる。ラルティーグの参照は、さらに『ライフ・アクアティック』まで及んでいく。

ここで少しセットと装飾美術の話をしよう。世界をエレガントでロマンチックな絵画に仕立て直してしまうというアンダーソンの傾向は、彼を特徴づける決定的なスタイルへと昇華した。「スクリーン上に存在するどんなに些細なイメージも自分で創り出すことができるという考えに、彼は惚れこんでいるんです」[24]と、『ダージリン急行』や『ムーンライズ・キングダム』のプロデューサーであるジェレミー・ドーソンは語る。観れば明らかなように、ショット内にあるすべてのものに、計算し尽くされた象徴性がこめられている。ドーソンによると、背景に一瞬見えるだけの珈琲茶碗ですらも、アンダーソンがニューヨークのレストランで見たのと同じものを前もって用意させるそうだ。アンダーソンは、これが彼自身の筆跡だと考えている。

「ウェス・アンダーソンが何をしているのかというと」、ソフィー・モンクス・カウフマンが、自著『Wes Anderson』(未邦訳)でこう解説してくれる。「彼は、

上：普段のシュワルツマンが全然マックスらしくないことに、アンダーソンは感銘を受けた。眼鏡と、慎重に整えられたグルーチョ・マルクスのような眉毛によって、彼はまったく別の人格を纏ったのだ。

持てる才能を総動員して自分の価値感以外のものに一切従属しない物語を作りながら、魔法の並行世界を錬成するのです」[25]。

自ら書き上げた綿密な絵コンテから出発して、アンダーソンはすべてのシークエンスを整然かつ正確無比に構想する。たまたま、が入る余地は無い。彼の方法論は、野放図な映画制作への反抗なのだ。マックスと同様、いや、マックスほど見当違いではないが、アンダーソンも限りなく独創的なのだ。押し寄せるような自信を彼は取り戻したのだった。

アンダーソンの十八番である90度真上からのアングルと、プラニメトリック・ショット〔正面からの平面的構図〕が花開いたのを、『天才マックスの世界』では見てとることができる。

ここで、手短にプラニメトリック・ショットの歴史を。美術史家のハインリヒ・ヴェルフリン（出来過ぎた名前だが実在した人物）によって分類された表現形式のひとつで、この特徴的な構図はキューブリック、ゴダール、小津安二郎、そしてバスター・キートンといった映像作家たちによって洗練されてきた（全員がアンダーソンというケーキの材料の一部）。この絵画的な手法は、背景に対して平行に置かれたカメラと、背景の前に洗濯物のように、あるいは警察の面通しのようにまっすぐ配置された俳優によって完成される。アンダーソン作品において登場人物が単独で映し出されるとき、その人物は背景の中心に配置され、カメラの向こうにある何かを見ているように表現される。

撮影監督のロバート・イェーマンがアンダーソン作品の現場で最初にやるのは、フレーム内のキャラクターを中心に置く方法を考案すること。後は監督が微笑むのを待つだけだ。

憂鬱でありながら弾けるように快活で、シリアスで可笑しいというこの映画の交錯したトーンは、音楽によって導かれている。アンダーソンは、キンクスの音楽だけを使って英国的なヴァイブを出そうと試みたが（キンクスのメンバーもブレザーを着ていた）、うまくいかなかった。そこで、60年代と70年代の英国のヒット曲の数々から、マックスの機知にあふれ熱に浮かされたような精神を表す、メロディアスでアナーキーなティーン音楽を探した。撮影中には、ジョン・レノンの「オー・ヨーコ」やロニー・ウッドの「ウー・ラ・ラ」が流れ、アンダーソンはその快活なリズムを場面に吹きこんだ。

『天才マックスの世界』は、マックスによって演出されたベトナム戦争芝居という、壮大なフィナーレで幕を閉じる。爆発、火炎放射器、そして戦争映画へのオマージュ。『地獄の黙示録』（1979／シュワルツマンの叔父さん監督）、『プラトーン』（1986）、『ディア・ハンター』（1978）等々……主演のマックスは、ロバート・デ・ニーロの扮装をしている。ブルームは目に涙を浮かべて芝居を見ている。ひとりのベトナム従軍兵として。芝居の後にはダンスの場面があるが、これは『スヌーピーのメリークリスマス』（1965）を下敷きにしている。

1998年12月11日に本作が公開されたとき、批評家たちは大喜びだった（それでもジャンル分類には苦しんでいた）。一方、観客の大多数はぽかんとしていた。それでも、1700万ドルの興行収入は『アンソニーのハッピー・モーテル』と較べると上出来だった。マーレイが予言したとおり、『天才マックスの世界』は愛すべきアメリカ映画の仲間入りを果たした。全米のお気に入りとまではいかなかったが。

この章の締めくくりに、ちょっといい話をひとつ。アンダーソンは、偉大なポーリン・ケイルに最新作を見てもらいたくて仕方がなかった。アンダーソンの映画の趣味は、牙のある批評で知られる「ザ・ニューヨーカー」誌の小柄な長老評論家によって形成されたのだ。過信の力によって恐れを知らぬマックスに感化されたのか、アンダーソンは、マサチューセッツ州のケイルの自宅近くにあるシネコンで、『天才マックスの世界』の特別上映を催したのだ。その顛末は、まるで彼の映画の一本であるかのように、笑えるような気まずさと幻滅で幕を閉じることになるのだが。自分で運転してこの高齢の評論家を迎えにいったアンダーソンは、連れ添って映画館に入るために縦列駐車をする羽目になったという話は飛ばそう。「あら、まだ子どもじゃない！」[26]。観劇中に一緒に食べようとクッキー持参で現れた監督を玄関で出迎えたケイルは、そう言った。

ここで、観劇後、ケイルの下見板張りの自宅に戻ってからに話を進めよう。家の中に積まれた本と箱があまりに雑多なので、2人は横向きになってソファまで進んでいった。ケイルはお世辞は言わなかった。「何だか全然わかりませんでしたね、ウェス」と彼女は痛みをこらえながら言った。「お金を出した人たちは、本当に脚本を読んだのかしらね」[27]。

「彼女向きじゃなかったんですかね」[28]とアンダーソンは後日振り返っている。

ケイルは、『アンソニーのハッピー・モーテル』は大慌てで作られたようだとも言った。さらに「ウェス・アンダーソンなんて、映画監督の名前として、ありえない」[29]とすら。

散々な洗礼を浴びたアンダーソンだが、彼自身の作品が示すように、巡礼の旅が実り多かった試しはない。ケイルは、アンダーソンに本の所蔵を見せてくれた。戸棚の中に宝物のように隠された、丁寧に並べられた初版本のコレクションだ。どれでも好きな本を持っていくように勧められたアンダーソンは、丸ごと欲しいという衝動を抑えて、初版本を2冊手に取った。彼が車で去る前に、ケイルはその2冊にサインをしてくれた。

アンダーソンの次回作はニューヨークの落ちぶれた一族の物語『ザ・ロイヤル・テネンバウムズ』だが、劇中、頼りがいの無い家長ロイヤル（ジーン・ハックマン）は、11歳の娘マーゴが演出した喋る動物のお芝居を観て、「信憑性がない」[30]と無情に肩をすくめる。

『テネンバウムズ』の次に撮ることになる『ライフ・アクアティック』では、自己愛の強い海洋学者のスティーヴ・ズィスー（ビル・マーレイ）が自分の船ベラフォンテ号の中にある図書館を見せる。そこには「"ライフ・アクアティック・ガイド"が全巻初版で揃っている」[31]。ズィスーが自分で出版したシリーズだ。

マックスが見たら気に入ってくれたに違いない。

右ページ：トム・クルーズが有名にした飛行士用サングラスできめたマックス（シュワルツマン）は、パイパー・カブ・クラブのメンバーでもある。アメリカが誇るクラシック飛行機パイパー・カブ。特徴的な黄色い塗装はカブ・イエローとして知られる。一瞬しか映らない小さなディテールにも重要な意味が感じられる。

ザ・ロイヤル・テネンバウムズ

3作目で舞台をニューヨークに移したアンダーソンは、重度の機能不全に陥った天才家族の世界を探索した。前作にも増して野心的でスターも大勢出演するこの爆笑悲劇は、ここまでのキャリアで一番変な物語でもある。

「私たちは、皆テネンバウムなのだ」[1]と、批評家のマット・ゾラー・サイツが書いた。アンダーソンはテネンバウム一族を、金持ちで自己中心的なニューヨークのはみだし者として描きはしたが、各々テニス、金融、化学、文学、演劇、神経学、そして躁鬱といった分野で人並外れているので、サイツの発言には少し無理があるかもしれない。悪くない興行成績を収めた『天才マックスの世界』に続くアンダーソンの新作は、親族内での成功とその顛末に関する喜劇だった。テネンバウム家に張りつめる緊張感は、観る者に立ち止まって内省を促す。自分と親兄弟の間、もしかしたらペットとの間にもわだかまっているかもしれない複雑な関係について考えるようにと。普段は敢えて口にしない諸々が、一本の映画の中にきれいに梱包(パッケージ)されている。本格的に落ちぶれていくテネンバウム一族の凋落の道のりに、観客は同行することになるのだ。

前作『天才マックスの世界』と同様、ニューヨークの家族を描いたこのドラマのアイデアも『アンソニーのハッピー・モーテル』が映画になる前からメモ帳に書きつけられていた。それはある意味、両親の離婚以来アンダーソンの心の中でぐるぐる回って

左：不機嫌な神経学者ラリー・シンクレア。2人続けてアンダーソンが生んだ惨めな男を演じるビル・マーレイ。黒板に描かれた自画像には監督自らのイニシャルが添えられている。

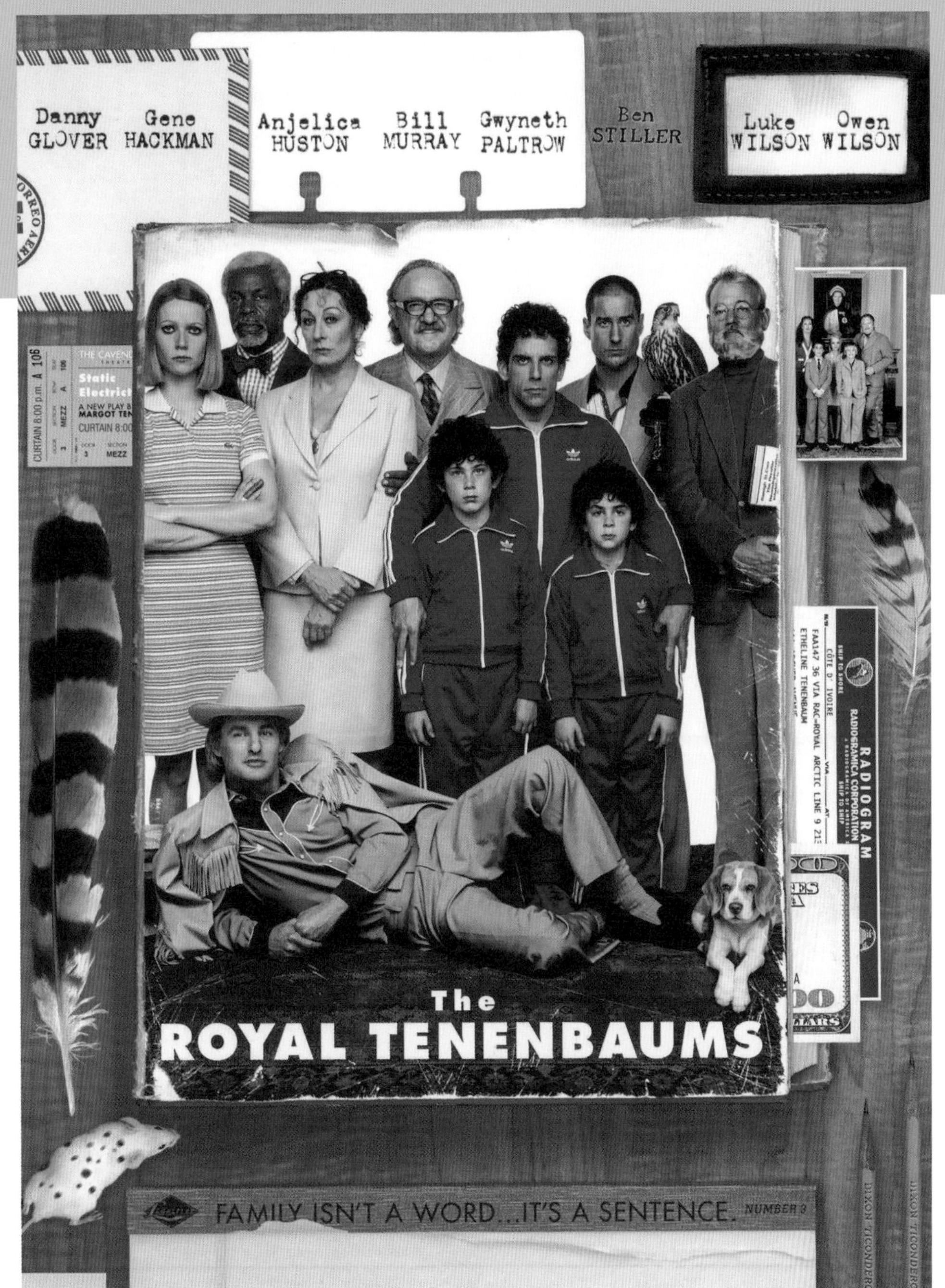

右：洒落たニューヨークの街を舞台にスターが勢揃いした『ザ・ロイヤル・テネンバウムズ』は、喜劇と悲劇の狭間を軽やかに舞う。

いた物語と言えるのかもしれない。映画そのものが持つ賑やかなバカバカしさに反して、登場人物が心に抱える傷がリアルに感じられるのは、そのためだ。穏やかな女家長エセリーン〔エセル〕・テネンバウム（アンジェリカ・ヒューストン）は、アンダーソンの母と同じく考古学者だ。この件はまた後で詳しく触れる。スイス製の時計のごとき正確さでこの映画が描いているのは、失敗した結婚による巻きこまれ被害なのだ。両親の離別を思い出しながらアンダーソンは、あたかも爆弾が破裂したようだったと言う。「あるいは、内破かも」[2]。

脚本が形になるには、一年を要した。パートナーに再びオーウェン・ウィルソンを迎えて執筆が始まった。2人は、大人になって失敗する神童たちというアイデアから始めた。「物語を思いつく遥か以前に、それぞれの登場人物がどういう人なのか、かなり考えてあったんです」[3]とアンダーソンは言う。キャラクターがプロットを牽引していった。特に牽引力が強かったのは父親のキャラクターだ。「彼の言動で物語が前に進む」[4]からだった。

テネンバウム家が抱える機能不全の原因の九割を占めているのは、家長ロイヤルだった（ジーン・ハックマンによる愛想の良いメフィストフェレス的演技が味わい深い）。その彼が問題を解決しようと家に戻ったことで生じる騒動が、この映画の基本的な物語だ。エセルと別れて22年もの間ホテル住まいのロイヤルだが、離婚はしていない。ロイヤルの帰還は、間違いなく家族全員に望んでもいないフラッシュバックを追体験させることになる。トラウマに満ちた棘の茂みのようなサブプロットを育みながら成人した子どもたちを見ると、父ロイヤルが持つ人並外れた能力は、その子育ての不条理性であったことがわかる。これも後で詳しく振りかえろう。

粋な着こなしで信頼のおけるヘンリー・シャーマンは、テネンバウム家の会計士で、エセルはそのシャーマンとの結婚を考慮中（「この世に会計できぬものはない」という素晴らしいタイトルの本の著者でもあるシャーマンは、コフィ・アナン国際連合事務総長に似せた外見でダニー・グローバーが演じている）。これを受けてロイヤルは、胃がんを装ってテネンバウム邸にまんまと転がりこむ。結果的に、捩れた人生に悩む3人の子どもたちも実家に戻ってきて、子ども時代の寝室に棲息するようになる。2階に住むのは、化学産業の投資家チャズ（ベン・スティラー）。彼は飛行機事故で妻を失って以来、2人の息子の安全を過剰に心配するようになり、世界に対して疑心暗鬼を抱いている。3階には養娘のマーゴ（グウィネス・パルトロー）。「今夜裸であるということ」や「静電気」といった戯曲の作家であり、暗礁に乗り上げた結婚生活から逃避中、さらに創作の壁にぶち当たって執筆休止中。屋根裏部屋に棲むのは、ロイヤルのお気に入りであるリッチー（ルーク・ウィルソン）以外あり得ない。彼は、ヨーロッパ・ツアー中に突然試合続行不能に陥ったプロのテニスプレーヤーだが、現在は途方に暮れて航海中。これについても、後でまた詳しく話そう。

道を挟んだお隣には、リッチーの親友であるイーライ・キャッシュ（オーウェン・ウィルソン、脚本兼任）が住んでいる。西部を舞台にした荒唐無稽な小説で一躍有名になり（ピューリッツァー受賞作家コーマック・マッカーシーが書いた小説の猿真似のような「老カスター」という小説）、テネンバウム一家の一員になりたくて仕方がないイーライ。『真夜中のカーボーイ』（1969）の、都会に憧れてニューヨークに出てきたテキサス男を演じたジョン・ヴォイトみたいなタッセル付きの革ジャンを着ている。

「自分の最盛期は過ぎてしまったという事実と、主人公たちがどう折り合いをつけるか。それに興味があったんです」というアンダーソンの発言は、自分を支える若々しい才能が、歳と重圧に負けて萎れてしまうのではないかという自身の不安を反映してい

上：書斎で作業中の考古学者エスリーン・テネンバウム（アンジェリカ・ヒューストン）。テネンバウム邸の住人の個性はそれぞれの部屋に反映されているが、この部屋には歴史上失われてしまった種族の絵が飾られている。

る。「彼らは自分を肯定する拠り所をどこか別のところに求めなければならず、家族に立ち返っていくんです。すべての始まりですからね」[5]。

プロデューサーのスコット・ルーディン（『トゥルーマン・ショー』［1998］や『アダムス・ファミリー』［1991］等、野心溢れる映画を製作し続けるスタジオの原動力）がいみじくも指摘しているとおり「神童の話として始まった物語は、敗北と失敗の物語になっていくのです」[6]。

ロイヤルという役は、ジーン・ハックマン「本人の意に反して」[7]当て書きしたとは、アンダーソンの弁。アンダーソン本人もうまく言葉にして説明できないのだが、この父親として失格した男の野性的なエネルギーを体現できるのは、ジーン・ハックマンしか思い浮かばなかったそうだ。確かにハックマンが持っている厳粛さは、役にぴったりだ。しかし、誰かが考えた役柄に自分を合わせるのは「窮屈すぎる」[8]という理由でハックマンがこの役に難色を示したため、代役としてマイケル・ケインとジーン・ワイルダーが考慮された。しかしアンダーソンは、ハックマン無しではこの映画を成立させられる確信が持てなかった。

アンダーソンにあるのは、キャラクターにぴったりの役者という確信だけだった。彼も認めているように「お金はありませんでした」[9]。スターが勢ぞろいしたキャストだが、誰もが組合最低賃金レートで参加した。3作目にして、そして若干31歳にしてこのような条件でスターを集められたのは、アンダーソンがアーティストの座に駆け上ったことの証にほかならない。ウェス・ワールドへの招待に応じる価値があると、俳優たちは思ったのである。

一度心を決めたアンダーソンを止められる人はいない。18ヵ月に渡る電話、メール、何十通もの手紙、脚本の改訂稿、さらには他のキャストに囲まれたロイヤル役のハックマンの絵といった、穏やかだが執拗な攻撃が功を奏して、ようやくハックマンは自分無しではこの映画が制作できないことに気づいたのだった。

そのような現実が作品という芸術との境界をぼかし、2人の関係は気楽なものではなかった。端的に言って、ハックマンはアンダーソンのことを気に入らなかった。畏れ多くも役を引き受けてくださったハックマンだが、ひょろりと背の高いインテリに指図を受けるのは真っ平と考えた。一方、アンダーソンもアメリカが誇る最高の俳優に尻ごみせずにはいられなかった（カリフォルニアに生まれニューヨークで育ったこの超有名俳優のことを知らないなら、『俺たちに明日はない』［1967］、『カンバセーション…盗聴…』［1974］、『ポセイドン・アドベンチャー』［1969］あたりから観ることをお薦めする。彼のオスカー演技は『フレンチ・コネクション』［1971］と『許されざる者』［1992］で観られる）。『アンソニーのハッピー・モーテル』のジェームズ・カーンも扱いにくかったが、出番は3日で終わった。気難しいスターに少しだけ映画をあわせるのは、難しくはなかった。『天才マックスの世界』のビル・マーレイは借りてきた猫のようにおとなしかった。対してロイヤルを演じるハックマンは、映画全体にとって不整脈のような存在となった。

自分の主張を曲げないための作戦として、アンダーソンはハックマンの心理を逆用した。わかりやすく、ハックマン以外の俳優を集めて撮影する場面について話し合ったのだ。やがてハックマンはアンダーソンの裏技に気づいて開き直ることになるが、当初ハックマンは気になって皆について行き、アンダーソンを袖に引っ張って関係のないお喋りをした。引っ張っていった先がテネンバウム邸のゲームの押し入れだったのは、実に出来過ぎだった。この押し入れは、ボードゲームの古典的名作を集めたアンダーソン世界に相応しい倉庫で、テネンバウム家では内緒話はここで行われるのだった（「リスク」、「オペレーション〔手術〕」、「ハングマン」、「ジェパディ〔危機一髪〕」、「ゴー・トゥ・ザ・ヘッ

右：リンドバーグ・ホテルのお揃いの制服に身を包んだロイヤル・テネンバウム（ジーン・ハックマン）と忠実なお供パゴダ（クマール・パラーナ）、病院の外にて。リンドバーグ・ホテルは実在せずウォルドフ・アストリア・ホテルで撮影された。

下：ダニー・グローバー演じるヘンリー・シャーマンがヒューストン演じるエセルに自分の好意を告白中。『刑事ジョン・ブック 目撃者』（1985）と『To Sleep with Anger（未／怒りと寝ること）』（1990）でグローバーが見せた暴力的な演技に感心したアンダーソンは、彼をテネンバウム一家の心優しい会計士役に起用した。何とも捻くれた感性だ。

上：回想場面で若返ったロイヤル・テネンバウム（ハックマン）とお気に入りの息子リッチー（ジョン・タトゥーロの息子のアメデオ・タトゥーロ）。それぞれが着ている茶色系のスーツは、形を変えながら他のアンダーソン作品に登場。さらに監督本人の趣味でもある。

ド・オブ・ザ・クラス〔優等生の勝ち〕」等、ゲームのタイトルが捻った比喩になる）。積まれたゲームを目にするなりハックマンが声を張り上げた。俺がこんなゲームで遊ぶとでも思うのか！　俺を誰だと思っていやがる！　冷静に対処したアンダーソンは称賛に価する。

「ジーン、どうしてそんなことを言うんですか」アンダーソンは応えた。

「お前が女の腐ったみたいな奴だからだ！」とハックマンは湯気を立てる。

「本気で言ってるんじゃないですよね」とアンダーソンは平静を崩さない。

ハックマンは、態度を曲げなかった。

「ジーン、こんなことを言って、後悔しますよ」とアンダーソンは返す。「本心じゃないから」[10]。

アンダーソンは正しかった。翌日、ハックマンはセットの隅で不貞腐れていた。そして機を見て癇癪を起したことをアンダーソンに謝罪した（ハックマンの代理人は後日アンダーソンに、いつものことだと説明した。それは撮影に入るときにハックマンが通る儀式的な過程なのだ）。しかし、ハックマンの不満が消えてなくなったわけではなかった。ハックマンが場面をいじくろうとするたびに、アンダーソンは彼の中に「沸き立つもの」[11]を感じた。舞台裏で立ちこめた黒雲はしかし、映画中の感情の流れに貢献した。ハックマンは、ピカピ

上：珍しく冷静なハックマンとアンダーソン。素直とは言い難いこのスター俳優は、自分の演じる場面について話し合う必要はないと言い張ったが、もしかすると頑固者の役柄に没入していたからかもしれない。

カの靴の爪先までロイヤルを演じきった。偏執的にダンディな彼の囁きに嘘は無く、陽気で不愉快極まりない毒舌のタイミングは完璧だった。これほど飄々としたハックマンの演技は珍しい。『スーパーマン』（1978）のレックス・ルーサー役が辛うじて近いものとして思い出される。そしてハックマンは、自分自身の古傷から役を引き出していた。

怒鳴っていないときのハックマンがある日、13歳の頃に父親が家を出て行ったという話をした。アンダーソンが回想する。「お父さんが自動車で通り過ぎたときのことを教えてくれたんです。ハックマンは友達と遊んでいて、お父さんが車で通りかかった。ハックマンはお父さんに気づいたけど、お父さんは手を振りながら止まらずに行ってしまった。次に会ったのは10年後だそうです。話をしながらハックマンは涙を堪えてました」[12]。

ロイヤルという役は、ハックマンに乗り移り始めた。「ロイヤルは自分の死と向き合おうとしているんだ」[13]と、和解を願いながらハックマンは言う。ロイヤルは仲違いの種を蒔き散らかしてきたが、諸悪の元凶というわけではないのだ。

ここで、父親失格ということについて一言。自作に駄目親父を多数登場させたアンダーソンは、自分もロクな父親にならないのではないかと心配したこ

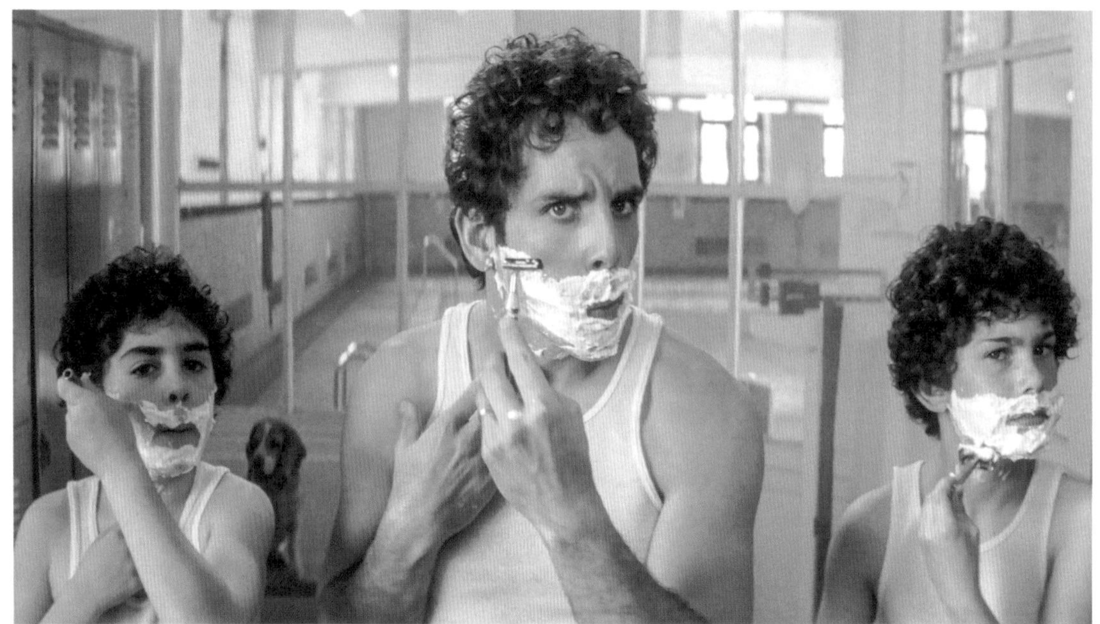

上：テネンバウム家の長男チャズ（ベン・スティラー）と、そのミニチュア版である息子たちアリ（グラント・ローゼンマイヤー）とウージ（ジョナ・マイヤーソン）。アンダーソン印となった左右対称の構図は、この作品で登場した。

右ページ上：揃いのドレスを着たマーゴ・テネンバウム（グウィネス・パルトロー）とエセル（ヒューストン）。撮影前にすでに映画全体が脳内に存在するアンダーソンの制作スタイルに合わせて演技することを、パルトローも余儀なくされた。煙草の銘柄（スイートアフトン）まで決められていた。

右ページ下：元テニス・チャンピオンであるリッチー（ルーク・ウィルソン）の頭には、観客が70年代のテニススターのビヨン・ボルグを思い出すように、ヘッドバンドが巻かれた。

とがあった。駄目な父親というのは、いわば物語の必需品に過ぎないのだが、アンダーソンにとってそれは悪天候の様に不可避で、不幸の触媒で、自分の神経症をお下がりのように子どもに押しつける存在だった。意地を張って成熟を止めてしまったまま抜け出せない大人子ども。毎年サンフランシスコで、「Bad Dads」〔悪い父さんたち〕と名づけられた展覧会が開催される。展示される絵画や彫刻はすべてアンダーソン作品に登場する嘆かわしい父親たちに因んでいる。ハーマン・ブルーム（憂鬱）、ロイヤル・テネンバウム（利己的）、スティーブ・ズィスー（やっかみ屋）、Mr.フォックス（自己中心的）、そしてビショップ氏（すごく憂鬱）。

アンダーソンは早々に、父親のメルヴァーにはロイヤル的なところは全くなかったと宣言した。「この映画は、私流に解釈した自分のことなのではないかと父はいつも勘ぐってますが、全然違います。違うんですが、何と言うか、なかなか納得してくれないんです」[14]。

一方、正当化できるかどうかは別にして、エセルというキャラクターとアンダーソンの母テキサスとの共通点は、かなり意図的だ。冷静で、愛情深く、知性的（ロイヤルと正反対）なエセルは、アンジェリカ・ヒューストンが持つ「温かみと品格」[15]を念頭に、アンダーソンが当て書きした。さらに、アンダーソ

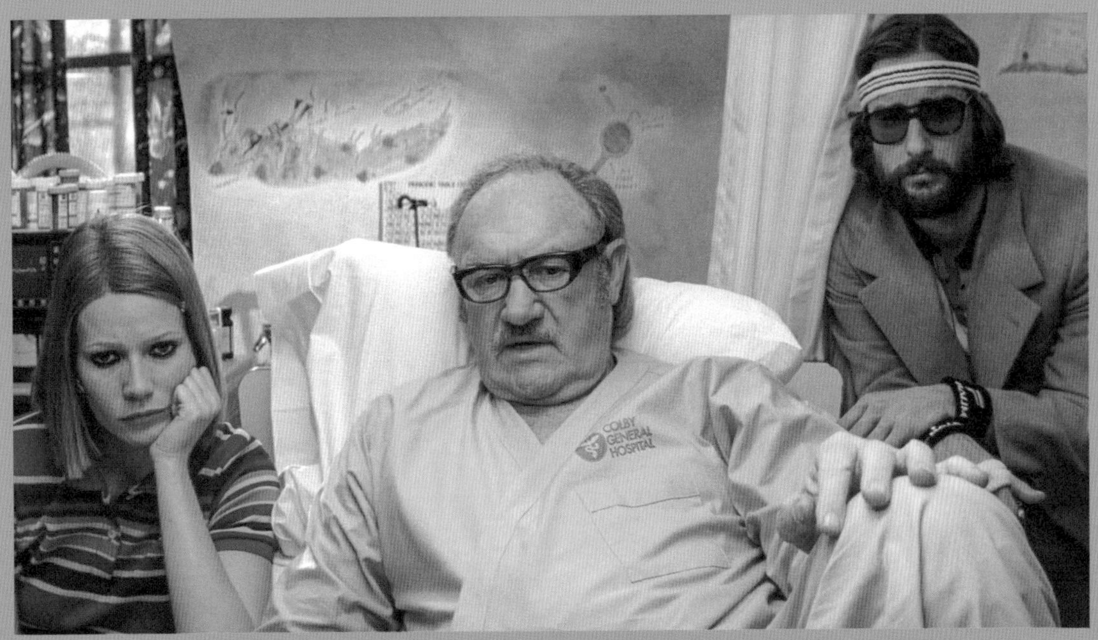
COLBY
GENERAL
HOSPITAL

ンは詳細を語らないのだが、彼女のよく知られた家庭環境が、エセルという役柄に適切だという直感も働いていた。役を引き受けた途端ヒューストンの元に、小さめのスーツを着た、おかしな髪型のエセルの絵（エリック・チェイス画）と、アンダーソンの母親の写真が送りつけられた。

「お母さまの眼鏡を取り出したこともあったんですよ」とヒューストンは回想する。「だから「私に、あなたのお母さんを演じてほしいの？」と尋ねたんです。そう言われてはっとしたようでした」[16]。

これだけ実績のあるスターを揃えてしまうと、アンダーソンの「いつものやり方」[17]に調整が必要になった。俳優たちに考える余地を与え、何が起きても可能な限り心を開いておかなければならなかった。それでも脚本は神聖なものであり続け、俳優たちを取り囲む世界は厳重にコントロールされた。まだアンダーソンの流儀を身に着けていない俳優たちの強い個性の中に、波風が立つのは容易に想像できた。

ふくれっ面で、ひっきりなしに煙草を吸い、目は烏の羽ように真っ黒なマスカラで覆われ、脆くて無関心で、誤解されがちなマーゴは、グウィネス・パルトローによって命を与えられた。世間に認められているところが『天才マックスの世界』のマックスと違うが、マーゴも同じく戯曲家だ。テネンバウム一族の家系図の中でも、マーゴのぶら下がっている枝にはロマンスが鈴なりだ。現在、神経学者のラリー・シンクレア（ビル・マーレイ＝気難し屋）と不幸せな結婚生活中。そしてイーライ（オーウェン・ウィルソン＝躁気味）と不倫中。一方で、血の繋がりのない兄リッチー（実生活ではオーウェン・ウィルソンの実兄）に愛されている。マーゴは兄リッチーに愛情を感じているが、恋愛感情はない。

元プロのテニスプレイヤーである第三子リッチーは、試合中自暴自棄に陥る。以来マーゴを避けるために客船を借り切ってひとり世界を回りながら旅をしている。この風変りな行動は、『天才マックスの世界』のプロモーションのためにヨーロッパを旅して周ったアンダーソンの体験が参照されている。スタンリー・キューブリックと同じく、アンダーソンも飛行機が嫌いだった。そこで、ひとりクイーン・エリザベス二世号で行くことにした。アメリカ国内のプロモーションは、改造したスクールバスに乗って移動した。骨董的価値の高そうなカップルたちに囲まれたアンダーソンのクイーン・エリザベス二世号での旅は、惨めなものだった。「船旅というのは、そもそも独りで行くもんじゃないですよ」[18]と溜め息まじりに話すアンダーソンは、6日間の船旅をコンパスを見ながら過ごした。

すべてに幻滅している長男のチャズは、妻に先立たれた痛みに耐えきれず、神経質なまでに息子たちの安全を気にするようになった。チャズを演じるのは、コメディ映画スターのベン・スティラー。何度か共演して友人になったウィルソンの紹介で、本作に参加することになったのだが、役柄に同情したからでもあった。ジェリー・スティラーとアン・メイラという芸能人夫婦の息子であるスティラーは、チャズ同様ニューヨークで生まれ育った。たまに映画監督もやるスティラーは、アンダーソンの目を通して見たビッグアップルの風景にすっかり惚れこんだのだ。

アンダーソンがデザインする映画というモザイク模様に偶然はあり得ない。テネンバウム家の3人の子どもたちを演じる俳優が全員芸能家族出身なのも然りだ。パルトローの母は女優のブライス・ダナー、父は映画監督のブルース・パルトローだし、ウィルソン兄弟は2人とも俳優だ。母役を演じるアンジェリカ・ヒューストンは、全員を足しても適わない。伝説的な映画監督ジョン・ヒューストンが父、俳優ダニー・ヒューストンが弟、ジャック・ニコルソンが一時の愛人で、生まれたときからスポットライトを浴びているのだ。

上：父の帰還に直面するリッチー（ルーク・ウィルソン）とマーゴ（グウィネス・パルトロー）。衣装の色彩が背景にあるソファ、ランプ、壁、そしてステンドグラスと完全に溶け合っているアンダーソン流配色の妙味。

「そのようなことに引き寄せられるんです。それがあるから、役にぴったりだと思えるんでしょうね」とアンダーソンは考えている。「そういうものも織りこまれるんです」[19]。それぞれが、役に相応しい何らかの悩みを作品に持ちこんだのだ。

家族といえば、映画を作るキャストとスタッフの集団は、しばしば家族に喩えられる。そしてアンダーソンはその家族とつるむのが大好きだ。彼の作品は親密な制作環境の中で花開く。いつも一緒に作業する人たちによって形成される疑似家族が作る、家族の物語。奇抜なウィルソン兄弟やマーレイ、ジェイソン・シュワルツマン、ヒューストン、ウィレム・デフォー、シアーシャ・ローナン、そしてエイドリアン・ブロディ（ハックマンは含まれず）。次回作の『ライフ・アクアティック』に登場する物語の中心となる混乱家族は、映画制作チームになる。

上：凋落しつつある一家の色褪せた邸宅内で、真面目くさった顔でロイヤルと対峙する子どもたち。3人の心理状態を反映した構図内の配置。リッチーとマーゴは手前、チャズはドアの外でうろうろしている。

ニューヨークの物語を語りたいというアンダーソンの望みも、『ザ・ロイヤル・テネンバウムズ』の推進力のひとつとなった。アンダーソンは、夢にまで見たニューヨークに引っ越して間もなかった。口先だけの軽薄なロサンゼルスを逃れて、映画から飛び出したような交通渋滞と摩天楼、アートと文学と外国映画が乱雑に積み上げられたニューヨークへ。インテリを気どったニューヨーク神話の拠点たる知的な週刊誌「ザ・ニューヨーカー」誌のバックナンバーを読み漁った結果、醸成された空想のニューヨーク。テネンバウム一家は、夢に描いたマンハッタンのどこかに住んでいる。アンダーソンはいつもそう信じていた。

「ずっとニューヨークに対する興味を持っていたんです」アンダーソンは、自身の建築的思考をそう説明する。「私はテキサス出身ですが、私が好きだった小説や映画の多くはニューヨークの話なんです。だから私には、何というか、あまり正確ではないニューヨークのイメージがあるんです」[20]。

アンダーソンが心に描いたニューヨークの街。彼はそれを、『天才マックスの世界』の『セルピコ』の場面に登場させたような模造品として造るつもりだった。2001年2月26日から60日の日程でロケ撮影された『ザ・ロイヤル・テネンバウムズ』は、様々な映画や歌、本、写真、そして絵画から又聞きで得た描写を寄せ集めて作られた。お好きな引用をどれ

王立アンダーソン劇団

ウェス・アンダーソンというメソッドの常連たち

ビル・マーレイ：（天才マックスの世界、ザ・ロイヤル・テネンバウムズ、ライフ・アクアティック、ダージリン急行、ファンタスティックMr.FOX、グランド・ブダペスト・ホテル、犬ヶ島、フレンチ・ディスパッチ）
『天才マックス』以降、アンダーソンの幸運の星兼制作現場の父として、1作品を除いて全作に出演。

オーウェン・ウィルソン：（アンソニーのハッピー・モーテル、ザ・ロイヤル・テネンバウムズ、ライフ・アクアティック、ダージリン急行、ファンタスティックMr.FOX、グランド・ブダペスト・ホテル、フレンチ・ディスパッチ）
アンダーソンの大学時代の友人にして最初の主役。格好よくて神経質または恰好よく神経質という演技のバリエーションでアンダーソン世界を支えている。アンダーソンの初期3作の脚本を共同執筆した。『天才マックスの世界』には出演していない。

ジェイソン・シュワルツマン：（天才マックスの世界、ダージリン急行、ファンタスティックMr.FOX、ムーンライズ・キングダム、グランド・ブダペスト・ホテル、フレンチ・ディスパッチ）
コッポラ一族の一員である彼は、アンダーソンに発見されたというわけでもないのだが、それでも『天才マックスの世界』は二人の実り多い共同作業の先駆けとなり、何よりシュワルツマンの俳優としてのキャリアの出発点となった。ウィルソン同様、シュワルツマンも脚本家として活躍。

アンジェリカ・ヒューストン：（ザ・ロイヤル・テネンバウムズ、ライフ・アクアティック、ダージリン急行、犬ヶ島）
アンダーソンが描く問題多き家族劇の、一代目肝っ玉母さんであるヒューストンもまた、ハリウッド芸能一家の出身。

エイドリアン・ブロディ：（ダージリン急行、ファンタスティックMr.FOX、グランド・ブダペスト・ホテル、フレンチ・ディスパッチ）
『ダージリン急行』で文字どおりアンダーソン列車に飛び乗ったブロディは、監督の思慮深い映画内アバターとなった。

ウィレム・デフォー：（ライフ・アクアティック、ファンタスティックMr.FOX、グランド・ブダペスト・ホテル、フレンチ・ディスパッチ）
血気盛んなドイツ人エンジニア、ジャイブトークで喋るドブネズミ、そして牙が生えたファシストの手先を演じてきたニューヨークで名を成したデフォーは、アンダーソン組でも一、二を争う多才な俳優といえる。

ティルダ・スウィントン：（ムーンライズ・キングダム、グランド・ブダペスト・ホテル、犬ヶ島、フレンチ・ディスパッチ）
山のような特殊メイクに埋もれ、落ちそうな巨大なカツラを被って『グランド・ブダペスト・ホテル』の好色で古色蒼然とした未亡人マダム・Dを熱演したスウィントンに、言及しないわけにはいかない。

クマール・パラーナ：（アンソニーのハッピー・モーテル、天才マックスの世界、ザ・ロイヤル・テネンバウムズ、ダージリン急行）
アンダーソンがダラスに住んでいたときの近所の喫茶店経営者。かつての顧客のお陰で俳優として第二の人生をスタート。ジーン・ハックマンを突然刺す演技が高得点。

ルーク・ウィルソン：（アンソニーのハッピー・モーテル、天才マックスの世界、ザ・ロイヤル・テネンバウムズ）
アンダーソンとアパートをシェアしていた、オーウェンの兄弟。初期のアンダーソン作品でロマンチックな男性役担当（弟のアンドリューも初期の三本にちょい役で出演）。

エドワード・ノートン：（ムーンライズ・キングダム、グランド・ブダペスト・ホテル、犬ヶ島）
アンダーソン組に遅れて参加。芸術のためには膝上ショーツも厭わぬ覚悟あり。

番外編
エリック・チェイス・アンダーソン。たまに役者、本職コンセプト・アーティスト。ウェス・アンダーソンの実弟。

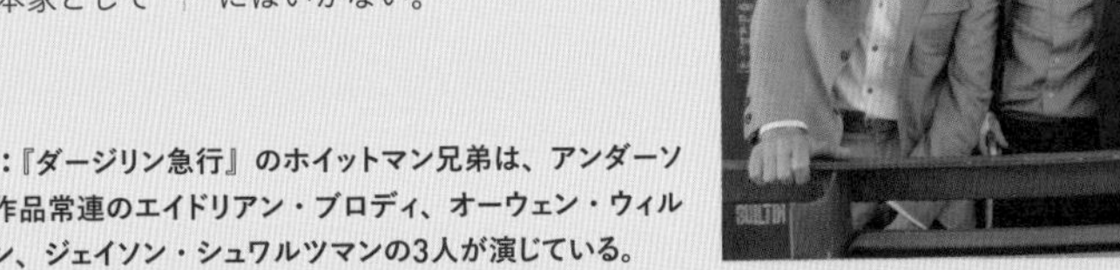

右：『ダージリン急行』のホイットマン兄弟は、アンダーソン作品常連のエイドリアン・ブロディ、オーウェン・ウィルソン、ジェイソン・シュワルツマンの3人が演じている。

でもどうぞ。ヒッチコックの『裏窓』(1954)のようなアパートのある街角。イーディス・ウォートンの小説を脚色したスコセッシの『エイジ・オブ・イノセンス／汚れなき情事』に登場する罪悪感に満ちた舞踏会場。サイモン&ガーファンクルの調べが聞こえてきそうなセントラルパーク。アンディ・ウォーホルのアートとロバート・フランクの写真が織りなすメドレー。まるで「ザ・ニューヨーカー」誌の漫画のキャラクターのような服装をしている登場人物たち。これが「いつ」の話かはっきりわかる手がかりはない。60年代でもあり得るし、70年代でも、80年代でも、全部が混在する時代ですらあり得る。これは、ノスタルジー溢れるアンダーソン時間のはしりなのだ。

ロイヤルがゴーカートの競争で孫たちの歓心を勝ち取る短い場面があるが、これはベンソンハースト高架鉄道の下で荒々しいカーチェイスを繰り広げる『フレンチ・コネクション』(1971)の楽し気なオマージュであり、主演はもちろん怒りに燃えたハックマンその人だった。楽屋落ちであるにしても、この場面は無骨なスリラーを軽快なパロディにしてしまうアンダーソンの持ち味を表している。

大都会ニューヨークで生まれ育った映画監督のピーター・ボグダノヴィッチは、アンダーソンが観るべき芝居を2、3本勧めた。彼は「撮影を始める遥か以前に、最初から最後まで脳内で映画を観ることができる」[21]アンダーソンに驚嘆していた。アンダーソンは芝居を演出するように映画を作る。舞台装置を考案し、役者たちを集めながら。

何よりも、アンダーソンは文学に描写されるようなニューヨークを彼自身の手で創りたかった。偉大なF・スコット・フィッツジェラルドやドーン・パウェルの作品、そしてJ・D・サリンジャーの連作に登場するアッパー・マンハッタンに住むグラース一家のように、ガラス細工のような精巧さで。

この映画は、図書館で貸し出された「ザ・ロイヤル・テネンバウムズ」という名の本の中に描かれた物語として構築されており、アレック・ボールドウィン(ボールドウィン一族で最も成功を収めた)の語りが話を進める。「こう思いついたんです。本を基にした映画を作るのではなくて、映画が本なんです」[22]とアンダーソンは言っているが、象徴的な枠組みの中に物語を固定する彼の方法論が、ここに確立された。

アンダーソン作品に見られる、入れ子構造について一言。『天才マックスの世界』は、開く舞台のどん帳が文字通り映画の幕を開けることによって、マックスの全人生は舞台上の芝居であると示唆したのだが、その方法はそのまま彼のモチーフになった。『ザ・ロイヤル・テネンバウムズ』では映画が本の中にはめこまれ、『ファンタスティックMr.FOX』も同様にロアルド・ダールの実在の本の中にはめこまれた。『ダージリン急行』は、とあるインドの街を猛烈なスピードで走り抜けるタクシーの中で始まる。その画はナショナル・シネマ〔ある国や地域の映画の特徴を持った映画、この場合はインド映画〕の様式だ。その様式の中に、ビル・マーレイというアンダーソンの様式が座っている。『ムーンライズ・キングダム』は夢のような物語だが、その物語は素っ気ない天気予報士によるあたかも天気予報のような語りの内部に存在する。『グランド・ブダペスト・ホテル』になると、まず「グランド・ブダペスト・ホテル」という本を読んでいる少女がいる。そして時を遡ると、その本の著者がある男に聞いた話を回想しながら記録映画を撮っている。彼が若い頃に聞いたその話が、映画の物語だ。これは奇をてらうことを狙ったというより、これから始まる物語に参加するための親切なヒントなのだ。言い換えれば、この枠組みという仕掛けが、舞台的、書籍的、特定の地域、科学的、歴史的といった映画のトーンを決定するのである。

テネンバウム一家の架空の居住地として、絶対に本物の家を使うと言ってアンダーソンは譲らなかった。俳優たちのスケジュールは複雑で都合を合わせるのは骨だった。だからアンダーソンはベースとなる家が必要だと考えた。いつでも自室が待っているような場所が。アンダーソンは、実家というものが持つ目に見えない重力が重要だと知っていた。散っていった子どもたちを引き戻す引力。家がそのような役割を果たす映画はたくさんある。「ステージに組んだセットでは、家の持つ歴史が感じられないと思ったんです」[23]と彼は言う。

この映画のタイトルは、オーソン・ウェルズが1942年に撮った2作目の映画、欠点もあるが傑作の誉れ高い時代劇『偉大なるアンバーソン家の人々』から発想された。ブース・ターキントンの小説を原作にしたこの映画は、アンバーソン邸を中心に一族のドラマを紡いでいく。偉大なるアンダーソンはウェルズが撮ったアンサンブル時代劇を閃きの源に使ったが、「テネンバウム」という名前は大学時代の友人ブライアン・テネンバウムから拝借した。ブライアンにはマーゴという妹がいた。

アンダーソンは、しばしばウェルズに発想を求める。「ウェルズは、大きな効果を好んで使います。ドラマチックなカメラ移動。そして舞台的な仕掛けも」[24]とアンダーソンは熱心に語る。彼は、この年上の天才に瓜二つなのだ。確かにウェルズは、すべてを実物より大きく見せようとした。

上：注意深く分類された戯曲の数々を収めた書棚の前に座る、若きマーゴ（アイリーン・ゴロバイア）。アンダーソン作品において映っている本には必ず意味がある。この場面で彼女が手に持っているユージン・オニールの「氷人来る」には、ロイヤルのように衝撃の真実を明かすシニカルな人物が登場する。

上：現場が手狭になることは承知でアンダーソンはセットではなく実際の家の中での撮影を強行した。俳優たちが家の歴史を感じられるように。

家は、この映画にアイデンティティを与えた。各登場人物の過去のいきさつを語るパラパラ漫画のような怒涛のモンタージュを内包し、幾筋にも分岐した物語を抱えこんだ脚本のお陰で、ロケーションは250か所、場面は240に及んだ。アンダーソンは、ありきたりのニューヨークらしさを一切禁じた。誰もが知っているような陳腐さはNG。無教養な観客のために絵葉書のような風景を用意してやるのも無し。ハドソン河岸のバッテリーパークで撮影しているとき、クマール・パラーナ（アンダーソン作品3本目。ロイヤルの誠実で予測不可能な召使かつ元暗殺者というパゴダを演じる）が、カメラに対して自由の女神を遮る位置に立たされた。それを見たハックマンの困惑は深まるばかりだった。

劇中登場するジプシー・タクシーやグリーンライン・バスは、アンダーソンとウィルソンの発案だった。2人はさらに街並みも考案した（352丁目のYMCAを探しても実在しない）。ロイヤルがツケで住んでいるリンドバーグ・ホテルは、ウォルドフ・アストリア・ホテルのロビーで撮影された。

テネンバウム邸は、ニューヨークロケという小宇宙の中心だった。童話に出てきそうな褐色砂岩造りのこの屋敷は、ハーレムのシュガーヒル地域、144丁目とコンベント通りが交差する角で発見された（熱烈なファンたちの巡礼の地）。

アンダーソンは、友人のジョージ・ドラクリアスと一緒にロケハンしながら、この『偉大なるアンバーソン家の人々』に出てきそうな壮麗な屋敷を見つけた。屋敷を見た瞬間、アンダーソンは「これだ」[25]と思った。ちょうど建物が改装されるところだったが、アンダーソンは改装を6ヵ月延期するよう家主を説得し、すぐさまそこに引っ越した。

内装はアンダーソンが引いた図面どおりに慎重に装い直された。彼が子どものときに描いた家屋敷の断面図が思い出される。それぞれのキャラクターが、特定の小道具や場所に結びつけられる。贅を尽くしたジオラマのような作りこみが、ここに実を結んだ（これを見て［イプセンの］「人形の家」というという陳腐な言葉を使う批評家も多い）。アンダーソンの総合的な切手コレクションは、いまや重層的なパズルの本となり、観る者にいくらでも謎解きの楽しみを与えてくれる。

塔の先端でたなびく旗からエセルの書斎に積まれた「ナショナル・ジオグラフィック」誌、さらには番号別に分けられた陶器の破片（アンダーソンの母親監修）に至るまで、写っているすべての物が物語を語っている。エセルの3人の子どもたちの部屋は、それぞれが子ども時代に成し遂げた偉業の遺産で埋め尽くされている。マーゴの部屋には劇場の模型とABC順に並べられた戯曲がある。リッチーの部屋にはテニスのトロフィーが置かれている。活気溢れるチャズのオフィスでは、6年生のときに小遣い稼ぎのために繁殖した「ダルメシアン・マウス」[26]がうろうろしている。このネズミのブチ模様は、実際には単にシャーピー油性ペンで描いたものなのだが。中に一匹、絶対に他のネズミと逆方向に回る個体がいて、アンダーソンの気を引いた。「ちょっと多動症っ気のあるネズミでしたね」[27]と言うアンダーソンは、一番頻繁にそのネズミを登場させた。

小道具大道具の数々や、色彩設計（秋の美しい黄金色とミルクシェイクのようなピンク）。左右対称の構図や、幽霊のように左右に壁を通過する独特なカメラ移動によって切り取られる、絵画的な背景。すべて拾い集めたら何冊あっても足りはしない。

ロイヤルのストライプ模様好み。チャズと息子たちが着るお揃いの緋色のアディダス・トラックスーツ。ビヨン・ボルグのようなリッチーのヘッドバンド。登場人物が着ている衣装は、まさに衣装そのものなのだ。アンダーソンは、各登場人物の衣装について話すときに「制服」[28]という言葉を使っている。30代で過去の人となったテネンバウムの子どもた

上：イーディス・ウォートンが書いた小説に出てきそうなこの家は、ハーレムで発見された。アンダーソンは一目でこれが求めていた家だと悟った。

ちは、子供の頃、両親が別居したときに着ていたのと同じものを着て、同じ髪型をしている。

このスノードームのような小宇宙の中には、ザ・ローリングストーンズからビートルズ、さらにはラヴェルまで、感涙ものの懐かしい音楽が空気のように漂っている。実際に撮影中にこれらの曲が流されたこともあった。「官能的だった」[29] とパルトローは言っている。

テネンバウム一家の凋落に随行した観客は、アンダーソンの映画作家としての筆跡がよりくっきりとしてきたことに気づいただろう。映画は、細部までこだわり抜いた10分のプロローグで始まる。構図の中心に完璧に配置された家族ひとりひとりの略歴と、形成された人格が、「ヘイ・ジュード」のカバーの調べに乗って素描される。しばらくしてから、マーゴの軽率なロマンス遍歴（年齢と正確な場所の記載付き）を紹介するモンタージュがあるが、ドラム・ソロのようなきびきびしたノリを映画に与えている。この作品は、文字どおり章に分けられている。これはアンダーソンとクエンティン・タランティーノに共通して見られる属性だが、アンダーソンは章の数が多く、背景の壁紙にも多大な配慮が注がれる。2人とも映画を小説のように扱い、時間軸も構成も、スライドパズルのように自由に動かす。

批評家にとって『ザ・ロイヤル・テネンバウムズ』は、アンダーソンが完全に独り立ちした証となった。スタジオが口当たりのいい映画を作らせようと誘惑しても、アンダーソンは乗らなかった。「ウェス・アンダーソンは、独自の視線で世界を見ている」と、「フィルム・スレット」誌のティム・メリルは称賛している。「彼を通してバカバカしさが芸術に昇華する」[30]。

「エンターテインメント・ウィークリー」誌のリサ・シュワルツバウムは、アンダーソンがキャラクターたちに抱く愛情に気づいた。「彼は自分が創ったお人形の家に住む家族たちから、愛情とか見返りを求めず、恥をかかせることもない。窮地に陥った様子が可笑しくても、バカにしたりしないのです」[31]。

例によって、アンダーソン映画に見られる様式的で鼻につくような賢い身振りには、心理的なリアリズムという残響がある。この作品は、本物の心の痛みと孤独を伴うニューヨークが舞台のお伽噺なのだ。脚本は仕立てられたスーツのように一寸の狂いもない。辛辣なウィットは剃刀の切れ味だが、真面目くさった誠実さがそれを和らげている。嘘がばれたロイヤルが我が家から2度目に追放されるとき、無表情で見返す家族に向かって、家族と過ごした6日間は人生最高の6日間だったと伝える。間髪入れずにアレック・ボールドウィンが「そう口にした瞬間、ロイヤルはそれが本心だと気づいた」[32]と語るのだ。このような悟りの瞬間が、すべてのアンダーソンの作品にバランスをもたらしている。

数々の問題に幕が引かれる前に、疾風のような災難があり、自殺未遂があり、葬式も本当にあるが、その過程で自分に対する深い理解と満足が得られる。アンダーソン本人についても（そして映画の出資者にも）同じことが言える。『ザ・ロイヤル・テネンバウムズ』は、アンダーソンにとって初めての本当のヒット作だった。世界中で7100万ドルを売り上げ、アカデミー賞の最優秀オリジナル脚本賞候補になった（実にケチくさい判断だ。最優秀美術デザインはどうした？）。

「私が好きなユーモアというのは、人々の持つ不安な気持ちや、弱さ脆さからくるものなんです」[33]とアンダーソンは語る。様々なジャンルの隙間を華麗に踊るアンダーソン作品の中にあって『ザ・ロイヤル・テネンバウムズ』は、喜劇の皮を被った悲劇なのだ。

いや、逆かもしれないが。

上：絆と枷――テネンバウム一家勢揃い。右端に外部者ヘンリー（グローバー）とパゴダ（パラーナ）、中央には可哀そうな運命をたどるビーグル犬バックリィ（可哀想な運命をたどったジェフ・バックリィに因む）。

右ページ：オーウェン・ウィルソンとパルトロー、そしてトランクにアンダーソン。イーライ・キャッシュ所有のクリーム色の1964年型オースティン・ヒーリー3000も、アンダーソンの懐古趣味に一筆添えている。

ライフ・アクアティック

4作目。アンダーソン作品の中で最も野心的で精密に設計された、そして最も評価が分かれた映画がベールを脱いだ。それは少年のような冒険心に満ちた話。落とし子と、人喰いジャガー鮫と、過去の人になってしまった海洋学者の実存的な痛みの物語。

「マーレイは違うんですよ」とアンダーソンは、思考をめぐらせながら口を切る。近寄ってくる詮索好きな蛾を嘲る炎のように、彼をビル・マーレイに引きつけるものは何なのか。「どんな男だと尋ねられたら、多分彼は天才だと答えるでしょうね。でもそれは別に称賛をこめて言うわけではなくて、敢えて説明するなら天才としか言いようがないからです」[1]。

マーレイの考え方は絶対に予測できないと、アンダーソンは説明を続ける。マーレイの口からは、誰も予想していなかった言葉しか出てこない。自分が書いた台詞でさえ、マーレイの台詞回しにかかると見えなかった層が姿を現し、隠れたオチが顔を出す。そして彼はしばしば手榴弾のように爆発する。『天才マックスの世界』でウェス・ワンダーランドにデビューして以来、マーレイはアンダーソンのチェシャ猫になった。ニヤリと笑う代わりに顔をしかめてはいるが。この俳優兼コメディアン兼天才は、アンダーソン作品に見られる気圧配置を体現している。笑いの前線が通過すると、悲しみの豪雨が降るのだ。「避けようもないですからね」[2]とアンダーソンは考えている。ビル・マーレイは、哀愁を発散するのだ。

ソフィア・コッポラによる中年男優の憂鬱を掘り下げた映画『ロスト・イン・トランスレーション』の演技で、アカデミー最優秀主演男優賞候補になってから日も浅い2003年頃、マーレイの持つ気怠い魅力が観客にも受

左：一貫性のない人生。ビル・マーレイが、持てるコメディの活力と哀愁のオーラを総動員して主人公の海洋学者を演じる。この映画を２度以上観ないでこの男を理解することはできない。

右：実際に洋上で敢行された撮影、精巧に建造されたセット、ストップモーション・アニメーションによる特撮。『ライフ・アクアティック』はアンダーソン作品の中で最も予算のかかった大作になった。

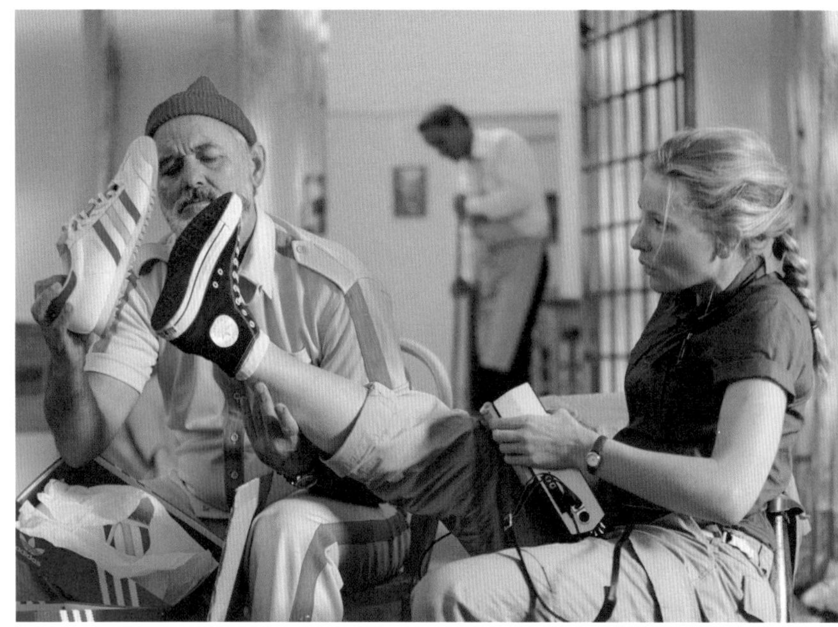

左：シンデレラ擬き。ジェーン・ウィンスレット=リチャードソン（オーストラリアのケイト・ブランシェット）相手にアディダス公式ズィスー運動シューズのサイズを合わせるズィスー。実際には商品化されずファンを失望させた。

右ページ：面舵いっぱい——潜水艇ディープサーチの操縦桿を握る監督。自分のアイデアを制御しながら作品を完成に導けるか。アンダーソンはその腕を試された。

けているのは明らかだった。彼のキャリアは再び活力を取り戻した。

しかし、その時点でマーレイは、一度しかアンダーソン映画に主演したことがなかった。あまりにも刺激の強い素材は控え目に使わないと、料理を台無しにしてしまうとでもいうかのように。マーレイ味が濃くなりすぎたら大変だ。アンダーソンの4番目の劇映画に関する限り、マーレイ味こそが肝だった。ジーン・ハックマンが演じたホラ吹きのロイヤル・テネンバウムと較べれば落ち着いているとはいえ、これは洋上で惑っているとてつもなく巨大な自我を抱えた男の物語なのだ。

すっかり気力を失った海洋学者のスティーブ・ズィスーは、過ぎ去りし栄光の日々を取り戻したい。さらに、相棒を食べた伝説のジャガー鮫に復讐もしたい。アンダーソンにとっても、この話はかなり「ずれている」と感じられた。

「スティーブ・ズィスーと一緒の水中生活」という原題からして、この映画の焦点がただひとりの男の魂に当てられていることは明白だ。このズィスーというキャラクターは、次第にマーレイの月面のような丸い顔を帯びていった。それはマーレイが配役されたからだけではない。脚本執筆段階のどこかで、ズィスーとマーレイは切り離せないものとして融合したのだ。2人は、それぞれから生まれ出るのだ。マーレイは、持てるコメディ技術を手加減せずに役に持ちこんでくれると、アンダーソンにはわかっていた。これは、ズィスーという男にはカリスマが必要だということを意味する。間違った判断を下しても、危険に晒されても、船員が喜んで従うような船長。そのような強い牽引力を持った個性をどう定義するか考えたとき、セントラルパークでマーレイと一緒にシェリル・クロウの公演を観た帰り道のことが思い起こされた。2人はニューヨークの街を歩いていた。角を曲がる度に、2人についてくる人の数が増えた。マーレイの後について歩く群衆に、信号を無視して

道の向こうから加わる者もいた。駐車場に到着したときには、その数は40人ほどに膨れ上がっていた。「あんなの、人生で他に見たこともないですよ」[3]とアンダーソンは語る。このときの記憶は、映画のフィナーレとして再利用された。ズィスーというキャラクターは「深く悩み、腹を立てつつ、動揺もしています」[4]。マーレイの場合何をしてもそうなるのだが、ひょうきんな外見の下にある暗くて深い井戸から色々さらけ出して見せてくれることを、アンダーソンはわかっていた。

マーレイ本人から見ても、ズィスーはなかなか演じがいのある役だった。冒険家にして映画作家。行き先を見失った、行動する男。ディズニーのプレス資料によると、ズィスーは「進路から外れているが親しみやすい」[5]ということになっている。脚本に詳細に描写された細部に、マーレイは狂喜した。台詞のやり取り、アクション、ユーモア、ペーソス、そして荒波のようにフィルムから溢れ出す生の感情。映画は全編をとおして比喩の塊だった。

「スティーブは、見るからに欠陥のある男だ。欲望に突き動かされ、周りの人を無視し、ほとんど幼児みたいだ」マーレイは得意げに語った。「欠陥だらけだが、スティーブという男は仮面を着けない。自分という人間を隠さない。ずけずけ何でも言うんだ」[6]。

この伝説的なキャラクターを、マーレイは隅々まできっちり誠実に演じきってくれる。アンダーソンにはそれがわかっていた。物語という観点から見ると、ズィスーの欠点こそが魅力なのであって、マーレイはウェットスーツのようにピッタリ全身にその魅力を纏うことになる。この新作映画はナポリの海岸で撮影されたが、アンダーソンとしては飽きっぽいことで有名なマーレイが飽きるか飽きないかという境界域で、この映画を撮ろうとしているかのようだった。しかし実はズィスーというキャラクターは、アンダーソンがマーレイと出会う遥か以前に生まれていた。

幼いアンダーソンは、ジャック＝イヴ・クストーに心を奪われていた。禅的なスピリチュアリズムを感じさせる一連のドキュメンタリーによって、世界中に海洋の素晴らしさを紹介した偉大なるフランスの海洋学者クストー。彼は1956年に『沈黙の世界』でパルムドールを獲った。どの作品も彼自身による有名な気怠いナレーションによって解説された。海軍士官転じて自然保護主義者クストーは、アクアラングを共同開発し、水中カメラや防水水中眼鏡の開発にも携わった。かくも実用的かつ風変りで驚嘆すべきクストーに、アンダーソンは魅了された。クストーは観る者を深海に誘った。そこは、自然が生んだ奇妙な外れ者たちや、船の残骸で満ちているのだ。

「クストーが大好きでしたね」とアンダーソンは認めている。クストーの記録映画を全部観て、彼の執筆した本も自伝もすべて読むと幼いアンダーソンは心に誓った。「クストーという人格が丸ごと好きでした」[7]。

アンダーソンの持つクストー愛は、最初から示されていた。リチャード・アヴェドンが撮影した有名なクストーの写真が、『アンソニーのハッピー・モーテル』のミスター・ヘンリーの家の壁に飾ってある。『天才マックスの世界』では、マックスが図書館で発見したクストーの本が、物語を転換させる。そんな小さな手がかりが、パン屑のようにズィスーにまで続いている。

実はアンダーソンは、クストーのようなキャラクターを主役に据えた映画の企画を14年もの間温めていた。その映画は「洋上の突飛な家族」[8]の物語になるはずだった。大学時代に彼が書いた1行ほどの短い物語が実在する。主人公の海洋学者スティーブ・ズィスーはベラフォンテという船の船長だが、実際に彼の事業を支えているのは妻だという話。14年の間に、物語もキャラクターも進化を遂げた。アンダーソンはズィスーというキャラクターの中により深く潜っていった。このキャラクターが、自分の人生が「無為に過ぎていくように見える」[9]と思うに至るまでに、何があったのだろうか。

右：抜けるような青空──ズィスー（マーレイ）と仲間たち。出資者オセアリー（スーツ姿のマイケル・ガンボン）、クラウス（ウィレム・デフォー）、エレノア・ズィスー（アンジェリカ・ヒューストン）、そしてヴィクラム・レイ（ワリス・アルワリア）

オーウェン・ウィルソンは、例の人生の舞台から退場間近の海洋学者の企画がどうなっているか、時折アンダーソンに尋ねてはいた。しかし、ウィルソンが俳優業に時間を取られるようになってしまったので、アンダーソンは共同執筆パートナーとしてノア・バームバックに手伝ってもらうことにした。ニューヨークを拠点にして台頭しつつあるクリエイターたちのひとりであり、ときにリアルなコメディ・ドラマ（『イカとクジラ』〔2005〕や『マリッジ・ストーリー』〔2019〕）を監督するバームバック。彼とアンダーソ

ンは連日マンハッタンのレストランで会い、昼飯を挟んでお互いを笑わせながら夕食の時間までを過ごした。あれでよく仕事になったものだ、とアンダーソンは回想している。

事実、そんな2人の共同作業からは一本の脚本が出現した。それはアンダーソンがかつて挑戦したことのないほど野心的な企画だった。『ライフ・アクアティック』には船舶が必要になる。太陽が降り注ぐ海岸沿いのロケ地も必要だった。そして深海の生物も……さらに異国情緒溢れる大所帯のキャストも。脚本がイタリア食堂で生み出されたことに影響されて、物語の舞台はイタリアとその周辺の海域になった。メニューに載っている料理の名前が、地名や人物名として借用された。

アンダーソンの創作活動は、彼をテキサスからニューヨークに、そして今度は憧れのヨーロッパ映画の揺りかごへと誘った。当然、そのためにはより大きな予算が必要だった。『ザ・ロイヤル・テネンバウムズ』の成功によって、アンダーソンの奇抜さを喜ぶのはカルト映画ファンだけではないと確信したディズニーは、5000万ドルという奇跡的な予算を彼に渡して、4ヵ月の間ズィスーの世界を探検することを許可した。バリー・メンデルはプロデューサーとして再登板。『天才マックスの世界』や『ザ・ロイヤル・テネンバウムズ』という、精密極まりない室内楽のような映画づくりとは天地ほども違った新作に挑むアンダーソンを見て、どでかいリスクを冒すものだと彼は思った。「屋外で撮影しなければならない、空想に満ちたジャンル映画作りというカオスに飛びこんでいったわけですから」[10]と彼は述べている。

メンデルの言葉は的を得ているが、それでも完成した映画はこれ以上あり得ないというほど、典型的なウェス・アンダーソン作品となった。

観客はまず、すでに絶望の淵にいるズィスーに引き会わされる。最盛期を過ぎたことは自分でもわかっているが、黙って枯れる男ではない。献身的だが成りゆきで集まった感満載の船員たちと共に、「ニューヨーク・マガジン」誌が「廉価版ジャック・クストー」[11]と呼んだ船長ズィスーは、友人で航海仲間のエステバン（『天才マックスの世界』のシーモア・カッセルの、回想場面のハゲヅラと笑顔）の命を奪った伝説のジャガー鮫を追って（ついでに新しいドキュメンタリーも撮りに）出帆する。

アンダーソンとバームバックが着想したのは、現代版『白鯨』だとも言える。ハーマン・メルヴィルは、エイハブ船長にスピード〔Speedo〕の海パン一丁でうろうろさせはしなかったが……。いつも苦労の連続で悲観的なプロデューサー（マイケル・ガンボン）がやっとのことで用意したお粗末な予算のお陰で、航海に出られることになったズィスーだが、「自分に残された冒険心はこれで終わり」[12]だと確信している。

マーレイが鋭く察したとおり、ズィスーは人生の闇の中を歩いている。しかしこのキャラクターが面白いのは、勢いに乗ったまま絶対に立ち止まらないことだ。常に全速前進。ロイヤル・テネンバウムと同じで、今日までこの男は、人生で一度も内省という行為に邪魔されたことがない。彼にはバスター・キートン的な資質がある。運命の荒波に揉まれ続ける、フランスが生んだ口数少ない偉大なコメディアン、ジャック・タチのような疲れ知らずの精神を持った、スラップスティック・ヒーローなのだ。

スティーブ・ズィスーが企てる洋上の策略の数々が、アンダーソンにとってひどく個人的なのには理由がある。それはこの映画が、映画作りに関する映画だからだ。ベラフォンテ号上の共同生活は、献身的な常連たちによって支えられたアンダーソン組という、舞台裏に存在する共同体の反映なのだ。最盛期を過ぎたことを直視せずにはいられない中年映画作家を描くことで、アンダーソンは自らの未来の幽霊に思いを馳せているのかもしれない。彼の友人の中には、年齢を重ねるとともに創作の女神が去ってしまったという者もいる。ズィスーは「もう一度良いときは来るのか？」[13]という問いに悩まされているのだ。

『ザ・ロイヤル・テネンバウムズ』で絵本のようなニューヨークを吸収したアンダーソンは、今度はアート映画のイタリアを吸い取り紙のようにものにしていくことになる。ナポリ周辺の太陽が燦燦と降り注ぐ洋上および海中で撮影を敢行し、さらにフェデリコ・フェリーニの遊び場である、ローマにある伝説的なチネチッタ・スタジオでも撮影した。「今でもフェリーニが沁みこんでました」[14]とアンダーソンは激賞した。実際ズィスーには、フェリーニ映画で物憂げなヒーローを演じたマルチェロ・マスト

右：地中海倶楽部——眩い陽光の中でくつろぐズィスー（マーレイ）とジェーン（ブランシェット）。劇中場所は特定されないが、アンダーソンはあり得ないほど映画的なイタリアのナポリ周辺の沿岸部をロケ地に選んだ。

下：忠実な船員たちを集めて会議中のズィスー。制服を着ていないのはジェーンと、保険会社の調査員ビル・ユーベル。70年代映画の象徴的存在バッド・コートが演じている。

ロヤンニの面影がある。撮影前、アンダーソンは物憂くて掴みどころのないミケランジェロ・アントニオーニの傑作を徹底的に調べ上げ、『情事』(1960)と同じロケ地で撮影もした。アメリカ映画らしからぬ彼の現場は、何ともミステリアスな空気に包まれた。ガンボンがかけた眼鏡は伝説の作曲家エンニオ・モリコーネの眼鏡に似せて作られたほどだった。

日焼けした褐色の肌に、髪は少年のように短く切ったアンダーソンの雄姿に、ヒューストンは驚きを隠せなかった。

アンダーソン組の常連俳優リストは長くなる一方だった。『ザ・ロイヤル・テネンバウムズ』では大家族サイズだったものが、今回は映画制作チーム1つ分だった。潮風に吹かれて生きるベラフォンテ号の水夫たちと映画制作クルーは、馴染みの顔と新参者の混成集団だ。『アンソニーのハッピー・モーテル』のディグナンと彼の寄せ集めの強盗団や、『天才マックスの世界』で戦争映画のような舞台を作ったマックス・フィッシャー劇団のように、さらには『ファンタスティックMr.FOX』の悪だくみにも繋がっていくわけだが、ともかくズィスーは、チームのリーダーなのだ。

可愛らしくて頼りになるエセリーン・テネンバウムを演じたヒューストンだが、エレノア・ズィスーでは甘さを控えた。ズィスー・ソサエティの副代表でもある頭脳明晰なズィスー夫人。彼女が現在夫と別居中なのは無理もない。ヒューストンとマーレイは『ザ・ロイヤル・テネンバウムズ』で一場面だけ共演したが、そのときに2人が醸し出した親密さをアンダーソンは見逃さなかった。これは『ライフ・アクアティック』を次回作に選ぶ動機のひとつとなった。続く『ダージリン急行』への出演をもってヒューストンは、掴みどころがなく冷静で、男どもの傷ついたプライドやしみったれた要求に対して免疫を持つ母親を、3人続けて演じることになる。

ウィレム・デフォーは、短気だが愛情深いエンジニアで、(ドイツ人、しかも技師にしては) 溢れ出る感情に流されがちなクラウス・ダイムラーを演じ、アンダーソン映画デビューを果たした。そしてワリス・アルワリアが演じるヴィクラム・レイ(インドが誇る映画作家サタジット・レイに、さり気なく敬意を表している。レイについては『ダージリン急行』の章で詳しく)。ノア・テイラーが演じる物理学者ウラジミール・ウォロダルスキー(この名前は、アンダーソンの友人で脚本家で冗談の種でもあるウォレス・ウォロダースキーに因む)、そしてセウ・ジョルジ演じるペレ。アコースティックギターを弾きながら母語のポルトガル語でデイヴィッド・ボウイの歌を船員たちに向かって歌い上げ続ける彼の役は、恐らくこの映画に加えられた最もアンダーソン的なタッチのひとつだろう。アンダーソンがカバー・バージョンだと主張する彼の歌声を、ボウイ本人はいたく気に入った。

散漫だが居心地の良いズィスーの王国に、2人の余所者が外界から訪れて、ドラマに大きな波乱を起こす。ひとり目は、極度に身重の雑誌記者ジェーン・ウィンスレット=リチャードソン(この役名は、意図的にいわゆるイングリッシュローズ〔薔薇のように美しい英国女性〕に喩えられる女優たちの名前を並べている)。英国の上流家庭のお嬢さん的な勝気な陽気さでケイト・ブランシェットが演じている(グウィネス・パルトローとニコール・キッドマンは日程の調整がつかず辞退)。

ブランシェットは、妊娠を装うための膨らんだお腹の造り物を試着したとき、失神してしまった。実は本当に妊娠していたことが、そのときにわかった。まるでアンダーソンが書いた筋書きのようだが、ブランシェットによると、妊娠はまったくの偶然であり、究極のメソッド演技というわけではなかった〔コンスタンティン・スタニスラフスキーの影響下にあったリー・ストラスバーグによって体系化された演技法・理論。登場人物を追体験するように演者が自己の内面を掘り下げ、より自然主

左：父と息子の対立と和解という筋立ての中で、マーレイ扮するズィスーは生き別れの息子（そして恋敵）ネッドと対峙することになる。不釣り合いなほど粋な航空会社勤務の操縦士である、オーウェン・ウィルソンが演じるネッド。2人は水と油ほども違う。

義的なリアリズムを追求する〕。プロデューサーたちは、長旅や天候が妊娠に障るのではと心配したが、運命的なものを感じたブランシェットは、やる気満々で撮影に臨んだ。ホルモンに左右されて激しく上下するジェーンの気分は、船長のそれ以上に予測不可能だが、それにはちゃんと理由がある。彼女は、無関心なお腹の子どもの父親によって、海に厄介払いされたのだ。しかも彼女がヒーローと崇め、今回同行して記事を書こうとしているズィスー本人は、なぜかヤケクソ気味なのだ。

そして、ズィスー本人も衝撃の事実を知らされる。ケンタッキー航空の粋な副操縦士ネッド・プリンプトンが訪れてきて、ズィスーを生き別れの父と呼ぶのだ（オーウェン・ウィルソンが今回もおいしい役どころをさらっていく）。ズィスーというアーティスト兼科学者兼映画作家兼ロマンチストは、息子の登場によってアンダーソン作品お馴染みの、厭世的で欠陥を抱え人生に揉まれ疲れた父親像に、自動的に仲間入り果たすことになる。それでも、しばし考えてからズィスーは息子の登場を前向きに受け入れることにする。新作ドキュメンタリーには「絆を描くサブプロット」[15]も欲しいことだし。

部外者を演じるウィルソンは、アンダーソンが宿泊していたローマのヒルトンホテルの屋上で、他の俳優たちとは別々にリハーサルをした。2人は彼のキャラクターのために、南部訛り（『風と共に去りぬ』[1939]から抜け出したかのような、ぎりぎりのバカバカしさ）、育ちの良さそうなナイーヴさ、そしてエロール・フリンのような髭を考案した。ネッドというキャラクターは、ウィルソンの持ち味である粋で颯爽とした感じを持ち合わせていた。同時に、彼が演じ慣れたハリウッド的なヒップでお気楽な怠け者とはほど遠かった。アンダーソンは、この役が旧友ウィルソンにとって活路（救援と言えるかも）になることを願っていた。2人とも子ども時代には、冒険家に対して「ロマンチックは憧れ」[16]を抱いていた。手製のイカダで大海原を渡ったトール・ヘイエルダールに対して自分が抱いたような畏敬の念を、ネッドがズィスーに持つのだとアンダーソンは決めた。

こうしてアンダーソンの一大海洋事業は、煮詰め

左：これがアンダーソン作品デビューとなるジェフ・ゴールドブラムが、リッチで抜け目ないズィスーのライバル海洋学者アリスター・ヘネシーを演じる。海洋記録映画市場におけるライバルであり、さらにエレノア（ヒューストン）のハートを競う恋のライバルとして、本作の2つの三角関係の一端を担う。

たような家族の危機というお馴染みの海域に向かって進路を定めた。背景が何であっても、表面的にどんなジャンルでも、種類が何であっても、アンダーソンの映画はいつも家族のドラマなのだ。

そしてそれは、ほどけないほど複雑に絡まった海藻のようなドラマでもある。その証拠はたくさんある。恐らくこれが最後の航海になるであろうベラフォンテ号に降りかかる幾多の苦難。海賊の襲来。インターンの反逆。三本脚の犬。そして死。にもかかわらず、ズィスーとネッドはジェーンの気を引こうと競争心を燃やす。一方エレノアは、何とズィスーの仇敵海洋学者アリステア・ヘネシーと良い仲になってしまう。演じるジェフ・ゴールドブラムが持ち合わせた癖のある演技は、誂えたようにアンダーソンの世界にぴったりはまる。そのヘネシーもまた、ズィスーの大ファンである。

航海に同行する新入りとして忘れてはならないのが、ズィスーの金遣いを監視するために送りこまれた保険会社の犬ビル・ユーベルだ。ユーベルは、フィリピン人の海賊に誘拐され、撃たれ、見捨てられ、人生最高の時を過ごす。ユーベルを演じる小柄なバッド・コートはロバート・アルトマン作品の常連で、年齢を超越したロマンチック・コメディ『ハロルドとモード 少年は虹を渡る』（1971）にも主演した。つまり彼は、アンダーソンに強烈な影響を与えた人でもあった。

ウェス・アンダーソンの道具箱

「アンダーソン流」を実現する映像表現

完璧な左右対称構図：一番重要な要素が画面のド真ん中にくるように構図が決められ、カメラはその対象から真正面に据えられる。中心に線を引けば、右側と左側は鏡写しになる。

このような形式主義的表現を避ける映画作家が多いのは、舞台的な印象を与えるからだ（そのとおり）。このような構図にしてしまうと、編集が目立ってしまう。それでも、左右対称の構図には観る者の心を安らげる何かがある。世界に安定感を与え、大事なものに観客の目を向けやすくなる。

アンダーソンはこの様式を、尊敬する映画監督たちの一人から取り入れた。家族を描いたドラマの名匠である日本の小津安二郎（『東京物語』［1953］）は、滅多にカメラを動かさない。アンダーソンも同じことを言われたが、小津は同じ構図ばかりで進歩がない、いつも同じ、と批判された。小津は反省するでもなく、「僕は豆腐屋だから豆腐しか作らない」と言い、「がんもどきや油揚げは作るが、豆腐屋にカレーだのトンカツ作れったって美味い物が出来るはずがない」33。

アンダーソンと小津に共通しているのは、登場人物が抱える不安定な内面は、純粋に幾何学的な構図の中で際立ち、哀しさを滲ませるという原則だ。

長いカメラ移動：幾何学的な構図と同じく、アンダーソンはカメラの移動が大好きだ。可能な限り滑らかな移動。左から右へ。稀に右から左へ。X軸とY軸方向のみ。これは「ドリー・トラック」というレールの上で、カメラを被写体と同じ速度で動かすことによって可能になる。壁が障害になることは滅多にない。『ダージリン急行』で有名な「思考の列車」の場面や、『ムーンライズ・キングダム』のウォード隊長による点呼の場面がそうだった。『ライフ・アクアティック』のベラフォンテ号内をカメラが上下左右に移動する場面は、レール上をカメラが移動する手法を一歩進めたものだ（詳しくは本文参照）。

明るい色彩設計：アンダーソンが作品を作る時に選ぶ色は、意味を伴っている。そして、映画全体のムードを決定してもいる。例えば、『ファンタスティック Mr.FOX』の、木々に囲まれ秋色の、そして狐の毛皮色の世界。そして『グランド・ブダペスト・ホテル』のお菓子箱のようなピンク。新作に臨むアンダーソンは、毎回苦労して、制作部のためにきわめて具体的なムード画を作るところから始める（雑誌の切り抜きや生地の見本帳を使う）。パステル的な色彩が共通して使われる一方で、彼の使う黄色について丸々一本論文が書かれてもいる。

見下ろし構図：真正面の構図と並んで、アンダーソンは重要な情報を見せるために真上から見下ろす構図も好んで使う。この構図は、表や手紙、宿題、開いた本、鞄の中身、地図、逃走計画、レコード・プレイヤー、制御盤、その他諸々のアンダーソン的身の回りの小道具類といった体裁をとって使われる。

スローモーション：武闘派マイケル・ベイのような映画監督は、爆発シーンの恰好よさを観客に浴びせるように映像をスローにするが、アンダーソンの場合は、感情的なアクセントのために、映像を途中からスローにする（考え抜かれた音響効果や音楽の伴奏つき）。『ザ・ロイヤル・テネンバウムズ』の、バスから降り立つマーゴの姿。『天才マックスの世界』で、マックスがセルピコ上演後に喝采を浴びる瞬間。そして『ダージリン急行』のラストで鞄を投げ捨てるホイットマン三兄弟等だ。

右：完璧に左右対称―『犬ヶ島』より、アンダーソンの十八番である直線的な構図。

上：ベラフォンテ号の乗組員たちは、いかにもアンダーソン的な歪な家族像のバリエーションにすぎない。新入りネッド（ウィルソン）がズィスー船長に気に入られる度に、やっかんで邪魔するベテランのクラウス（ウィレム・デフォー）。

上：記録映画制作者の記録。自画自賛激しいズィスーから、潜水前に使えるコメントを引き出そうとするジェーン記者（ブランシェット）。

これまでアンダーソンが作った映画の世界は、学校や、ニューヨークにある褐色砂岩造りの屋敷という空間に閉じていたが、今度はいささか錆びてはいるものの壮麗なベラフォンテ号という船そのものが世界になった。そしてこの船もまたキャラクターであり、他の俳優たちと同様、配役が必要だった。アンダーソンが船に望むものは細かく決まっていた。第二次世界大戦中に使用された年代物の機雷除去用の掃海艇。別の言い方をするなら、クストーの改造掃海艇カリプソ号に似せられるだけ似せたかったということだ（ベラフォンテという名は、魅惑の囁きで人気の歌手のハリー・ベラフォンテから頂戴した。彼はカリプソの名手なので）。アンダーソンご所望の掃海艇は、ケープタウンで発見された。ローマまで航海できる程度には良い状態だった。ローマに着くと船は塗り直され（白とコバルトブルー）、外景撮影のために展望デッキと塔が付け加えられた。二隻目の船も部品用に調達された。

2003年9月にキャストとスタッフがイタリアに到着すると、アンダーソンは皆をベラフォンテに乗せて一日航海に出た。航海をとおして皆が仲良くなり、船に慣れ、そして運が良ければ劇中垣間見られるズィスーのドキュメンタリーに使える映像が撮れるかもしれないという目論見だった。ポンツァという小さな火山島に向かって船を出すなり海が荒れ、船上にいたほぼ全員が船酔いになったが、それでも楽しい体験だった。船の上では不思議と親密さが増し、俳優たちがベラフォンテに対して忠実になっていくことに、アンダーソンは気づいた。

ベラフォンテの船内の様子は、ズィスーの人生をなぞっている必要があった。手元にあるものを使って、すべてその場でこしらえた感じ。建付けが悪くてすぐ壊れそうで、部品を寄せ集めた感じ。アルビノのイルカすら従えたこの船は、絵本のような魅力

左：海上での撮影は悪夢のようだったが、結果としてアンダーソン作品屈指の豪華で自然な景色が切り取られた。

下：外景を支えた自然主義とバランスを取るかのように、ローマのチネチッタ撮影所に建造されたベラフォンテ号内部の見事なセット。アンダーソンは、この巨大な実寸大断面模型が持つ人間サイズの人形の家という体裁を嬉々として見せびらかした。

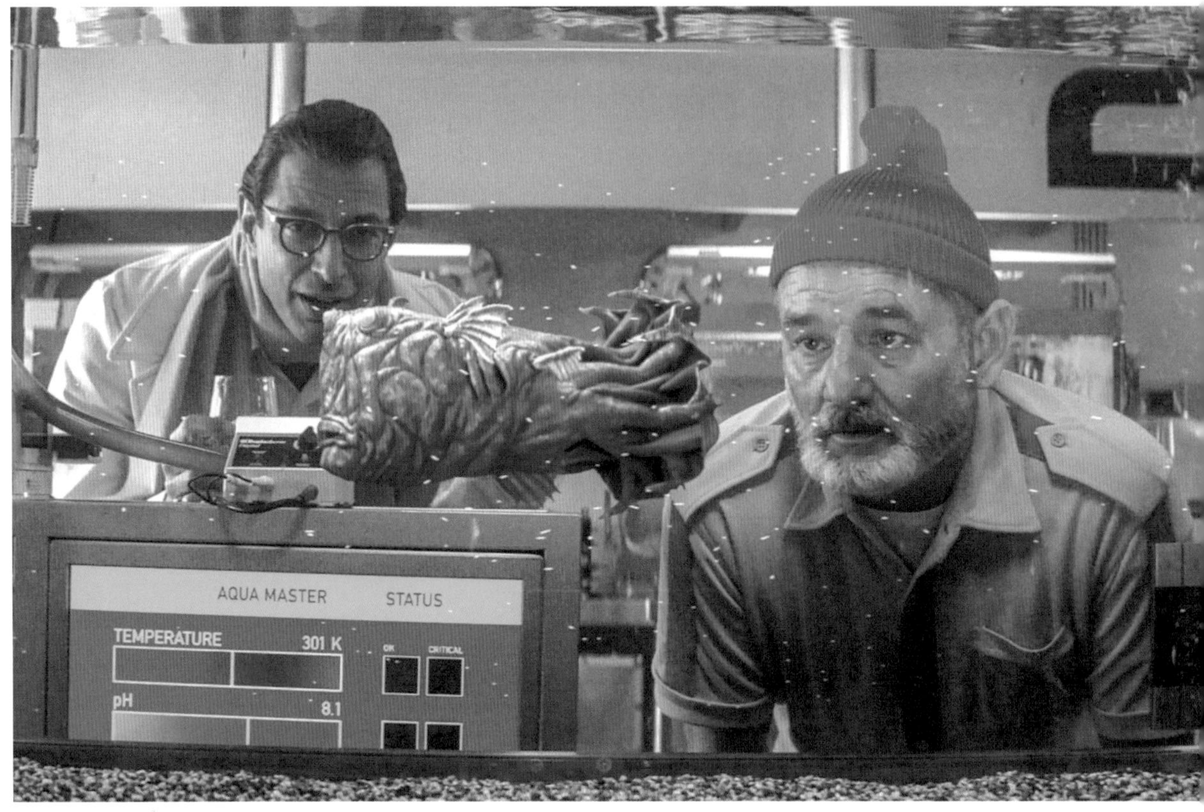

上：架空の海洋生物を創造するにあたり、アンダーソンは初めてストップモーション・アニメーションを使った。アンダーソンが劇中の海洋生物にリアルさではなくファンタスティックさを求めたのは、皮肉な味わいがある。

を備えている。アンダーソンにこの映画を作らせた動機のひとつは、巨大な人形の家のような船の断面模型を作りたいという願望だった。そのお陰で、船内の「殿堂紹介」の場面では、部屋から部屋にクレーンに乗ったカメラが移動し、ズィスーたちの秘密を垣間見せることができた。ラウンジ、サウナ、実験室、図書室、編集室、機関室、そして展望窓。アンダーソンはこの船の断面セットを「蟻の巣」[17]と呼んだ。船を両断した三階建てのセットの中で、俳優たちが行き来する。チネチッタのフェリーニ・ステージに建造されたこのセット。見物に来た地元の人々が見惚れていた。

うっとりするような外見とは裏腹に、船内の場面では、それが作り物であることが見切れるところまでカメラを引いてみせる。そうすることで、事実とフィクションの境界線がどんどん細くなっていく。観客がどこまで喜んで嘘を信じるか、アンダーソンは試しているのだ。マックス・フィッシャーが組んだ舞台と同じで、アンダーソンが造る模型のようなセットは作品の華だ。あたかも、「映画作りは、男子が手にし得る最高の鉄道模型セットだ」[18]というオーソン・ウェルズの金言を地でいくかのように（そ

上：魚は作り物だが、アンダーソンはちゃんと水中撮影もした。アンダーソンにとってツイていたことに、マーレイは上級スキューバダイバーだった。

してアンダーソンの次回作は正に鉄道が舞台になる)。ズィスーが訓練したイルカですら、機械仕掛けのパペットなのだ。

この作品はアンダーソンにとって、全編ミニチュアで撮影されるストップ・モーション・アニメーション劇映画（構想は長い間温められていた）の予行練習でもあった。興奮すべきことに、海中の場面は、子どもたちの大好物『キング・コング』(1933) やレイ・ハリーハウゼンの『シンドバット』シリーズと同じくコマ撮りで撮影されることになった。稀代のアニメーターであるヘンリー・セリック（なんとティム・バートンの『ナイトメアー・ビフォア・クリスマス』[1993] の監督でもある）が海洋生物を創造するために雇われ、アンダーソンは嬉しそうに彼の仕事を承認したのだった。

「ストップモーションの手作り感が欲しかったんです」[19] と、ストップモーションの本質を支持するアンダーソンが言う。高度にハイテクなものは、かえってその効果を損ねてしまっただろう。世界的な海洋学者の物語には、作り物の魚が泳ぐのだ。脚本執筆中に、アンダーソンとバームバックは船員たちが遭遇する海洋生物を夢想し、実在するものとして描写した。「例えば、エイがいたとします」とアンダーソンは説明する。「ただのエイを見て、星座のような模様がついていて光るのはどうだろう、と言うわけです。そこからアイデアを練るんです」[20]。

まるでクレヨンか何かで彩色したような（そう、5センチほどのクレヨンタツノオトシゴとか）粘土細工のような生物たちは、非現実的でありつつも可愛らしい。それが海中ワンダーランドの動物相なのだ。本物だと思う観客はいないとしても、魅惑的な何かがある。ズィスーが夢見る、異国情緒溢れるお伽噺のような虚構の世界。彼の人生から失われてしまった驚異の世界が、そこにはある。「空想的な世界を作り出そうとしたのです」[21]とアンダーソンは言う。幻のジャガー鮫はこの映画の「白鯨」なわけだが、造型の過程でどんどん大きくなり、最終的には重さ68キロ、長さ2メートル40センチ、恐らく史上最大のストップモーション用パペットとなった。

海は、ジェーンの胎内を満たす羊水と同じ意味を持つに至った。泡状の潜水艇ディープサーチ（ビートルズのイエロー・サブマリンと張り合うかのようにまっ黄色）に乗って、船員たちは遂に海中へと潜航していく。グラスファイバー素材と鉄材で作られ、可動式プロペラを装備したこの潜水艇は、実際にはサウンドステージから一歩も外に出なかった。アンダーソンはキャストの面々を黄色い卵のような潜水艇内に詰めこんだ（ウィルソン扮するネッドを除く。彼は水上機事故で亡くなったクストーの息子のように、ヘリコプター事故で他界）。扉を閉め切ると、臨場感は否が応でも高まった。

時代設定に関して一言。『アンソニーのハッピー・モーテル』以来、アンダーソンが作る映画はどれも、作品自体のジャンルと同様、舞台になっている時代が特定しにくい。間違いなく時代劇である『グランド・ブダペスト・ホテル』ですら、第一次世界大戦と二次大戦の間のどこかに落ち着くまでに、話は現代から過去に向かって何度も転がっていく。「『ライフ・アクアティック』に出てくる機材は、半分はおんぼろで残り半分はぴかぴかで新しいんです。クストーが活躍した50年代と60年代と70年代を感じさせるものですが、ヘネシーの船には最新鋭の機材があったりもします」。すべては意図的だが、アンダーソンはこのような時間的曖昧さの理由をうまく説明できない。「たまたま、としか言いようがないのです」と躊躇いながら言っている（とは言っても、彼の映画作りに「たまたま」があり得ないことも、私たちは知っている）。「私がアナログの道具好きだから、どのような映画を作っても『ブルーベルベット』（1986）のような特定されない時代が舞台になるんです。あの、ずらされた感じが好きなんです」[22]。

アンダーソンの映画には過去を保存しようという意図が存在する。古い手法、そして時代遅れになった技術や素材を使うアンダーソンは、映画制作の過程すら現在に縛りつけられまいとしているかのようだ。「映画の一部はエクタクロームのリバーサルフィルム〔ネガフィルムとは違う種類でスライド等に使われる〕で撮影しました」[23]。粒子が粗くコントラストが高いズィスーのワザとらしいドキュメンタリー映像を解説しながら、アンダーソンは言う。そのフィルム独特の「ちょっとヘンな懐かしい感じ」[24]を、彼はとても気に入ったのだ。撮影が始まる前にアンダーソンとプロデューサーのメンデルは、果てしない数の自然記録映画を観て研究した。野生動物を見るのが目的ではなく、特定の映像がどのようにして撮影されたか解明するためだった。結果として『ライフ・アクアティック』には、他のどのアンダーソン作品よりも手持ち撮影が多くなった。

チーム・ズィスーの面々が着ている空色のセーターとパンツは、アカデミー賞に輝く衣装デザイナーであるミレーナ・キャノネロ（『愛と哀しみの果て』［1985］）が手がけた。1968年に放映されたSFテレビドラマに出てくる乗組員に似せたいという監督の希望によって誕生したこの衣装の上着は、『スタートレッ

上：奇抜なウェットスーツ。ボンド映画的冒険の後に絆を確かめ合うネッド（ウィルソン）とズィスー（マーレイ）。重要な役を演じてはいるが、ウィルソンは初めて脚本を共同で執筆しなかった。

ク／宇宙大作戦』の衣装と同じポリエステル素材によって作られた。キャンディのような外見で試着室から出てきたウィルソンを見て、アンダーソンは笑いが止まらなかった。衣装デザインはそれで決定となった。他にも冬用の衣装、ウェットスーツ、スピード〔Speedo〕の水着、アディダス製の「ズィスー」ロゴ入りトレーニング・シューズも作られた。赤いビーニー帽はクストー本人が被ったものに対する賛辞だが、『天才マックスの世界』でマックスが被ったベレー帽にも通じている。

向こう見ずな救出作戦や銃撃戦（チーム標準装備のグロック自動拳銃）、そしてヘリコプターの墜落といったアクションを見ていると、アンダーソンがボンド映画を撮ったらこうなるのではと思わずにはいられない。銃声が響き跳弾が弾け、カメラが移動レールの上を猛スピードで滑ってはいるが、アクションの場面はどこか楽しそうだ。予算規模の大きい映画の中で、皆がアクション映画ごっこをやっているのだ。

あるQ&Aに登壇したアンダーソンは、聞き役の「ニューヨーク・タイムズ」紙記者デヴィッド・カーに向かって、きわめて真面目に（あるいはそう受け取れる態度で）、『007』シリーズのアイデアがあると話した。タイトルは「作戦延期」。「そのアイデアというのは、冷戦が終わって、スパイミッションが無くなっちゃうんです」そう言った彼の声からは隠しきれない好奇心が聴き取れた。ボンドが使う秘密兵器は「最高にいかしたコーヒーマシン」[25]だった。

アンダーソンは、こういう映画を撮れとハリウッドに押しつけられたことはないと付け加えたが、それでも例えば『ハリー・ポッター』のように元々一風変わった映画や、ディッケンズ的な物語なら、彼の方向性と一致したかもしれない。

すべてをコントロールしようとするアンダーソンのこだわりは、大混乱も巻き起こした。海ほど言うことを聞かない役者はいないと、大海原を舞台にした冒険映画を撮ったことがある監督なら忠告しただろう。構図を決めるにも苦痛が伴い、多数の船を並べている間に日が沈むことも多かった。自分の完璧主義を抑える羽目になったのはある意味気休めになったが、それでもこの撮影は彼のキャリアの中で最も困難なものになった。嵐の海のように荒れ狂うジーン・ハックマンと折り合いをつける方が、まだ楽だった。

マーレイは、方々でインタビューに応えてこの状況を誇張して語った。すべてが苦労の連続で、何ヵ月も家族と離れ離れ。でもそのようなマーレイの気分は、スランプで落ちこむズィスーという男に注入された。「海の真ん中でひとりで途方に暮れている水夫みたいな感じだった」とマーレイは言う。「それが映画の内容にぴったりだった」[26]。マーレイはカメラに向かってお茶らけているだけだとアンダーソンは一蹴した。「『アラビアのロレンス』(1962)みたいなものではなかったですよ」[27]。

アンダーソンにとって『ライフ・アクアティック』は偉大なる愚行だったと見る向きもある。ファンは映画館の座席を埋めたが、予算をたっぷりかけたこの大作映画は、ニッチの訴求力しか持たなかった。全世界興行収入3800万ドルはディズニーを感心させなかった。これは今もってアンダーソン作品最大の失敗作だ。これ以前の映画なら喉を鳴らして賛同した批評家たちも、今回は言葉を濁すしかなかった。映画レビュー集積サイトのロッテン・トマトでの56%という評価は、アンダーソン作品中最低だった。かつて素晴らしいと絶賛された彼のエキセントリックな癖が、純粋にイライラさせる方向に迷走していると見なされた。「計算は過剰、斬新性は栄養不足」[28]という危険な状態にアンダーソンが近づいていると、「インディペンデント」紙のアンソニー・クィンは書いた。さらにクィンは、マーレイの堂に入った冷笑演技とやり合える力量を持った相手の不在を嘆いた。見るからに巧みに作られた映画だが、観客が共有していない何らかの「秘密と哀愁のゲーム」[29] のような疎外感を感じたと、「ザ・ニューヨーカー」誌のアンソニー・レインは書いた。

映画好きたちの間では、アンダーソン作品だとしてもアンダーソン的過ぎるのではないかという議論が交わされた。奇妙なことだが、アンダーソン本人は間口を広げたつもりだった。陳腐さと彼自身の心を動かすものの間にある細い線。バカバカしさとシリアスの境界は実に微妙だ。公開10周年を記念した記事で、再評価の兆しを受けてライアン・リードが書いている。「勝手気ままに漂うような奇妙さを持つこの映画を錨で固定しているのは、俳優たちが見せる本物の感情なのだ」[30]。

アンダーソンは、ペーソスに傾斜することでキッチュを出し抜く。それを彼ほど巧く手加減出来る人は少ない。もし人は誰もが不安の塊であるとすれば、この映画はマーレイの指揮によって人間の愚かさを、交響曲のように見事に紡ぎ上げていると言える。この映画もまた、落胆という現象を理解するための研究と捉えられるべきなのだ。次第に音量を増すシガー・ロスの「Starálfur」の和音に乗って、妖し

上：会話中のマーレイ船長とアンダーソン監督。映画作家とそのスタッフを描いた『ライフ・アクアティック』は、アンダーソン作品の中で最も自己言及的な作品。

く美しいジャガー鮫との最後の対決に向かう潜水艇の場面には、不思議な解放感がある。「私のことを覚えているだろうか」[31]と、ズィスーが初めて本心を吐く。

「海というのは、何かあると思うんです」と、珍しく内省的なアンダーソンが語る。「命を落とすキャラクターがいて、ビル〔マーレイ〕が率いる船員たちが求めているものがあって。皆が家族のようなものになろうとしている。そして、海というものが比喩するものがあって、つまり皆に欠落している何かがあって、皆それに繋がりたいわけです」[32]。

私たちは皆、洋上で惑っているのだ。

ダージリン急行

アンダーソンは5作目の舞台としてさらに遠く離れた地を選んだ。疎遠になった三兄弟が絆を紡ぎ直すために遥かインドを旅するのだ。これはアンダーソン版ロードムービー。路とはいっても鉄路だが……

「いったいどこからアイデアが湧いて出るんですか」という、うんざりするような質問を浴びる度に、ウェス・アンダーソンは、チェコ生まれの英国人劇作家トム・ストッパードを引用する。ストッパードが言うには、アイデアがひとつだけなどということは、絶対にない。種ひとつ撒けば木が一本生えるようなのとは訳が違う。脳内にある諸々の思考が繋がり始め、そこに錬金術が起きる。「何かひとつの事についてということは、絶対にありません」[1]と、アンダーソンも同意している。少なくとも2つ、『ダージリン急行』の場合は3つだ。

第一の材料は兄弟愛、またはその欠如。「いつも3人兄弟の映画を作りたかったんです。私も3人兄弟のひとりですから」と、アンダーソンは説明する。「喧嘩しながら育ちましたが、兄弟たちは私にとって世界で一番近い間柄でもあるんです」[2]。というこ

左：怒れる車掌―アメリカ人の旅行者たちが起こす騒動を醒めた視線で見据える列車の客室主任を、アンダーソン作品二度目のワリス・アルワリアが演じる。

右：基本的にはフィクションだが『ダージリン急行』の物語は、アンダーソン、ロマン・コッポラ、ジェイソン・シュワルツマンの3人がリサーチのために敢行したインド旅行の顛末に基いている。

とは、『ダージリン急行』という映画の最初の萌芽は、弟のエリック・チェイスが生まれた1972年に遡るということになる。もっとも、プロットが形になったのは『ライフ・アクアティック』より前、制作と制作の谷間にいた2003年のことだ。

アンダーソンは、父を亡くして以来疎遠になってしまったホィットマン兄弟という、独自の魅力に溢れる3人組を考案した。そして彼ら3人の、笑えつつも感動的な仲直りをめぐる大騒動を考えついた。そして大騒動は鉄道の旅の道すがらに起きる。これが第二の材料だ。

船でさんざん悪戯をしたアンダーソンは、次の乗り物に夢中になっていた（できれば、今度はもう少し扱いやすいやつを）。次も、伝統的に映画に登場する乗り物だ。豊饒さを誇る鉄道を舞台にした映画の歴史は、リュミエール兄弟の『ラ・シオタ駅への列車の到着』（1895）まで遡る。1896年の初上映時の観客は、近づいて来る汽車に慌てて飛び退いたといわれる。他にも『オリエント急行殺人事件』（1974）、『ビートルズがやって来るヤァ！ヤァ！ヤァ！』（1964）、『ダンボ』（1941）、『ミュンヘンへの夜行列車』（1940）、『ドクトル・ジバゴ』（1965）と枚挙にいとまがない。どれも、線路の上を移動する車両内というコンセプトからドラマが発生するのだ。「列車が前に進むと物語も前に進むんです」[3]とアンダーソンは熱を込めて言う。線路、分岐点、脱線の可能性。ストーリー構成という意味においても、鉄道には様々な比喩が内在している。アルフレッド・ヒッチコックも鉄道が大好きだった。『バルカン超特急』（1938）、『三十九夜』（1935）、『見知らぬ乗客』（1951）、『北北西に進路を取れ』（1959）。どの映画も、駅と駅の間で物語が大きく転換するのだ。

アンダーソンが、誰の期待も裏切らないような旅行日程を作り上げるのは間違いない。タイトルにもなっている列車が、怒りっぽい3人の兄弟を運んでインドの北部をひた走る。そして、このインドがアンダーソン最新作の第三の材料だ。

アンダーソンがテキサスに住んでいた8歳の時、彼の親友はインドから来た少年だった。名をマドラスといい、アンダーソンにとってその子が初めて触れるインドという国だった。マドラスが教えてくれるインドの話は、どれも「全然違って」[4]いた。文学によって形づくられた彼のニューヨーク観や、ジャック・クストーに影響された深海と同様、遥かな国インドの幻影は、アンダーソンの想像力と固く結びついたのだった。

大学在学中アンダーソンは、ベンガルが生んだ名匠サタジット・レイ、そして彼の手によるインドでの生活をほろ苦く描いた一連の映画群（『大地のうた』［1955］など「オプー」三部作）に惚れこんだ。「私に映画を撮りたいと思わせてくれたもののひとつです」[5]とアンダーソンは回想する。レイが描いたのは、押し寄せる産業の波と貧困に挟まれた、喧噪に満ちた現代インドではなかった。彼の映画は、古くからインドという国を形成している文化的な本質を見据える深さを持っていた。

幾星霜が過ぎ、レイの映画に使われた音楽のサンプリングされたコラージュを、『ダージリン急行』のサウンドトラックに聴くことができる。同様に、ジェームズ・アイヴォリーとイスマイル・マーチャントがインド亜大陸に魅了されていた時期に作られた映画の音楽も。

決定的瞬間は、修復されたジャン・ルノワールの『河』（1951）が、ニューヨークでマーティン・スコセッシ本人の手で上映された時に訪れた。このガンジス河岸が舞台の若者の成長の物語は、神秘の国を外部の視線で描いており、いつも地平線の向こうを見ているひとりの若きテキサス出身の映画監督に、強烈な感銘を与えた。映写室を出てセントラルパークに足を向けたアンダーソンは、インドのことで心が一

上：シドニー・ルメットの『オリエント急行殺人事件』。アルバート・フィニー演じるエルキュール・ポワロとスターたち。映画と鉄道の蜜月には長い歴史があるが、『ダージリン急行』もその歴史に加わった。

杯だった。自分がいつか作るであろう鉄道映画の舞台は、そこしか「あり得ない」[6]。彼がそう悟った瞬間だった。

彼の作品に登場したニューヨークや地中海（考えようによっては、ノスタルジー溢れるテキサスも）と同じように、アンダーソンは理想化された魔法のインドを作り出すことになるのだが、現実世界の喧騒を沈黙させるのは、今回ばかりは簡単ではなかった。

ホィットマン三兄弟を写し出すかのように、アンダーソンは今回は2人ではなく自分も含む3人で、脚本執筆を生きてみることにした。アンダーソンとロマン・コッポラとジェイソン・シュワルツマンという代理三兄弟（コッポラとシュワルツマンは実の従兄弟）。3人で実際にインドを鉄道で旅し、その素晴らしさと狂おしさを生で体験しながら、それをホィットマン兄弟の旅に活かそうという魂胆。考えてみれば、それこそアンダーソンがいつも使う表現手段——人生で芸術を紡ぐ——の最たるものなのだ。

インドという国が、フィクションから期待されるインドのイメージをまったく裏切らないということを、3人は確認した。「完全にあの国の虜になりました」[7]とアンダーソンは嬉しそうに言った。サンスクリット語で書かれているわけでもないのに難解な時刻表を紐解きながら、3人はどこまでも続く都市部とデヴィッド・リーンの映画に出てきそうな果てしない砂漠や山岳地帯が混在する風景の中を4週間旅した。3人ともこれほど長期に渡って、こんなに家から遠く離れたことはなかった。悟りは得られなかったとしても、人生を変える経験だったのは間違いない。「何があってもNOとは言わないと決めていたんです」[8]と、シュワルツマン。

脚本の執筆はパリで始まった。最近アンダーソンがアパートを買ったこの街は、彼の文学的放浪の中継点のひとつだった。しかもその時、3人とも偶然パリにいた。ロマン・コッポラとシュワルツマンは、妹／従姉のソフィア・コッポラが監督する『マリー・アントワネット』（2006／そのポストモダンなデザイン哲学にアンダーソン的な傾倒がみられる）の現場で働いていた。

アンダーソンは自分が書いた冒頭の場面を2人に読ませた。3人兄弟の2番目が列車を追いかけて飛び乗り、一方で乗り遅れたアメリカ人のビジネスマンがホームで落胆（これについては、後で詳しく）という場面だ。ここから何が起きればいいのか、アンダーソンには皆目見当がついていなかった。3人は、アンダーソンのアパートと近所のカフェを往復した。別々の作業がそれぞれの場所に割り当てられた。制作に関わること、つまり誰を雇うか、制作日数は何日間かというような話をする場所では、物語に関わる話は絶対にしない。こうして、実際に現地でどっぷり生の体験をするに先立って、脚本の草稿が準備された。

インドに到着してから3人は、互いにアイデアを投げ合い、小噺で笑わせ合い、メモを取り合ってから、ようやく携帯ワードプロセッサーに向かうのだった。アンダーソンは速記者の役を果たした。

「旅を続けながら書きもしましたが、同じくらい書いてきた素材を演じてみることに時間を費やしました」[9] とアンダーソンは笑うが、重要なのは、3人が経験した諸々は、ほぼ必ず何らかの形で物語に織りこまれたということだ。ワープロが壊れた時は電源アダプタが原因だったのだが、この騒動は役に立たないラミネーターという形で脚本に加えられた。

3人は、三兄弟の人生の裏設定も考案した。それぞれが、あるキャラクターの過去の物語を考えた。3人のがっかりしたような顔の裏にある人生。映画の中で語られることの無い兄弟たちの物語は、それぞれのキャラクターに厚みを与えた。

インドを離れる前に3人のアミーゴたちが最後にやったのは、デリーでルノワールの『河』を鑑賞することだった。一年後、3人はホィットマン三兄弟の物語を本格的に語るために、インドに戻ることになる。シュワルツマンは一番若い弟のジャック役を演じることになり、コッポラはプロデューサー兼撮影第2班の監督を務めることになった。

ホィットマン三兄弟は、それぞれ俳優を念頭に当て書きされた。この映画が見事なのは、3人の俳優たちは本当に兄弟だと観客が即座に受け入れてしまうところだ。洞察力に富んだ3人の演技が、衣装によってさり気なくリンクされた（それぞれ違った明度の灰色のジャケットを着て同じ鞄を持たされた。これについては後で詳しく）。兄弟たちの感情の表し方はそれぞれ違うが、3人とも悲しみと、自分自身への執着と、子ども嫌いという3つの要素で繋がっている。コメディという文脈で見るとこの3人は、騒々しい鬱の「三ばか大将」といったところだ

常連ウィルソンは、ホィットマン兄弟の長兄フランシス。アンダーソン作品の伝統に則って、3人の兄弟たちはそれぞれ独自の傷を負って登場するが、フランシスの場合は文字通り怪我をして現れる。3人のオデュッセウス的インドの旅の間、フランシスの頭は、下手くそに巻かれたターバンのように半分包帯で覆われているが、彼は旅の直前に半死半生のオートバイ事故を起こしたのだった（これは後に自殺未遂だったと明かされるが、観客は2007年8月に大きく報道されたウィルソン自身の自殺未遂の予兆と噂した）。片足にびっこを引いて歩くフランシスを演じるために、ウィルソンは常に片方の靴に半分に切ったライムを入れていた。

こだわりが強く気難しいが金回りの良いフランシス。彼がこの異国での仲直りを画策した張本人だ。フランシスは、絶対的な強制力の標としてラミネート加工された、分刻みの旅行日程を弟たちに押しつ

けて、嫌がられる（物語を執着的にコントロールしようとするアンダーソンの気配がある）。この映画は様々な顔を持っているが、異国の地で精神的な超越を求める西洋人という紋切型を皮肉る一面もある。フランシスは、精神的に高めてくれると信じて色々試すが、運命と監督に邪魔されて、望みどうりにはならない。3人は11個の荷物とラミネーターと共に列車から放り出されるが（車内に持ちこんだ赤ちゃんコブラが逃げ出したのが運の尽き）、このように、いつも予想外の何かによって3人は結びつけられていく。

アンダーソンは、ニューヨーク育ちのエイドリアン・ブロディと面識は無かったが、ピーター役には

上：人生と芸術なハッピーな一致。ウィルソン、ブロディ、シュワルツマンの3人が演じるフランシス、ピーター、ジャックのホィットマン兄弟が、インドという世界の一部になりきっていることがわかる舞台裏の一枚。

彼しかいないと確信していた。ウィルソンと似て、ちょっと曲がった感じでハンサムなブロディだが（アンダーソン作品で非対称なのは俳優の顔だけだ）、彼のお株はホロコーストを扱った映画『戦場のピアニスト』（2002）でアカデミー賞最優秀主演男優賞を獲った時に、天まで登った。しかし、アンダーソンの心に訴えたのはブロディが大恐慌時代の子どもを演じた『わが街セントルイス』（1993）の方だったというのは、いかにも好みがはっきりしていて彼らしい。幸運にもブロディはアンダーソンのファンで、喜んで列車に飛び乗った。ピーターというキャラクターは、もうすぐ父親になるという不安でびくびく怯えている（生まれる前から父親失格）。とっくに妻とは離婚していても当然という仲だった。さらに、父親から失敬したもの（サングラス、車の鍵、剃刀）を色々荷物に入れており、兄弟たちを動揺させる。

シュワルツマン演じるロマンチストの小説家ジャックは、当然アンダーソンのお気に入りだった。「自分の人生に起きていることを記録して、それをフィクションにするというジャックの考え方が、よく理解できます」[10]とアンダーソンは言う。ジャックが書く物語は、どれもどことなく兄弟の人生と似ており、それが兄たちの癇に障る。ピーターがすぐに靴を脱ぐのは、神聖なインスピレーションを求めてインドを裸足でうろつくビートルズの面々を思い起こさせるが、その参照は「計画されていたわけでもない」[11]とアンダーソン。それでも、シュワルツマンのぱりっとしていない口髭ともじゃもじゃの髪があまりにビートルズのあるメンバーに似ていることに気づき、合点がいった。さらにジャックが、別れた彼女に未練たっぷりというところも。

右：ホィットマン三兄弟の旅は自分探しというより、お互いを見つける旅。目の覚めるようなオレンジ色の車内とグレーのアメリカ製スーツの対比に注目。

上：『ホテル・シュヴァリエ』で一筋縄ではいかないジャックの元彼女を演じるナタリー・ポートマン。独立した短編だが、『ダージリン急行』のプロローグとしても機能する。

ここで、『ホテル・シュヴァリエ』(2007) について。『ダージリン』の脚本と並行して、アンダーソンは短編映画の脚本を書いていた。最初は、ホィットマン三兄弟のずっこけ道中とは何の関係もなかったこの短編は『ホテル・シュヴァリエ』と名づけられた。パリにある徹底的に黄色いホテルの一室で、長く不公平な関係の最後の瞬間に離れ離れになっていた恋人2人が落ち遭うという話だった。

書き進めるうちに2つの映画が融合し、『ホテル・シュヴァリエ』のメイン・キャラクターは『ダージリン急行』のジャックになり、この胸を締めつけられるような物語は『ダージリン』のプロローグに発展した。短編映画を小説に擬えて、「それぞれが、それぞれの作品の鑑賞の手引き」[12]になると、アンダーソンは気づいた。『ダージリン急行』の脚本が半分も書き上がらないうちにアンダーソンは、シュワルツマンとナタリー・ポートマンの出演で『ホテル・シュヴァリエ』を撮影した。ポートマンはシュワルツマンの名の無い彼女ないしは元彼女を演じた。アンダーソンは『ホテル・シュヴァリエ』を『ダージリン急行』の前につけて上映することを考慮したが、観客をいきなり灼熱のインドに放りこんだ方が効果的だと考え直した。

『ホテル・シュヴァリエ』と『ダージリン急行』は別々に公開された。『ダージリン急行』の前にこの短編を見ておかなければならない理由は特にないが、

WES-EN-SCÈNE ―ウェスの世界の森羅万象

ウェス・アンダーソンのセットから、洗練されたセンス、意味、思考、お菓子、内容、そしてアンダーソン流の手法を紹介。

グランド・ブダペスト・ホテルのアール・ヌーヴォー（グランド・ブダペスト・ホテル）**：**ドイツのゲルリッツの街にある元百貨店の中に作りこまれた名門ホテルの完璧なまでの内装は、美味しそうな真紅のラッカー塗装と、磨きこまれた真鍮の建具つき。外装（模型）は、ピンクの粉を吹いたような正面玄関がついた巨大なケーキのようだ。パティスリーがモチーフなのだろう。

ベラフォンテ号の腹の中（ライフ・アクアティック）**：**船の内部は撮影所のステージに建造されたセット。甲板の下は海洋学的迷路といった趣で、この海中王国は、船長と同様ちょっと古風だがイカした70年代の建材で覆われている。

ダージリン急行の寝台車（ダージリン急行）**：**重要な役割を持つ列車の内装には、アンダーソンが選んだ奇抜なスパイス色と、驚嘆すべきインドの民族的伝統と、目を見張るプリント柄と、コメディの可能性が詰まっている。

テネンバウム邸（ザ・ロイヤル・テネンバウムズ）**：**ニューヨークにある不安定な一家の住居であるこの褐色砂岩造りの邸宅は、雑多なデザインが混在し、雑多な住人たちとリンクしている。エセルの書斎は骨董品や考古学的遺物で溢れる一方、マーゴの寝室には戯曲が分類された本棚とシマウマ柄の壁紙がある。

アナグマ氏のオフィス（ファンタスティック Mr.FOX）**：**この映画に登場する複雑に作りこまれた数々のミニチュア・セットの中でも、特にミスター・バジャーの法律事務所（事務所も繰り返されるモチーフ）は、ダールが書いた人間的に振る舞う動物の寓話とアンダーソンの歪んだ時空の正当性が無理なく同居している。黄色い70年代物の電話や骨董品の口述筆記機、ポストイット付箋や未決箱だけでなく、アップルのMac Pro（パリのアンダーソンと同機種）もあるのだ。

ベトナム（天才マックスの世界）**：**大きな世界の中にミニチュアの世界を作るのは、アンダーソンによる世界構築の特徴だが、それはしばしば劇中の芝居という形をとって表現される。『ムーンライズ・キングダム』では、ベンジャミン・ブリテンの「ノアの洪水」のうんざりするような素人公演。『ザ・ロイヤル・テネンバウムズ』ではマーゴの芝居。そして『天才マックスの世界』でマックス・フィッシャーが演出する凝った舞台も忘れてはいけない。ベトナム戦争が題材の「天国と地獄」では模造のジェット戦闘機に加えて火炎放射器、「セルピコ」では模型の高架鉄道が登場する。鉄道といえば、『ファンタスティック Mr.FOX』ではミニチュアの鉄道と、ミニチュアの鉄道模型が登場する。

スージーが所有する本（ムーンライズ・キングダム）**：**小道具に関する具体性という話をしよう。恋に恋する家出少女スージー・ビショップは、荒野に逃亡する準備として考え得る限りの必需品を集めた。たとえばスーツケース一杯の図書館から盗んだ本。本の虫アンダーソンも同じことをしただろう。彼の作品では啓示を与えるものとして本が登場する（ほとんどが彼が考えた架空の本）。スージーが選んだ本には「六年生の失踪」、「七本のマッチの灯」、「木星から来た少女」（アイザック・クラーク著。この著者名はSFの大家アイザック・アシモフとアーサー・C・クラークから連想）等がある。実際にアンダーソンとロマン・コッポラは、スージーが音読する架空のフィクションを部分的に書いたのだ。

ゴミ島（犬ヶ島）**：**この打ち捨てられた日本の（模型の）島は、ビデオゲームっぽくエリアで分割されており、捨てられた犬の群れがいる。ここはアンダーソン作品に現れる多面的なオマージュの魅惑的な見本でもある。錆びはてた屑鉄の山が広がるこの島には、19世紀の浮世絵師広重のような横長の風景と、ゴジラ、アニメ、ロシアが誇るアンドレイ・タルコフスキーの大作『ストーカー』（79）、そして『007は2度死ぬ』（1967／脚本はロアルド・ダール）もある。

左：セットとストーリーのきわめて幸福な婚姻関係。アンダーソン宇宙の中で祝福を受けた『グランド・ブダペスト・ホテル』の内装。

左：混沌への段取り。ウィルソン演じる旅の発起人フランシス（頭に包帯の人）は、この旅が何らかの啓示をもたらしてくれると期待している。しかし、運命もインドも彼の期待を裏切り続ける。

下：蛇に踊らされて―兄弟たちは、今しがた購入した赤ちゃんコブラが箱から逃走したことに気づく。蛇をはじめ、この映画では動物が多数言及される。

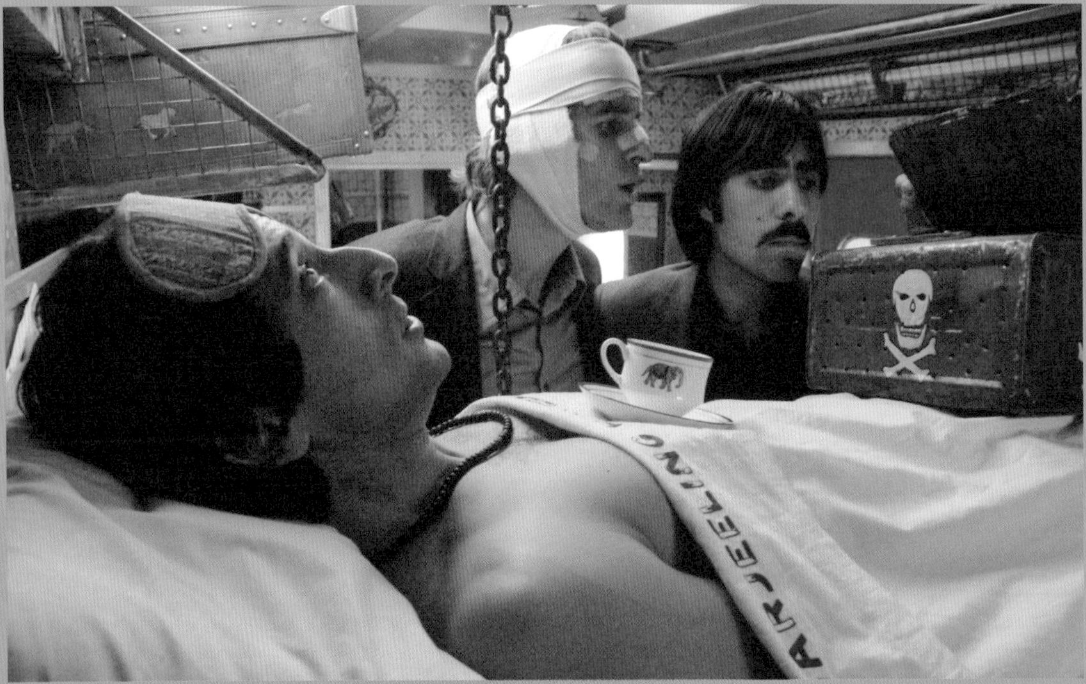

ウェス・アンダーソン急行

アメリカで一番個性的な映画監督の足跡を年代順にたどる旅

1996

1989
「The Ballad of Reading Milton（ミルトン監獄の唄）」（短編小説）
著者

1993
「Bottle Rocket（ボトル・ロケット）」（短編映画）
監督・脚本

1996
『アンソニーのハッピー・モーテル』
監督・脚本

2001

2001
『ザ・ロイヤル・テネンバウムズ』
監督・脚本・プロデューサー・声の出演

2002
IKEA Unböring Campaign
「Kitchen（キッチン）」（CM作品）
監督
IKEA Unböring Campaign
「Living Room（リビングルーム）」（CM作品）
監督

2006
アメリカン・エキスプレス
「My Life, My Card
(私の人生、私のカード)」
(CM作品)
監督・脚本・主演

2007
AT&T
「College Kid(大学生)」
「Reporter(記者)」「Mom(母さん)」
「Architect(建築家)」「Actor(俳優)」
「Businessman(サラリーマン)」
(CM作品)
監督

Natalie Portman

2007
「ホテル・シュヴァリエ」
(短編映画)
監督・脚本

2009

2008
ソフトバンク
「Mr. Hulot(ユロ氏)」
(CM作品)
監督

2009
『ファンタスティック
Mr. FOX』
監督・脚本・
プロデューサー・声の出演

2005
『イカとクジラ』
プロデューサー

Peter Bogdanovich

2006
「They All Laughed 25 Years Later:
Director to Director - A Conversation
with Peter Bogdanovich and Wes Anderson
（ニューヨークの恋人たち　25周年：映画監督と映画監督の
ピーター・ボグダノヴィッチとウェス・アンダーソン）」
（短編ドキュメンタリー）
インタビューイー

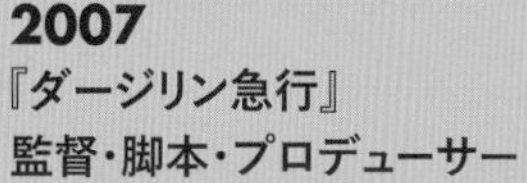

2007
『ダージリン急行』
監督・脚本・プロデューサー

1998

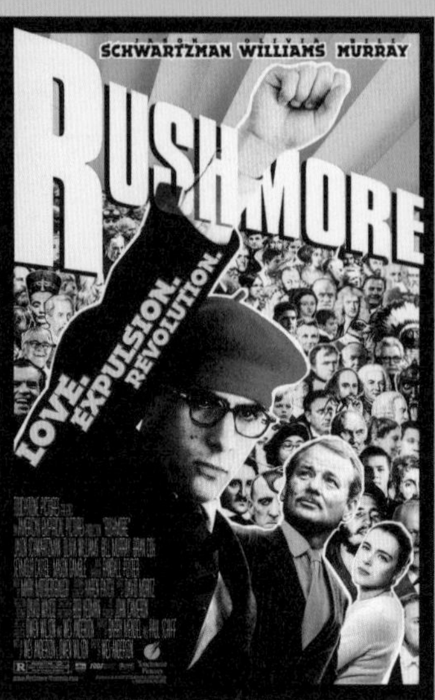

1998
『天才マックスの世界』
監督・脚本・製作総指揮

2004

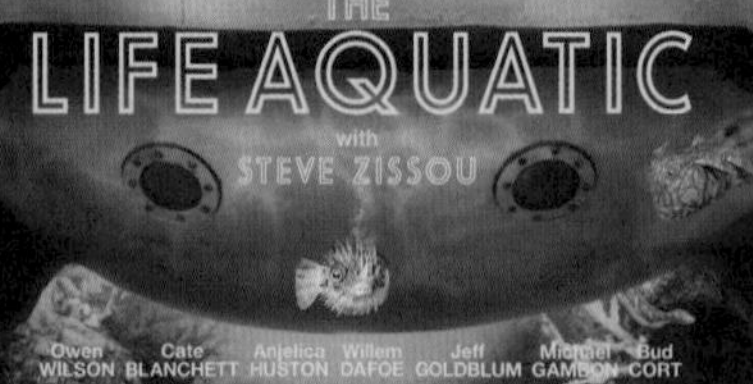

2004
『ライフ・アクアティック』
監督・脚本・プロデューサー

2016
H&M
「Come Together(ご一緒に)」
(CM作品)
監督・脚本

2015
「バール・ルーチェ
プラダ財団美術館 イタリア ミラノ」(カフェ)
デザイナー

2018

2018
『犬ヶ島』
監督・脚本・プロデューサー

2018
「Spitzmaus Mummy in a Coffin and other Treasures: Kunsthistristorisches, Vienna, Austria
(ウィーン美術史美術館　棺に入った
トガリネズミのミイラとその他の宝物展)」
(展覧会)
ジュマン・マルーフとの共同キュレーター

2014
『The Society of the Crossed Keys（鍵の秘密結社）』（書籍）
編・著

2014
『マイ・ファニー・レディ』
製作総指揮

2014

2014
『グランド・ブダペスト・ホテル』
監督・脚本・プロデューサー

絵本）」

2012
ソニー
「Made of Imagination（想像力製）」（CM作品）
監督

2012
現代自動車
「Modern Life（現代的生活）」
（CM作品）監督

現代自動車
「Talk to my Car（マイカーとの会話）」
（CM作品）監督

2012
プラダ
「Candy L'Eau（キャンディ水）」
（CM作品）監督

プラダ
「Castello Cavalcanti（キャステロ・キャヴァルキャンティ）」
（CM作品）
監督

James Ivory

2010
「Conversation with James Ivory
（ジェイムズ・アイボリーとの対話）」
（短編ドキュメンタリー）
インタビューイー

2010
ステラ・アルトワ
「Mon Amour（愛してる）」
（CM作品）
ロマン・コッポラとの共同監督

Roman Coppola

2012

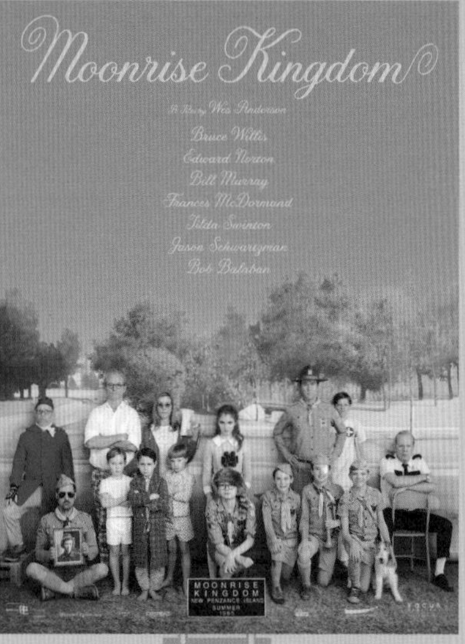

2012
『ムーンライズ・キングダム』
監督・脚本・プロデューサー

2012
「Moonrise Kingdom
Animated Book
（ムーンライズ・キングダム 動
（短編映画）
監督・脚本
（クレジット無し）

2012
「Cousin Ben Troop
Screening with Jason
Schwartzman
（いとこのベンの
スカウト隊員入会審査
—ジェイソン・シュワルツマン主演）」
（短編映画）
監督、脚本、プロデューサー

2016
『SING／シング』
声の出演：ダニエル（キリン）

2017
「Escapes（脱出）」
（ドキュメンタリー）
製作総指揮

2021

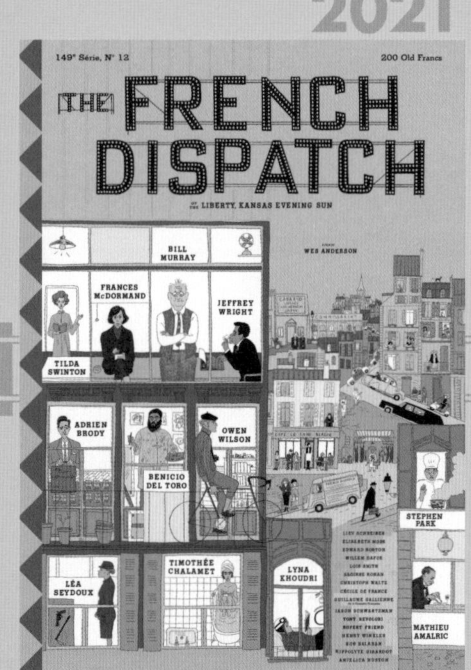

2021
『フレンチ・ディスパッチ
ザ・リバティ、カンザス・イヴニング・サン別冊』
監督・脚本・プロデューサー

上：ホイットマン兄弟が持つ象徴的な荷物カバンは、マーク・ジェイコブスがこの映画のためにデザインした。「J.L.W.」というイニシャルは、亡き父親のものだと明かされる。兄弟たちは文字どおり父親という重荷を運んでいるのだ。

観ればジャックの不幸せの理由により深い洞察が得られ、また『ダージリン急行』はジャックが自分のインド旅行の経験を文章にしたものの映画版だという証拠も得られる。アンダーソンお得意のマトリョーシカ的入れ子構造だ。ジャックが列車の中で兄たちに読ませる小説は、『ホテル・シュヴァリエ』なのだ。

自分のこと以外考えようとしない3人の兄弟たちは、個室のように隔離された世界に閉じこもっている。しかし、そこにインドが徐々に沁みこんでいく。「ちょっとやそっとじゃこいつらの目を開くには足りないんです」とアンダーソンは述べている。「自分の抱える問題以外見えてませんからね」[13]。兄弟たちは少しずつ記念になるものを見つけては、スーツケースにしまいこむが、同じことがカメラの後ろ側でも行われていた。

「そうなるように仕向けたわけではないんです」とアンダーソン。「インドが私たちの主題になったんです」[14]。

2007年2月15日から4ヵ月に渡り、アンダーソンたちはラージャスターンの砂漠地帯で撮影した。まるで映画用に設えた模型のような、夢のような宮殿が点在する、インド北西部の神話に出てくるような風景の中での撮影だった。アンダーソンは「世界中

上：アンジェリカ・ヒューストン演じるパトリシアは、ホィットマン一家の母親転じて尼僧、そして兄弟たちの旅の目的。アンダーソン作品には珍しく悪い母親でもある。

どこを探しても絶対にここにしかないような色彩に溢れた世界」[15]に興奮した。ダージリン急行という架空の列車は、パキスタン国境近くにある線路の上を、ジョードプルからジャイサルメールまで走ったのだった。

アンダーソンは、急にロケーション撮影をしようと思い立った自分自身の心変わりに、歯向かうまいと決めていた。彼の作品の特徴そのものである、きびきびとした振付けと様々な示唆に満ちたデザイン（主に列車に乗っているとき）、そして何が起こるかわからないインドというカオス（三兄弟が列車を降りると、これがすぐに画面に侵入してくる）に対する自由な気構え。アンダーソンはこの2つのバランスを巧く保とうと頑張った。

贅沢三昧だった『ライフ・アクアティック』と較べると、今回の予算は1750万ドルとコンパクトだった。アンダーソンが製作スタジオをフォックス・サーチライトに変えたのは重要な変化だ。サーチライトが20世紀フォックス〔現20世紀スタジオ〕のアート映画部門であることを考慮すると、これはつまり、アンダーソンがメインストリームの監督になることは最早あり得ないと、ハリウッドが明確に受け入れたことの表れだった。

シュワルツマンは、監督として自信に溢れたアンダーソンに気づいた。今は「成り行き任せができる」[16]ようになったのだ。時として、羊や山羊の群れを集める姿すら見られた。リネンのジャケットを纏った彼は、植民地にある高級クラブから離れて道に迷った、場違いな紳士のようだった。

列車が舞台の映画を撮る場合、通常列車のセットが建造される。複雑で精巧な画面作りを身上とするアンダーソンならセットを組むと、当然誰でも思うだろう。ベラフォンテ号のセットが靴箱のように開いて内部が見えたように、必要ならば精巧な列車のセットを作り上げるに違いない（最終的には作った）。しかし、最近の旅に心が揺れたのか、アンダーソンは正反対を望んだ。「実物」[17]の列車を使うと言い張ったのだ。制作部の皆が説得したが、誰もアンダーソンの考えを変えられなかった。

白熱した交渉の末、ノース・ウエスタン鉄道が3ヵ月の間、10両の客車と1両の電源車を使わせてくれることになった。アンダーソンの線路上のスタジオとなったこの列車の外装は、コバルト色と空色（ベラフォンテとお揃い）で鮮やかに塗られ、乾いた荒野を背景に一際映えた。一方内装はすっかり取り換えられた。

アンダーソンとの遠足は2度目となる美術監督のマーク・フリードバーグの感性は、監督の偏愛に合わせて調律済だった。インドの鉄道だけではなく、有名なオリエント急行を含む世界中の豪華な観光列車にデザインのインスピレーションを求めた。客車の内装は、それ自体がひとつの世界となった。精密なアールデコ様式が、現地の布地や模様と混在している。さらにフリードバーグは現地のアーティストを雇い、壁という壁に手塗りの象を描かせたのだった。

しかし客車内にカメラを動かす空間的余裕はほとんど無かった。アンダーソン印の正確無比なカメラ移動が伝える、秘められた感情とメトロノームのような正確さ。撮影監督のロバート・イェーマンは、いったいどうやってそれを実現し得たのだろう。照明はどこに置いたのだろう。機材を置いたら、もう役者が動く場所がない。電柱が危ないので、屋根に物を置くことも、客車の側面から1メートルを超えるものを使うことも禁じられた。

要は創意工夫だった。照明は客車内の壁に埋めこまれた。三兄弟の寝台にはスライド移動する壁が取り付けられ、天井に設置されたレールによって移動撮影が可能になった。寝台の右側と左側から両方撮影できるように、寝台セットは2両分作られた。

毎日が冒険だった。世界有数の過密ダイヤを誇る鉄道での撮影であり、突然迂回を告げられることもあった。列車が突然停車したり、方向を変えざるを得なくなったらどうするかという仕組みを考案する必要があった。そういった予測不能な現実は、映画の中に取りこまれていった。停電は頻発し、真っ暗な中でリハーサルを続けることもあった。妙なことだがアンダーソンは闇の中で安らぎを覚えた。

列車の外に出た時、映画がより「有機的」[18]に感じられる。ダラスの街をうろうろして撮影した『アンソニーのハッピー・モーテル』へ逆戻りだ。アンダーソンは、自らの自然な衝動に逆らって仕事をしている自分に気づいた。いつもなら、彼がこういう画が欲しい……と思えば、それはその通りに創られる。インドの異質さ。美しさ。ユーモア。インドはアンダーソンの想像力を膨らませた。

三兄弟は溺れている村の子どもの命を救いそこなう。悲劇的で、しかも大きな変容が伴うこの場面だが、そこに登場する村人たち――実は、本当の住人がエキストラとして出演しているのだ。アンダーソンはそれでも複雑な構図や長距離の移動撮影を敢行したが、ありのままのイメージと彼の振付けの「融合」[19]が見られた。それは東西の対立というよりは、不器用な抱擁という感じだった。

上：三兄弟がカメラに向かって並ぶ構図はこの映画の標章になっていくが、並ぶ順番はその都度微妙に変更される。

フランシスが企てたパック旅行の行き先としてインドが選ばれた理由が、母親に会うためだということが、次第に明らかになる。パトリシア・ホィットマンは、三兄弟の父親の葬式を欠席して皆を驚かせた。ヒマラヤの麓（ふもと）にある修道院に入るために、息子たちを置き去りにしたのだ。（マイケル・）パウェルと（エメリック・）プレスバーガーが尼僧ドラマ『黒水仙』（1947）で描いた神秘的なインドがそこにある。デザイナーたちにとって試金石となる『黒水仙』の美術デザインだが、ラージプート時代のインドは実際にはウェールズで撮影された。アンダーソンたちは、ウダイプルの緑の多い場所で修道院の場面を撮影した。ラージプート時代の支配者のひとりであるメーワールのマハラジャが所有した王族用狩り小屋の中で。アンダーソンがどれほどご満悦だったことか。

アンダーソンという宇宙には、相互に接続する法則がある。その法則に従うと、独断的だが優しいパトリシアという人物は、部分的にアンジェリカ・ヒューストンによって満たされなければならない。ヒューストンの髪は少年のように短く切られ（観察眼の鋭い人とフロイド心理学者は、その髪が『ホテル・シュヴァリエ』に登場する、ナタリー・ポートマン演じる信用できない彼女と同じ髪型であることに気づいたはずだ）。

ある日アンダーソンから尼僧の人形が送られてきたので、ヒューストンは何かの予兆だろうと思った。そして2つ目の人形が送られた。既にひとつ送ったことを忘れていたからなのだが、ともかくアンダーソンはこうやってヒューストンの好奇心を煽るのだ。

見つめるだけで魔法にかかりそうな、深く透き通った瞳（ここの照明は見事なまでにパウェルとプレスバーガーだ）を持ったパトリシアは、聡明だが母親らしさを兼ね備えていないことを自ら実証する。周辺に人喰い虎がいると息子たちに警告し（ラドヤード・キップリングの痕跡が追加される）、そして翌朝再び姿を消す。

『ライフ・アクアティック』の深海に潜むジャガー鮫のように、虎もまた死を象徴している。自動車事故で亡くなった三兄弟の父親は言うに及ばず、ここでも死が、ほつれたコメディの角に身を潜めている。映画は一旦インドを離れ、ニューヨークで父の葬式に向かう三兄弟（お揃いの黒いスーツ）の回想に飛ぶ。道すがら父の壊れたポルシェを引き取りに、路地裏にある自動車修理工場に立ち寄る。象徴的なことに、（当然）ポルシェの修理はまだ済んでいなかった。

インドでの諸々が、次第に束になってホィットマン三兄弟を苛み、3人は結束し始める。最後に3人は、ベンガル・ランサー号（1935年に公開された『ベンガルの槍騎兵』が参照されている）という別の列車を追いかけて走る。最後に彼らが突然理解することになる人生の重要な教訓は、もちろんフランシスがラミネート加工までして作った旅程表には書かれていない。列車に追いついて飛び乗るためには、3人とも、今まで引きずってきた重い（感情的な）大荷物をすべて投げ捨てなければならないのだった。

イニシャル入りで、野生動物の絵（エリック・チェイス画）が刷りこまれた11個の揃いのなめし皮のスーツケースが、デザイナーのマーク・ジェイコブスの手で、ファッション・ブランドのルイ・ヴィトンのために作られるなどということは、アンダーソン作品でしかあり得ないことだ。数年後、イタリアの起業家アルベルト・ファヴァレットウが、小道具そのままのダージリン急行スーツケースを売り出した。マーゴ・テネンバウムのiPhoneケースと、チーム・スティーブ・ズィスーのトランクス、そしてムーンライズ・キングダムのノートと一緒に。ファヴァレットウの会社は「ひどい問題児」〔Very Troubled Child〕と名づけられた。

2007年の9月、ニューヨーク映画祭のオープニング作品に選ばれるという栄誉あるスタートを切りながらも、『ダージリン急行』は突飛なアート映画という範疇に閉じこめられてしまい、主要な賞からは見放されていた（『グランド・ブダペスト・ホテル』までアンダーソン作品につきまとう一般的な問題）。この作品は『アンソニーのハッピー・モーテル』以降で最も小規模な興行となり、興行収入も1200万ドルと落胆を伴うものだった。公開に際してスタジオ〔フォックス・サーチライト〕は神経質になり過ぎたのだが、恐らく『ライフ・アクアティック』の浪費が祟ったのだろう。

作品に対して敬意を表する批評は多かったが、条件付きの敬意だった。前作に引き続き、かつては独自の個性と批評されたものが、道楽だと断じられた。これはいったい何を表しているのだろう。それはアンダーソンが、ズィスー／ホィットマン的なスランプに陥っている表れにも見えた。

前作同様『ダージリン急行』も、公開時の失敗が示唆するほど悪い映画ではない。アンダーソン作品

上：ダージリン急行上での最初の食事の場面を演出するアンダーソン。この列車はインドの鉄道会社から借りたもので、動く撮影所として機能した。

上：ラージャスターンでのロケ撮影中、アンダーソンも俳優たちも、インドの活力に身を任せた。それでも構図を決める慎重さは放棄されなかった。

上：ウィルソン、シュワルツマン、そしてブロディ。3人ともインドでの手加減無しの撮影にすっかり満足し、一皮むけて帰ってきた。芸術が人生を模倣した。

の中で最高の出来だと言ってもいいだろう。「いつもと変わらず良いどころか、以前にも増して豊かになっている」と（アンダーソンが愛する）「ザ・ニューヨーカー」誌のリチャード・ブロディが書いている。「見る度に新しい発見がある。作為的技巧と大自然の間に張りつめた緊張が感じられる。インドでロケーション撮影された『ダージリン急行』という映画は、監督の意図に反したところで、とりわけそのような緊張感に満ちている」[20]。

ここに指摘されたような、監督の技巧とありのままの現実の融合が、絶対に寸法どおりにあつらえるというアンダーソンの制作スタイルに新しい緩さをもたらしている。感情的により理解しやすく、比喩もよりわかりやすく。「『ダージリン急行』に見られる成熟には驚かされる。より大きな世界に向けられた思いやりの気持ちが感じられる」[21]と、「エンターテインメント・ウィークリー」誌のリサ・シュワルツバウムも書いている。しかも、ファンたちにとって（喜んで受け入れた）、失われたものは何もなかった。アンダーソン作品の大好きなところはすべて健在だった。オフビートな感性。複雑極まりないデザイン。そして優しく囁くようなテーマの数々。

何でも思いどおりにしたがるホィットマン三兄弟（特にフランシス）は、すべてが意のままになるわけではないということを受け入れなければならない。だから、この映画の全コマに、アンダーソンの姿が垣間見えるのだ。

「映画を作るというのは混沌を整頓しようとしながら、同時に新しい混沌を生み出してしまうということです。それが映画制作という混沌なんです」[22]とアンダーソンは言う。つまり彼の作品は、どれも作品制作を記録したドキュメンタリーなのだ。

怒涛のインドロケの映像が続く最中に、いかにもアンダーソンらしい美しい場面がある。独創的で劇場のように魅惑的な彼の思いつきが、観る者を包みこむ。それが「思考の列車」[23]だ〔「一連の考え」、列車のようにつながっている思考といった意味〕。夢とも解釈できるこの場面で、三兄弟は「言葉を使わずに」[24]自分の気持ちを表してみるように、母親に言われる。これは鉄道映画なので、列車という比喩はわかりやすい。三兄弟の脳裏に、同時に寝台車が浮かぶ。それぞれの寝台には、3人の頭を離れないことや最近出会った人々がいる。修道院の孤児たち。逃げ出したコブラ。彼らが助けた少年たち。妊娠中のピーターの妻。その他諸々。

「どうやって目に見える形で表現しようかと、しばらく考えていました」とアンダーソン。「結局、車両を2つに割って中に寝台のセットを作りこみ、それを砂漠で走らせて、撮影しました。すごく変なことをしたわけです」[25]。

考えればわかるような解釈があるわけではなかった。ともかく、それが正しいと感じられたのだ。数珠繋ぎの各戸独立型のセットの最後には、作り物の虎がちらりと見える。それはジャングルから現れた死の象徴だ。この場面は映画全体のミニチュア版とも言えた。そして最後の寝台の壁には、サタジット・レイの肖像があるのだ。

ナタリー・ポートマンは、列車の寝台に設えられた縮小版『ホテル・シュヴァリエ』の一室で横たわるためだけに、インドに飛んだ。ビル・マーレイも、2度目の瞬間的な出番のために喜んでインドに戻り、足を向かいの席に乗せ、車窓の外に目をやるビジネスマンという象徴的な存在を演じた。

彼の登場によって、映画は振出しに戻る。観客がこの映画で最初に見るのは、グレーのスーツに身を包んでインドの雑然と混雑した道をタクシーで突っ走る、マーレイ演じるアメリカ人のビジネスマンだった。後一歩というところで列車を逃す彼を追い越して、ブロディ演じるピーターが列車に飛び乗り、物語も一緒に連れ去っていく。

アンダーソンは、お気に入りのこの役者に、期待をこめてというより、もしよかったらと願いをこめて頼んでみた。2人は偶然ニューヨークでばったり出会い、マーレイは最近の様子をアンダーソンに尋ねた。アンダーソンは、インドのこと、三兄弟のこと、そしてマーレイに演じてほしいと思っている突拍子もないちょい役の話をした。「これはカメオ出演というより」アンダーソンは伝えた——「象徴なんだ」。

「象徴？」このアイデアにすっかりはまったマーレイは答えた。「やってもいいかも」[26]。

たった2分の出番のために、マーレイは2度インドに渡ることになった。アンダーソンは、カール・マルデンが出ているアメリカン・エキスプレスの一連のCMから閃くものがあった。「マーレイが演じるキャラクターは、アメリカン・エキスプレスみたいな事務所のインド支社で働いていると考えたんです」とアンダーソンは説明する。「そういうものは、もう誰も使わないのかもしれませんが、トラベラーズ両替窓口というのを考え、マーレイはそこの担当者なわけです。つまり、CIAか何かの一員でもあるということで」[27]。

マーレイ扮する謎のビジネスマンの存在をどう解釈するかは、もちろんそれぞれの自由だが、彼の存在はアンダーソン作品を繋ぐ細胞のようなものとして機能し、そこには亡くなった父親の幻影かもしれないという示唆もある。追い越しざま、彼を一瞥するピーターの表情を見ると……。

結局、これは疑いようもなくアンダーソン作品なのだ。そしてアンダーソンはそのことを気にかけていない。「私が撮った映画たちが、何らかの一連の思考で繋がっているというなら、そう思われても構いません。それぞれ何らかの関係で繋がっていて、最終的に棚に揃って並べられるのも構いませんよ」[28]。

2作続けてリアリズムを垣間見せたアンダーソンだが、次回作は奇抜なお伽噺というお馴染みの安心毛布の下に潜って作られることになる。『ダージリン急行』のプロモーションに参加している間に、次回作の脚本は出来上がっていた。異国情緒溢れるロケ地と言えないこともないが、彼が次回作の制作のために向かったのは英国だった。正確には、閑静なロンドンの街にあるスタジオ内に完全に作りこまれた、架空のロンドン郊外だった。次回作はあらゆる面で『ダージリン急行』とは対照的だった。ロアルド・ダールが書いた『すばらしき父さん狐』の、ストップモーション・アニメーションによる映画化。そしてまったく対照的でありながらも、このインドを舞台にした映画と同じくらい、それはウェス・アンダーソンの映画でしかあり得ないのだった。

上：マーレイの疾走。アンダーソンの幸運の星であるマーレイは、アメリカ人のビジネスマンという小さな役を喜んで引き受けた。マーレイの役は象徴だと、アンダーソンは友人たちに言った。何の象徴かは彼しか知らない。

ファンタスティックMr.FOX

アンダーソンは、6本目の作品で方向性をがらりと変えた。起用された役者たちの身長は、なんと30センチそこそこ。ロアルド・ダール原作の、尻尾の無い狐が主人公のダークなコメディを映画にするにあたり、アンダーソンはストップモーション・アニメーションを使うことにした。しかも、彼が持つ人間に対する鋭い洞察を妥協することなく。

ウェス・アンダーソンにとって、生身の生き物もストップモーションも同じなのだ。あくまで芸術的な意味で、だが。粘土製のタツノオトシゴも、おかしな丸い帽子を被ったビル・マーレイも、等しくアンダーソン次元に属している。『ライフ・アクアティック』でストップモーションに手を染めたとき、彼は嬉々としてそのことを仄めかしていた。生身の人間を演出する彼の手法はあまりに規則正しく整然として超写実主義的なので、いっそ1コマずつ撮影したらと思えるほどだ。だから、気取り屋の狐のひび割れた心象風景を探求するために、全篇ストップモーション・アニメーションで映画を作るのは、きわめて自然なことに思われる。

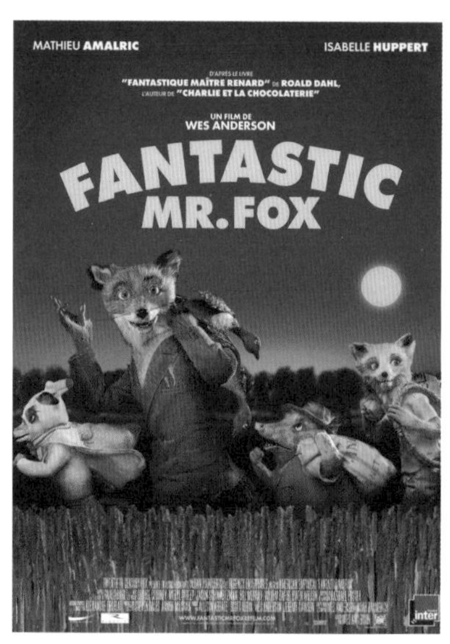

「この話は、10年も温めていたんです」[1]とアンダーソンは言っている。彼は子どものときに映画の原作『すばらしき父さん狐』を読んだ（小説の原題は「Mr」とピリオド無し）。ロアルド・ダールが書いたその本は、彼が初めて所有した特にお気に入りの本だった。「本の扉に自分の名前を書いたステッカーを貼ったんです」[2]。つまり、アンダーソンはアニメーションを作る深い願望があったというわけではなく、お気に入りの本のストップモーション版を作りたかったということだ。

ウェールズで生まれ育った英国の小説家ロアルド・ダールの両親は、

左ページ：『ファンタスティック Mr.FOX』はアンダーソン初めてのアニメーション映画であり、初の（少なくとも外見上は）子ども向き作品。本書執筆の段階では、唯一の原作翻案作品でもある。

下：イカした野郎ども。いかにもアンダーソンらしい構図で、事に及ぼうとしているパペットの盗賊。ど真ん中で立つジョージ・クルーニー演じるMr.フォックスが監督と同じスーツを着ていることに注目。

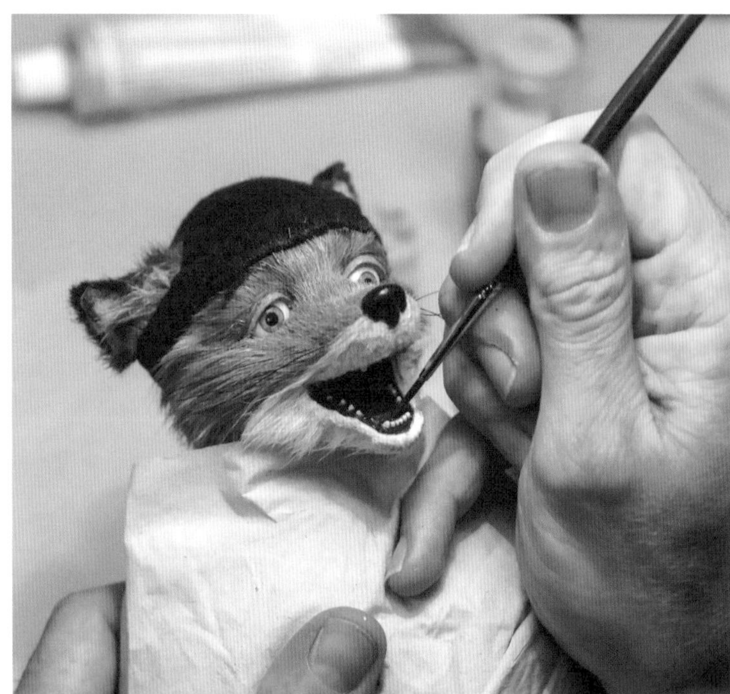

左：原始的ともいえる手作業（CGと較べると際立つ）と、高度な表現力と、複雑さが渾然一体となった驚くべきパペットたち。骨組みにはスイス製時計の部品が使われている。

右ページ：就寝前に着替えたフォックス夫妻（クルーニーとメリル・ストリープ）。壁にはフェリシティが描いた不吉な油絵の風景画。稲妻がなおさら不吉。

下：訝しむ妻に言い聞かせるMr.フォックス。動物たちの突飛な活動が大半を占める話ではあるが、この作品でアンダーソンは初めて結婚の複雑さを正面から扱った。

ノルウェー出身だった（スカンジナビア系のアンダーソンとの共通点）。ダールは、世界で、とりわけ英国で生きることに伴う波乱を子どもの視点で再解釈したダークで滑稽なファンタジー小説で広く知られている。ダールが創造したキャラクターは極端で、中には『アッホ夫婦』の主人公夫婦のように、気持ちの悪い変人や不愉快な者もいる。ダールの著作で一番有名なのは『チョコレート工場の秘密』だが、サイケデリックな菓子工場のオーナーであるお菓子王ウィリー・ウォンカと、錬金術の秘儀のような映画作りで知られるアンダーソンが比較されるのは、決して偶然ではない。ハリウッドの映画制作流儀に抗して独自性を維持し、時折ストップモーション・アニメーションでこだわりを発揮する映画作家という共通点から、アンダーソンと較べられることもあるティム・バートンであるが、そのバートンが2005年に実写版『チャーリーとチョコレート工場』を作って大成功を収めている。ストップモーションの第一人者であるヘンリー・セリックは、『ライフ・アクアティック』のアニメーション部分を担当したが、彼はストップモーション版『ジャイアント・ピーチ』(1996)も手掛けており、作品は好意的に迎えられた。セリックは『ファンタスティックMr.FOX』のアニメーターとして抜擢されたが、『コララインとボタンの魔女』(2009)を監督するために現場を去ることになった。

家族をめぐる大河ドラマである『ファンタスティックMr.FOX』は、よりアンダーソン向きであり、さらに一度も映画化されていないという意味でもポイントが高かった。ダールの小説を映画化するという企画は、見方によっては商業的と言えなくもない。フォックス（スタジオの方）はそう考え、4000万ドルの予算を提示した。人生下り坂の兄弟がインドで自分探しをする話よりは、金になると踏んだのだ。

アンダーソンも自作を観てくれる観客のために映画を作ってはいるのだが、儲けを考えるような思考回路を持ってはいない。彼にとっては『ファンタスティックMr.FOX』も『天才マックスの世界』や『ライフ・アクアティック』と同じ、「主人公の性格がすべての問題の元凶であるという物語」[3]にすぎなかった。人間というものの正体を探求するにあたり、ストップモーション・アニメーションで狐たちを表現することは、自然の成り行きだった。

ここで面白いのは、作品に登場する動物たちが人間以上に人間くさいということだ。毛皮の上に洋服を着ているが、腕を高速回転させて穴を掘りもする。段重ねのケーキみたいな英国の地層を掘って大脱走を試みる滑稽極まりない場面は、「ルーニー・テューンズ」〔バッグス・バニーやロード・ランナーに代表されるワーナーブラザーズの短編漫画映画〕を彷彿とさせる。ポップな白昼夢のようなCGに一切感心のないアンダーソンとしては、自分が命を吹きこむ世界には、他の作品同様実在して欲しいのだ。違いといえば、すべては手作りで人形サイズということだけ。

「古式ゆかしい特殊撮影の方に魅かれますね」とアンダーソンは決意をこめて書いた。まるで、現代の時流から外れることが勲章であるかのように。「それは不完全とはいえない不完全さなんです。なぜなら本物だから」[4]。

ストップモーション・アニメーションというアプローチから誕生した動物パペット役者たちは、粋な着こなしから大理石のような瞳に至るまで、ローファイな魅力に溢れていた。あたかも『The Clangers（未／クランガース）』や『Bagpuss（未／バグパス）』といった、オリバー・ポストゲートが70年代に英国で制作した〔人形アニメによる〕子供番組に登場するパペットのような温かさを感じさせる。人形アニメという方法は、骨董品を彷彿とさせるダール作品の魅力にもぴったりだった。

『ファンタスティックMr.FOX』の楽しさは、息をのむほど正確無比なアニメーションではなく、アニメーションによって狡猾に伝えられる動物たちの個性と、彼らが表現する茶化された現代の生活様式だ。これは、見事に溶け合った脚本とテクニックの賜物だ。身体的限界が伴う生身の人間を使った撮影とは違い、ストップモーションならアンダーソンはその場で思いついたことを試すことができる（ゆえに執着も発生したが）。その前に、まずアンダーソンはロアルド・ダールの気持ちになってみる必要があった。何しろこの映画は、今のところアンダーソン唯一の原作つき作品なのだから。

アンダーソンは、『ライフ・アクアティック』で脚本を共同執筆したバームバックと再び共作することにした。結婚、家族、ひょうきんな野生動物。いずれもバームバックの得意とするところだ。『ダージリン急行』の脚本を書くにあたり、アンダーソンはインドに出向いて現地の風俗にどっぷり浸かり、発想の源をインクのように吸い上げる経験をした。そして今回アンダーソンはバームバックに、グレート・ミセンデンに同行するように言い渡した。そこは英国のチルターン丘陵に抱かれた古風で魅惑的な村。ロアルド・ダールは生前そこに住み、執筆していた。訪問に先立って、ダールの未亡人フェリシティーと礼儀正しい手紙のやりとりをしたアンダーソン一行は、ジプシーハウスとして知られるロアルド・ダールの家と庭園を好きなだけ使うことを許された。その中には、明るい黄色い扉が特徴的な、ダールが魔法を発揮した執筆用の離れが、博物館のように保存されていた。アンダーソンは、ダールの古い肘掛けつきの椅子に座って執筆することも許された。こうしてアンダーソンは、椅子を媒介してダールの破天荒なアイデアと辛辣なユーモアを受信しようとした。結果として、Mr.フォックスの書斎は、コーヒーカップから机に置かれた鉛筆にいたるまで、ダールの書斎の完璧なレプリカとなった。フォックス一家の住まいであるブナの木は、ジプシーハウスの庭に実際に生えている立派なブナを基にしている。

アンダーソンは、ある限定的な意味においてMr.フォックスがダールという小説家その人の延長だと設定した。ある抽象的な階層において、この映画は「小説を扱っているけれど、それと同じくらい著者のことを扱って」[5]いるとは、彼の言葉だ。アンダーソンはダールの小説を読破し、自伝もすべて読み、Mr.フォックスの立ち居振る舞いが具体的に描かれた絵コンテのような大量のスケッチに目を通した。そして、フォックス夫人は、フェリシティーと名づけられた。

執筆のために2ヵ月を英国で過ごすことになったアンダーソンたち。執筆の合間には、田園風景の中、落ち葉の上を何時間も散歩し、ポラロイドで景色や地元の人々を撮影した。その景色を後で理想的な田園風景として再現するときに、写真が参照された。そしてミニチュアの田園風景には、鉄道模型サイズの郊外鉄道の主線が加えられた(アンダーソンは、オーソン・ウェルズの有名な言葉〔「映画制作は男子が手にし得る最高の鉄道模型セットだ」〕を、ストップモーション・アニメーションによって実現したといえる)。

この映画は、自惚れ屋のニワトリ泥棒である狐の話だ。家族や近隣に住む動物たちが、必ず彼の慢心のとばっちりを受けることになる。一方でこれは、神経質で間抜けで風変りな家族を称えたアンダーソン特有の癖のある賛歌のような映画でもある。尊大な父。悩みの尽きない母。機能不全の子どもたち。右往左往する隣人たち。いつものテーマが、オレンジ色の毛皮の下に隠されている。

ダール原作の行儀の悪い動物たちを描いた、紅茶店のように英国的な喜劇。アンダーソンとバームバックは小説の骨格をそのまま使いつつ、ほつれゆくフォックス一家の滑稽さを巧妙に拡張した。バームバックによると、2人は小説を物語の中間部として捉えたそうだ。小説の中で軽く触れられているだけの要素を肉付けし、それぞれのキャラクターに背景を与え、さらに新しいキャクターも考案し、物語を前後に拡大したのだ。そして何より、キャラクターたちの関係性を増幅した。

持って生まれた野生を抑制できない(または、したくない)Mr.フォックスだが、きわめて雑な計画によってボギスとバンスとビーンの農場のニワトリ小屋からニワトリを連続的に強奪し、結局尻尾を失ってしまう。しかしそのような表層の下を覗くと、これがカオスの渦中で機能不全に陥った家族の精細な観察なのだという本質が見える(そしてそのカオスは、Mr.フォックス本人の過大なプライドによってもたらされる。ジョージ・クルーニーの甘い声が、彼の空虚な傲慢さを見事に表現している)。怖いくらい先を読む機知を備えたMrs.フォックス(アンジェリカ・ヒューストンの系譜を受け継いだメリル・ストリープ)が、そんな夫の足を地に着けようにすると、2人の夫婦関係の緊張が浮かび上がる。そして彼女もまた、自己肯定感が低い息子のアッシュ(ジェイソン・シュワルツマン)と通じ合えずに困っている。従兄の登場によってアッシュの状況はさらに悪化する。人当たりが良く、運動神経抜群、話し上手で面白く、バシット・バット(Whack-Bat:アンダーソンがこの映画のために発明した競技)の花形選手。そんな従兄のクリストファソン(エリック・チェイス・アンダーソン)は、アッシュが望むものをすべて備えている。競技方法の解説図は一応示されるものの、火のついた松ぼっくりをバシットぶっ叩くこのスポーツ競技の詳細は誰にも理解できない。しかし、これがクリケットのパロディであることは間違いない。

アンダーソンとバームバックが拡張した物語は、その内部で整合性をもつロジックを獲得した。たとえばフォックス一家がより価値の高い「木の家」を購入するなら、不動産業者が必要なはずだ。不動産

左ページ上：バッキンガムシャーにあるジプシーハウスと呼ばれるダールの自宅には、並木径の奥に黄色い扉の離れがあり、生前ダールはここにこもって魅惑的な童話の数々を書いた。

左ページ下：アンダーソンが使った秋色は、ダールが書いた英国の田舎の風景をファンタジーのオーラで染めた。ほとんど平面的な自然の風景に注目。

上：Mr.フォックスが原因で起きた騒動の後始末を一緒にする動物たち。アンダーソンは、個々のキャラクターの行動が共同体全体に与える影響に興味を持ち始めていた。

上：パペットのデザインには、声を演じる俳優を思わせる何かがある。バジャーの顔にマーレイのウンザリした表情が見える。

業者のスタン・ウィーゼル（声の出演：ウェス・アンダーソン本人）は70年代っぽさを漂わせているが、携帯電話を持っている。すなわち、大人の動物は誰もが仕事をしているということだ。というわけで、アンダーソンとバームバックといういい年をした2人の映画作家たちが、不動産売買の法的手続きに代理人が必要で、なぜその代理人はアナグマでなければならないのかを、大真面目に議論する羽目になったのだった（Badger, Beaver & Beaver事務所に所属するこの口八丁のアナグマはビル・マーレイが声を当てた）。

通常アンダーソンが語る物語の中では、船や列車、縞模様のネズミ、人食い虎といった子どものような奇抜な斬新さの中に大人の心配事が埋めこまれているが、今作の脚本は逆の経路をたどって進化した。お伽噺に出てきそうな典型的な英国を舞台にしてはいるが、映画のトーンはプレストン・スタージェスやハワード・ホークスのような早口でまくし立てる喜劇寄りだ。正真正銘のコメディであるが、傷ひとつないというわけではない。気どった表面の奥には、いかにもアメリカ的で繊細な自己啓発セミナーっぽい一体感が隠されているのだ。

アンダーソンとバームバックはダールから離れつつも、ダールに誠実であり続けた。Mr.フォックスはダールなのだという決断が創作の指針になったと、アンダーソンは述べている。2人はこんな問いを投げかけ合いながら執筆した。「もしダールがMr.フォックスの小説を書く代わりにニワトリを盗んだとしたら、どうやっただろう？」[6]。ダール的な方向性に導かれて、2人は破天荒な動物の習性というオマケを考案した。ビーグル犬はブルーベリーが好き！

狐はリノリウムの床に軽微なアレルギー症状を起こす！　そして、アンダーソンお得意の、場違いなディテール、たとえば、リンゴ酒倉庫を守るラット（ウィレム・デフォーがニューオリンズ訛りで声の出演）。彼は『ウエストサイド物語』（1961）に登場する不良のように飛び出しナイフをくるくる回しながら踊るのだ。

野生動物という隠喩がどんどん際立っていくことに、アンダーソンは気づいていた。アンダーソンが「コーデュロイを履いた優男」と呼んだMr.フォックスが、「自分の野性的な一面を失いたくない」[7]という奇妙な皮肉。映画のクライマックスに登場する一匹狼の姿は、ダールの原作には見られないが、「どうしたわけか」[8]アンダーソンにとって、無くてはならない重要なイメージとなった。

自分が作っているのは、人形を使った大人向けの映画か、それとも人生の教訓を子どもたちに教える映画なのか？　アンダーソンにとって、このような問いは意味を失っていった。最終的に「なるべきもの」[9]になったと結論付けたアンダーソンは、再び直感的に、定義と定義の隙間に滑りこむような映画を作ったのだ。

この作品が大人と子どもの関心の間を危なっかしく綱渡りする好例が、すべての罵り言葉を「罵り」〔＝cuss（カス）、英語圏における不適切な言葉遣いである「四文字言葉」に相当〕という単語で置き換えたことだ。例——平生は穏健なアナグマの不動産代理人とMr.フォックスが口汚く罵りあう場面。バジャー氏は歯を剥きだして「誰とカスっても知らんが、オレとカスるんじゃねえ、このカス野郎！」[10]と罵るのだ。

この時点で5本の映画を携え、6本目を準備中のアンダーソン。正にここがキャリアの折り返し点だ。彼のスタイルに応じて、キャリアの真ん中、丁度左右対称のここは、立ち止まって振り返るには最適な場所だ。

というわけで、手短に状況の報告を。この時点でアンダーソンは、ウディ・アレンのように、否、スタンリー・キューブリックのように、もっと新しい例を挙げるならコーエン兄弟、クエンティン・タランティーノ、見ようによってはティム・バートンのように、ハリウッドという世界の中で比較的安全な足場を確保していた。それは、予算内で賄えるなら、商業的な圧力を感じずに好きなことに邁進できるという立場だ。今や彼はアーティストであり、観客は彼の新作を熱心に待っていた。

とは言え、興行的に振るわない映画が2本続いた今、カルチャー方面では疑問の声が上がっていた。ウェス・アンダーソンはもう充分ということが、果たしてあり得るのだろうか？　批評家たちは、こぞって、まるで義務のようにアンダーソンに対する反感を表明した。小洒落た時代を代表するヒップスター映画監督と茶化された。コメンテーターのクリスチャン・ローレンツェンは「小綺麗船長：ウェス・アンダーソンとヒップスターという問題・あるいは一世代丸ごと成長することを拒むと何が起きるのか」〔Captain Neato: Wes Anderson and the Problem of Hipsters; Or, What Happens When a Generation Refuses to Grow Up〕という論文を書いて、「n+1」という文芸誌に掲載した（とてもヒップスターな雑誌名だ）。物語を引っ張る力はどうでもいいのか？　不平が聞かれた。彼のお茶目な様式美の数々は、結局本人がフェティッシュを感じる物たちを積み上げたという以上の意味を持たないのではないか？

しかしそれでめげるアンダーソンではなかった。実際彼は、フェティッシュなもの（どれも毛皮で覆われている）で映画を一本作ろうとしていた。しかも、ベストセラー作家の原作つき。これはアンダーソンの経歴の中で最も軽妙でジョークに溢れた、最も伝統的な語り口の物語になる。アンダーソンは、自分の趣味に合うように作りたかった。ジャンルを飛び越える、個人的な映画。人間の弱さを探りつつ、漫

上：そしてナイフの使い手でサイダー中毒のラットの顔に、ウィレム・デフォーの高い頬骨が見える。キャラと全然一致しないルイジアナ訛りが楽しい。

画のようなけたたましい冒険もある。勇猛果敢な、しかも礼儀正しい狐が、その冒険の帰結として尻尾を（フワフワな彼の自尊心の象徴）復讐に燃える農夫たちに盗られ、ネクタイにされてしまう。アンダーソンは、彼独特の悪戯っぽさと現実らしさが「悪戯っぽさだけにも、現実らしさだけにもならないように、いい塩梅で混ざっている」[11] ようにすると、決めていた。

たとえば、訛りの問題。好みの常連俳優たち（この時点で彼の寄せ集め一座は結構な大きさになっていた）に加えて、緊張感を維持するために「敢えて」[12] 招いたジョージ・クルーニーとメリル・ストリープといった新顔たち。アンダーソンは、俳優たちがそれぞれにとって自然なアメリカ英語のまま台詞を言うことを希望した。

「どのキャラクターの台詞も、特に意図もせずアメリカ人として書いたので、英国の俳優が読んだらヘンになっちゃったと思います」とアンダーソン。「どの動物もアメリカ人みたいに話すという規則を作りました。何しろ、動物が喋るというだけでも全然現実的ではないじゃないですか。人間のキャラクターは英国英語で話します。もっともヘリコプターのパイロットの彼は南アフリカ出身ですが」[13]。

通常スタジオは俳優のスケジュールに合わせて撮影の日程を組むのだが、アンダーソンは自己流で、可能な限り自然な状況で声の演技が録音できるようにした。制作が始まる前に、コネチカット州の人里離れた農場で俳優たちと寝食を共にし、皆でMr. FOXの物語を演じてみたのだ。ラジオ・ドラマのようなものだったと、アンダーソンは言っている。

「森で散歩したり、屋根裏部屋に登ったり、納屋に行ったりしました」と、アンダーソンは嬉しそうに回想する。「地下室にも入ったり。素晴らしく即興的な演技が録音できたのは、そのお陰です。多分」[14]。

メイキング映像では、スーパースターのジョージ・クルーニーが、農場でスキップしたり、森の中を探し回る映像が確認できる。クルーニーは「何でも臆せず挑戦する」[15]兵士のようだったとアンダーソンは言う。クルーニーは、Mr.フォックスというキャラクターの野性的な紳士という気性を全身で演じた。Mr.フォックスの柔軟な態度と滑らかな身のこなしを見て、『オーシャンズ』シリーズのハンサムなスターの影を見ない者がいるだろうか（ウォーリー・ウォロダースキー演じるカイリ・スヴェン・オポッサムと、エリック・チェイス・アンダーソン演じるクリストファソン・シルバーフォックスを、自ら発案した非合法の企みに巻きこむプロットも）。

一方、パリのスタジオでは、英国ポップ音楽の大御所ジャーヴィス・コッカーが、アレクサンドル・デプラが書いた音楽に加えて歌を一曲録音していた。「ピーティーの歌」〔Petey's Song〕というその歌は、この映画のフォーク調の主題歌で、劇中ピートというキャラクターがバンジョーにあわせてシェフィールド訛りで歌う。アンダーソンのパリの友人であるコッカーには、映画のナレーションを担当するという話もあった。

例によって、アンダーソンは山のように絵コンテを、そして全場面のスケッチを描いた。アンダーソンが描くカメラ移動プランの図には、見る者をほっこりさせるようなこぎれいなマルチョンの線画の人物（狐）が描かれているが、時としてホテルの便箋に描かれていた。ある極上のメタ・ジョークは、Mr.フォックスの書斎の壁に貼ってあるメモ紙だ。あれは、制作事務所の壁に貼ってあったカンペ紙をそっくりに縮小して作ったものだった。

パペットは、マッキノン&サンダースというその筋の専門家によって制作された。いかにもアンダーソンが考えつきそうな名前ではあるが、実際にグレーター・マンチェスターに基盤を置くれっきとした企業で、『ポストマン・パット』から『ティム・バートンのコープスブライド』(2005) まで、様々なスターを産みだしてきた。几帳面なアンダーソンのこだわり抜いた高度な要求に応えるべく、パペット制作者たちはプラスティシン〔クレイアニメーションに適した粘土〕、ガラス繊維、そして関節用にスイス製時計の部品を使った。

アンダーソンにとってパペットは、いわば小道具のように自分でデザインできる役者だった。Mr.フォックスは6種類の大きさで作られたが、アンダーソンの承認を得るまでに7ヵ月を要した。アンダーソンは原作の初版（そう、子どもの頃に所有していた版）のためにイラストを描いたドナルド・シャフィンにコンセプト画を依頼した。むっつり不機嫌そうなフランクリン・ビーン（ダールと、声を当てたマイケル・ガンボンと、TV番組『デイヴィッド・レターマン』にゲスト出演したときにリチャード・ハリスが着ていた服が主原料）の鈍い顔色は、アンダーソンが完全に満足するまで15回も塗り直された。リンゴ酒が大好物のラットが着ている毛糸のセーターを編むために、極細の編み棒が削り出された。アンダーソンは、動物のパペットに本物の毛皮を要求した。ストップモーション用パペットには持続可能な方法で調達された山羊かカンガルーの毛が使われているが、それが動物の逆立つ毛をリアルに表現している。

作られたパペットは全部で535体。映画撮影はロケ地の制約による妥協がつきものだが、本作は逆だった。あまりにもコントロールの自由度が高すぎて、それはそれで頭痛の種だった。どんなショットも改善の余地があるように感じられた。プロデューサーのジェレミー・ドーソンによると、アンダーソンは「小道具命の監督」[16]だった。

上：ある意味ストップモーションは、監督としてのアンダーソンに最高の環境を提供したのかもしれない。何しろ1コマ単位でコントロールできるのだ。

実写のセットに凝るアンダーソンは、ミニチュア・セットも当然凝った。ただし今回は、ロンドンの東の端に位置するスリーミルズ撮影所内の静まり返ったサウンドステージで、アンダーソンは30ものユニットを同時に稼働させていた。木々、野原、トンネル、農場の家々、工場、倉庫がそれぞれ複数、そしてスーパーマーケットがひとつ、さらにバスの街に似せて造った20フィート〔約6メートル〕の街路。すべてはアンダーソンがこの映画のために選んだ秋色で統一された。水は食品用ラップフィルム、炎は細く切ったペアーズの〔透明な〕石鹸、そして炎から上がる煙は脱脂綿から作られた。

アンダーソンらしい独特のタッチは健在だ。アナログな機械とキッチュな過去の遺物に対する彼の愛が、でっぷり太目の白黒テレビに見られる。カタカタ音をたてるディクタフォン口述筆記器、レコード・

上：物語が継ぎ目なく語られることに腐心したアンダーソンだが、完璧は求めなかった。たまにパペットの縮尺が変ることに観客が気づいたなら、そこは笑うところなのだ。

プレイヤー、そしていかにも70年代的なバナナシートつきの自転車。もしこれが子ども向けの映画として作られるなら、アンダーソン自身の子ども時代を反映することは避けようもない。70年代へのノスタルジーは、この映画の全コマに刻みこまれている。

アンダーソンの忍耐は、これらの物たちをすべてアニメートすることによって、かつてないほど試された。この映画の撮影には実質2年が費やされた。その間ノア・バームバックは実写の映画を2本完成させた。アンダーソンの古風で風変りな模型の世界は、2日に6秒ずつ、這うようにゆっくり命を吹きこまれたのだった。

それはつまり、気が遠くなるような時間を要するストップモーション・アニメーションの撮影が一度始まれば、監督に出来ることはあまりない、ということを意味する。それでもアンダーソンは、パリのアパートに居ながらにして可能な限り演出を続けるという道を選んだ。現代的なコミュニケーション技術を活用して。徹底的にアナログなスタイルで固められた映画の制作を遠隔的に監視するために、アップル社の最新のソフトウェアが必要だったという皮肉。お陰でアンダーソンは、撮影される映像にコマ単位でアクセスできるようになり、毎日何百というメールをやりとりした。プロデューサーのドーソンによると、アンダーソンはあたかも大勢のミュージシャンを「リモートで」[17] 指揮していたかのようだった。彼はさらに、自分の演技をiPhoneで撮影して参照用に送りもした。アンダーソンの仕事に妥協はなかった。机から離れることもほとんどなかったくらいだ。しかし、この遠距離恋愛もちょっとした摩擦の種になってしまう。「ロサンゼルス・タイムズ」紙に引用された撮影監督のトリスタン・オリバーの発言は、一日中部屋に籠ってコンピュータの前で座っているアンダーソンが「ちょっと強迫性障害気味」[18] なのではないかと勘ぐるものだった。

「あれは、堪えましたね」[19] とアンダーソンは厭々同意した。

長いことパリ移住を望んでいたアンダーソンの夢は、2005年にモンマルトルの広いアパートに引っ越したときに実現した。パリにあるすべてのものが、彼の望みどおりだった。カルチエ・ラタンの名画座で古い映画を観放題。そこで彼が観た最初の映画は『ピンクの豹』で、これは子ども時代にヒューストンで初めて観た映画だった。アンダーソンはいつも過去を振り返っていた。彼はこの街で、自分の人生と重なる兄弟の物語『ダージリン急行』の脚本を書いた。

右：骨折り損——バジャーを演じたマーレイが、ロンドンのスリーミルズ撮影所を訪れたときに昼寝のふり。街角のセットと人間を対比すると『ガリバー旅行記』的な縮尺なのがわかる。

上：ボギス（ロビン・ハールストン）とビーン（マイケル・ガンボン）とバンス（ヒューゴ・ギネス）という敵役の3人の農夫は英国人らしく英国英語で喋ったが、動物たちはアメリカ的発音で喋った。

共同脚本のジェイソン・シュワルツマンは、2ヵ月もアンダーソン宅に居候することになり、2人の関係はさながら『おかしな二人』〔ニール・サイモンによる戯曲。1968年の映画作品やTV作品などがある〕といったところだった。アンダーソンの生活はパリとニューヨークに二分された。本人は「追放と放浪の違いは、おそらく気分次第」[20]と言って肩をすくめている。

制作開始から1年が経った頃、アンダーソンが大好きな「ザ・ニューヨーカー」誌の取材が、パリ在住のこのアーティストの横顔を紹介するためにやってきた。記者が覗いたアンダーソンの私的空間は、読者の予想を裏切らなかった。自宅の内装は彼が作る映画のセットのように飾りつけられていた。アールデコの机の上には、70年代風のプッシュフォン。本棚には芸術関係の分厚い専門書、百科事典、それらに肩を並べるように古典的名作の数々。年季の入った革のケース類。アルベール・カミュの葉書。すべてが、黄色で統一された壁とカーテンの前で際立っている。

つまり、アンダーソンの映画はあまりに個人的なので、彼の映画は彼の人生を（あるいは逆に人生が映画を）真似ているのだ。Mr.フォックスが粋に着こなすコーデュロイのスーツは、アンダーソン御用達の仕立屋（成功の果実としての贅沢）の手によるものだが、その時アンダーソンは自分用にも一着仕立てさせた。

「ザ・ニューヨーカー」の記者は、定期的にスリーミルズ撮影所を訪れるアンダーソンに一度だけ同行し、パペット使いたちと直接話し合う様子を目撃した。アンダーソンはアニメーターたちに、どんなに些細でもリアリティを追求するようにプレッシャーをかけた。ミニチュアの商品が棚に並ぶミニチュアのスーパーマーケットを観察した後で、アンダーソンはドーソンに「普通の店は、パンを冷蔵棚に入れない」と伝えた。ドーソンは「この店では入れるのかもよ」と冗談で返したが、「真面目な話をしてるんだ」とアンダーソンは続けた。「パンは冷蔵棚に置かない方がいいんじゃないだろうか」[21]。マイクロマネジメントにしても細かすぎる。

各場面の撮影はアニメーター以外は立ち入り難いという性質上、アンダーソンは小一時間手持ち無沙汰でうろうろしていることも多かった。そんな様子を見たオーウェン・ウィルソン（コーチ・スキップの声）は、いつもなら撮影現場の原動力であるアンダーソンとの落差に驚愕した。撮影当初は、自分の創作のエネルギーのやり場に困ったと本人も明かしている。それが、自宅から演出する手段を確立させる原因になったのは間違いない。

アンダーソンは、生身の役者を相手にするときと同じように（ピカピカのMac Proを据えつけて）ショットを設計した。相手が人形でも一切譲歩しなかった。長回しとクローズアップによって演技が強調されたが、これはアニメーターたちが備えている直感に反する方法論だった。動きを止めたら最後、アニメーションの魔法が破れてしまうと、アニメーターたちは学んできたのだ。しかしアンダーソンの考えでは、人生と映画づくりの狭間を際どく行き来しながらカメラに肉薄することにこそ魔法が宿る。アンダーソンは、パペットを瞬きひとつせずに静止すらさせた。ストップモーションのパペットを静止（ストップ）させることで、キャラクターに考える余地を与えたのだ。これを「キャラクターの圧縮」[22]と美術監督のネルソン・ローリーは評した。観る者はすっかりキャラクターの虜になっているので、ちょっとくらい嘘くさいことがあっても喜んで信じ続けるというわけだ。パペットの頭の中の声すら聞こえるほどに。

遅々として進まないコマ撮りという手法は、アンダーソンに物語をいじる余裕を与えた。新しい場面を考案したり、既存の場面を書き直すなど、実写の撮影では願っても叶わない方法で物語を調整することができた。声のキャストたちは、ノリノリでスタジオに呼び戻されて新しい台詞を録音した。「一見身動きが取れなさそうに見えても」アンダーソンは喜んでこう認めている、「思いつきを2度試すチャンスがあるということなんです」[23]。事実、映画は撮影と同時に編集され、水準以下とみなされたコマがあれば、再びセットを組んで撮り直すことさえできた。

ダールが残したメモの中から着想を得て、アンダーソンは映画を原作よりも楽観的に終わらせることにした。原作は、動物たちが農家の納屋の地下に追いやられて終わる。自然の脅威からも恐るべき農夫たちの攻撃からも逃げおおせたが、彼ら自身の野生もまた地下に隔離されてしまうのだ。映画版の方では、スーパーマーケットの地下に棲み処を見出した動物たちが、ディスコ音楽に合わせて突発的に踊り出す。外界から閉ざされた何でも手に入る世界で、やろうと思えば何でもできるという喜びの発露だ。

2009年10月8日に封切られ、彼のキャリアの中でも最高の称賛を浴びながらも、『ファンタスティック Mr.FOX』の興行は期待を下回った。全世界で4600万ドルの収益を上げたが、そんなのははした金だ。この愛らしい、活力に満ちた映画は、まぎれもなくアンダーソン的でありながらも、可笑しく、魅力的。ミニシアターの地下に埋もれるには勿体な

上：セットは小さくても、アンダーソンは手を緩めずにディテールを盛りこんだ。バジャーの事務所で分厚い本と先祖のアナグマたちを描いた絵の前に立つMr.フォックス。

下：Mr.フォックスの種を超えた親友であるオポッサムのカイリ（ウォーリー・ウォロダースキー）。2人は盗みに入る相談中。主役の狐の造型には、クルーニーもアンダーソンも入っているが、ダールもたっぷり入っている。

さすぎる。

新しく子どものファンを獲得するには、映画のトーンが古くさすぎたのだろうか。ピカピカのCGに見慣れた子どもたちにとって、ストップモーション・アニメーションはカビの生えた表現に見えたからだろうか。石炭のように黒いダール流のユーモア、そしてポリティカル・コレクトネスに逆行しようというアンダーソンの固い意思は、もう時代遅れなのだろうか。ひとつはっきりしているのは、この映画はウェス・アンダーソン映画として受け取られたということだ。古参のファンが大喜びする方程式に従った出来だが、大人になり損ねたというレッテルから逃れられなかった。

しかし、クリストファー・オアが「ニュー・リパブリック」誌に書いたとおり、このアニメーション映画は、「控え目な奇跡」[24]と言ってもいいような発明品なのだ。このアンダーソンらしい寓話は、ヒップスター的な皮肉と子どもらしい楽しさの、見事なバランスの上に成立している。

もっと大勢の人に観てもらえるに越したことはないが、アンダーソンは自分が作ったこのアニメーション映画にご満悦だ。「この経験のお陰で、映画作家としての武器がひとつ増えました。いつまでもつかわかりませんが」[25]。アンダーソンとストップモーション・アニメーションの関係は終わっていないが、彼は取りあえず、実写の世界に戻ることになる。それがきわめて人工的なものになるとしても。事実、アンダーソンが次に撮ることになる2作は、かつてないほど生命が躍動する（アニメートされる）作品になる。

きっと、パペットの毛が彼の心のどこかにくっついたに違いない。

上：プレミア上映に登場したアンダーソン。充実したが遅々としてなかなか進まなかった2年の制作期間を終えて、彼はアニメーションを離れて現実の世界に戻る気満々だった。あくまでアンダーソン的現実ではあるが。

上：問題の根幹──牢屋の檻模様の寝間着を着たMr.フォックスに怒りをぶつける動物たち。
それを見ている、甥のクリストファソン（エリック・チェイス・アンダーソン）と息子のアッシュ（ジェイソン・シュワルツマン）。

ムーンライズ・キングダム

7本目にロマンス映画を撮ることにしたウェス・アンダーソンだが、ありきたりのロマンスにするはずはなかった。恋する2人はニューイングランド州の辺地にある小さな島に住む、諸々の問題を抱えた12歳の家出少年少女で、しかも象徴性の高い台風がまさに上陸寸前なのだった。

12歳のとき、ウェス・アンダーソンは恋に落ちた。相手は同じ組の、横に2列、前に3列離れて座っている女の子だった。その子のことは今でもはっきり覚えているが、喋ったことは一度もなかった。そんな畏れ多いことができるはずはない。今でも彼女はアンダーソンの想いを知らない。そして、自分を発想の源として一本の映画が作られたことも知らない。

年は経ちアンダーソンは、レバノン出身の文筆家、イラストレーター、そして編み物デザイナーでもあるジュマン・マルーフというパートナーを得て久しい。そんなアンダーソンに、『ムーンライズ・キングダム』は自身の子供時代の夢想に基いているのかと、あるフランスのレポーターが尋ねた。じつにフランス的な質問だ。「何を聞かれているのか、最初はわかりませんでした」とアンダーソンは後に白状している。「でもそのとき、まさにそれが作品の正

左：愛の逃避行（みたいなもの）──現在地を地図で確認するスージー・ビショップ（カーラ・ヘイワード）とサム・シャカスキー（ジャレッド・ギルマン）。『ムーンライズ・キングダム』に登場するあべこべの島では、若い2人が大人より訳知りで大人らしい。

右：アンダーソン作品はどれもノスタルジーをこめて過去へ遡るが、この遊び心溢れるロマンス物語ははっきりと1965年、アメリカがまだ無邪気でいられた年に設定されている。

右：最初のうちは若い俳優たちから演技を引き出す必要があったが、次第に役を自分のものにしてしまったヘイワードとギルマンにアンダーソンは驚きを隠せなかった。

体だと気づいたんです」[1]。

12歳のアンダーソンにとって、恋というものはあまりにも説明不可能で唐突で、圧倒的だった。「ひたすら困惑してました」[2]と彼は回想する。12歳といえば、読んでいる本一冊が人生そのものになるほどのめりこみやすい年頃だ。アンダーソンによると、子どもたちは「コントロールできない力に突き動かされるかのように、ファンタジーを必要とする」[3]。別の言葉でいえば、恋とは別世界への逃避行のようなものなのだ。

本物の感情から作られた、凝りに凝ったファンタジー。そう言ってしまうと、アンダーソン作品すべてに共通するマニフェストに聞こえる。しかし、この映画を作るにあたってアンダーソンは、いつものようにキャラクターや世界観から入らなかった。出発点は、あのときの感情だ。本人の言葉を借りれば、「どうにかして再生しようと思っていた、ある感情の思い出」[4]だそうだ。

『ムーンライズ・キングダム』は、『天才マックスの世界』が扱ったロマンチックな衝動への回帰だが、その世界はより精神的で難解だ。物語は1965年という妙に具体的な年に設定され、舞台はニューイングランド州沖にある架空の小島ニューペンザンスになっている。そこは他のアンダーソン作品の舞台と同じく、豊饒かつ奇妙な土地だ。ロケ撮影された本作は、豊かな自然と戸外の生命感に溢れている。この作品に登場する恋人たちは、年齢的に釣り合っている。駆け落ちした12歳の少年少女を中心に物語は展開する。本が命のスージー・ビショップは、ほつれかけた家庭から逃走する。家には別々のベッドで寝ている父と母（ビル・マーレイとフランシス・マクドーマンド）。一方サム・シャカスキーは家族にお荷物扱いされている里子で、カーキスカウトのキャンプ・アイバンホーから脱走する。朝の点検と自然の探求という日課ともおさらばだ。

そして、2人の後をあたふたと追跡してくる者たちがいる。やる気のない親たち。小賢いライバルのボーイスカウト隊員たち。機嫌の悪そうな地元の警察官（ブルース・ウィリス）。そして、福祉局員としてのみ知られる、権威の象徴である鬼のような女性（神の怒りすら感じさせる一点の曇りもないティルダ・スウィントンの完璧な演技)。

彼の作品で繰り返し見られた傾向だが、ほとんどの大人は情熱枯れ果て、子どもっぽい言動に退行するとアンダーソンは考えている（それはしばしば、ビル・マーレイの前かがみの肩で表現されている）。かろうじて思春期に爪先を突っ込んだかどうかという、アンダーソンの7本目にあたるこの可愛らしい映画の主人公たちは、彼の創造物の中で最も成熟したキャラクターであり、それがこの映画のこの上もない魅力でもある。アンソニー・レインは「ザ・ニューヨーカー」誌にアンダーソンを絶賛するレビューを寄稿したが、その中で「アンダーソンには、違う世代に属する人たちが交差した瞬間を切り取る天賦の才がある」[5]と観察している。レインの考察からは、ジーン・ハックマン扮するロイヤル・テネンバウムが、孫たちと一緒にゴミ収集車の後尾扉の脇に腰かけている姿が思い浮かぶ。

撮影前の準備としてアンダーソンは、思春期前の不安を描くのに最適な質感を求めて、大好きな本と映画という豊饒な発想の泉に立ち返っていった。彼が常に感性の近さを感じていたフランソワ・トリュフォーは、『大人は判ってくれない』(1959)と『トリュフォーの思春期』(1976)という2本の傑作によって、若い不良が味わう自由と悲哀を称えていた。アンダーソンは、ケン・ローチの『ブラック・ジャック』(1979)と、ワリス・フセインの『小さな恋のメロディ』(1971／脚本はアラン・パーカー）という2本にも言及しているが、どちらも大人の世界に手を延ばそうと背伸びする若者を楽し気に描いた社会派リアリズムの映画だ。もうひとつ、孤児であるという要素も、受け手の感情を鷲づかみするために小説や映画で昔から使われてきた手であるのは言うまでもない。ロアルド・ダール著『お化け桃の冒険』(『ジャイアント・ピーチ』[1996]として友人のヘンリー・セリックが映画化した）では、主人公の両親は冒頭でサイに食べられてしまうのだ。

クラシック音楽も、この映画に強い影響を与えている。アンダーソンは、英国人の作曲家ベンジャミン・ブリテンが書いた一幕歌劇『ノアの洪水』(15世紀に書かれたノアの方舟にまつわるミステリーを元に、歌詞が書かれた）を再現したいという目論見を長い間抱いていた。子どもたちによって演奏されることを前提に作曲されたこの音楽は、音楽的な効果を見事に使って激しい嵐の様子を伝える。アンダーソンは10歳のときに兄のメルと一緒に地元の人たちによる演奏に参加したのだが、ブリテンの音楽は確実に彼を10歳に戻してしまうのだ。

スージーとサムは地元の音楽演奏会の練習中に舞台裏で出会う。アンダーソンは、そう想像した。出会った2人は「雷に撃たれたように即行動を起こすのです」[6]と彼は語っている。ノアの方舟の物語は、舞台を越えて映画中に拡がっていき、接近する嵐が物語の結末を、気象学的そして象徴的に予感させる。

「ひとつのアイデアが他のいろいろなアイデアと繋がり、それを私は縫い合わせていくんです」とアンダーソンは言う。「このままブリテンをやり続けたらどうだろうと考えて、ブリテンの曲をあれもこれも聴き続けました。最終的にブリテンを何曲も使うことになりました」[7]。

ポータブル・レコード・プレーヤーから聴こえてくるブリテン作曲「青少年のための管弦楽入門」の抜粋で、この映画は幕を開ける。アンダーソン少年もレコードとして所有していたこの曲は、様々なレイヤーが重なってひとつの音楽になっていく様を明らかにしてくれるという、音楽教育を目的として書かれた曲でもある。それは芸術を批評する芸術であり、映画の成り立ちの比喩として機能するこの曲が、アンダーソンは好きだった。「まあ、なにかそんな感じのもの」[8]と彼は肩をすくめるのだが。

映画のサウンドトラックには、ブリテンの勇壮な響きとハンク・ウィリアムスのささやくような甘い調べが混在するが、これは実験の末にウィリス演じるぶっきら棒なシャープ警部にぴったりだと証明された結果だった。

アンダーソンは「脚本を書かなければと丸一年間自分を責めた後、一ヵ月で書き上げました」[9] と言っている。最初は何がどうなるか探りながらひとりで書き始め、ロマン・コッポラを共同執筆に迎えてからは、あっと言う間に形になった。マクドーマンド扮するローラが自分の子どもに言う事を聞かせようと拡声器で指示を飛ばすのは、コッポラによる重要な貢献だ。それは、子どもたちを一か所に集めようとして、母エレノアが実際に拡声器を使った経験に基づいている。

脚本執筆に関する余談をひとつ。役者やスタッフに手渡すためにタイプされ綴じられた脚本を指して、アンダーソンは「脚本を書くときは、誰かに読んでもらうために、ほとんど取りつかれたように仕事します」[10] と説明する。アンダーソンの脚本には、画面上では仄めかされる程度にしか映らないものでも、詳細が書きこまれている。ときには、視覚的な参照のために写真等が貼りつけてある。それは、役者たちや制作スタッフが座って脚本を読みながら、物語を「体験」[11] できるようにという配慮なのだ。そんなアンダーソンの脚本は出版され、映画から独立した作品としての文学的価値を自ら証明する。

アンダーソン自身のキャリアがどんな状況にあろうと、『ムーンライズ・キングダム』によって彼の映像作家としての技術の高さとスタイルの独自性が改めて確認された。他の誰にも作りえない、染みひとつない、高い水準で作られた映画。しかし、3本の商業的な失敗作を引き摺っていたアンダーソンには、無駄のない映画作りが要求された。是非うちの製作でと名乗り出るスタジオも無かった。ユニバーサルの一部門であるフォーカス・フィーチャーズが配給を手掛けることになる本作は、本当の意味でアンダーソンが手がけた唯一のインディペンデント作品だといえる。溢れ出るアイデアの数々を映画に詰めこむには、1600万ドルという切り詰めた予算をかなり強引にやり繰りしなければならなかった。

まず特筆すべきなのは、『ムーンライズ・キングダム』によってアンダーソンはアメリカへの帰還を果たしたということだ。そうは言っても、ハリウッド製の出来合いのアメリカからは何千マイルも離れたアメリカだが。実際、アメリカ本土にすら到達していない。現実から切り離されたニューペンザンスという島は、『ファンタスティックMr.FOX』で描かれた上品で優雅な英国と同じくらい、明確な法則に従って構築された世界なのだ。アンダーソンとコッポラは、島の地理的条件を決めるために地図を描いたほどだ。そう、ボーイスカウト隊員のように。劇中にも、様々な地図や表や天気図が散見される。

では、なぜ島なのか。アンダーソンは、観客が見たことのない場所を舞台にしたかった。ピーターパンに出てくるネバーランドのように、ロストボーイたちが住み、魔法が沁みわたっているような場所。「スージーは、スーツケースにファンタジーの本を詰めこんで運び回るんです」とアンダーソンは解説する。「作りながらこう思ったんです。この映画は、スージーのスーツケースに収められているかのように感じられるべきなんだと。彼女が持ち運んでいるのは、この映画みたいな本なんだと気づいたんです」[12]。

このテキサス生まれの夢想家が、自らの創造的領域に足を踏み入れて作った作品が皆そうであるように、本作も事実と寓話が絡み合っている。現実の島が、アンダーソンの想像力ににじり寄ったというわけだ。ノーションという名の島が、マサチューセッツ州の沖合に浮かんでいる。そこには、アンダーソンの友人でたまに俳優もするウォーリー・ウォロダースキー（最近では『ファンタスティックMr.FOX』のオポッサ

上：若者たちが急速に大人びる一方で、ビショップ夫妻（ビル・マーレイとフランシス・マクドーマンド）、ウォード隊長（短パンでキメたエドワード・ノートン）、シャープ警部（ブルース・ウィリス）をはじめとする島の大人は反対方向に一直線。

ムのカイリの声を当てている）が住んでいた。島の規則により、新しい家の建築も自動車の使用も禁じられていた。それは魔法にかけられたように魅力的な、つまりウェス・アンダーソン映画のような島だった。

なぜ1965年なのか。当初アンダーソンは、登場人物のひとりを語り部として使い、いわゆる第四の壁を破って観客に直接語りかけさせようと考えていた。ただし、魔法にかかったような映画の世界観に背くかのように、気象予報官が科学記録映画の体裁で（スティーブ・ズィスー的な隠し味）、感情をこめず淡々と物語の枠組みを語る。その役はボブ・バラバンに与えられた。真紅のダッフルコートに身を固めた彼は、ある意味、この物語の神なのかもしれない。圧倒的な天候も重要な要素だ。迫りくる嵐はシェイクスピアと聖書に由来するものだが、一方でニューペンザンス島に住む大人たちの頭上にも局地的な低気圧が蠢いているのだ。

バラバンが配役された経緯にも、複雑な歴史があった。バラバンはスティーヴン・スピルバーグの『未知との遭遇』（1977）に出演し、アンダーソンがヒーローと崇めるフランソワ・トリュフォーと一緒に地球外生物の訪問を追求する科学者を演じている。その映画の主題はスージーの好みと一致する。さらにバラバンは、スピルバーグの大作に出演した経験を記した日記を出版しており、アンダーソンは学生時代にそれを熱狂的に読みこんでいた。バラバン特有の簡潔で切れのある語りのトーンを、『ムーンライズ・キングダム』という世界の周辺で再現したいと、アンダーソンは思ったのだ。

「バラバンの台詞として思い付きで書いた最初の一文が、"時は1965年である"だったんです」とアンダーソンは回想する。「深く考えてそうしたのではなく、その場で何となく閃いたんです。ボーイスカウトの存在やノーマン・ロックウェル風のアメリカが、その年と関係あるのだとは、思います」[13]。

これはアンダーソンにとって年代が特定された初の時代劇であるわけだが、だからといって彼の作風が変ったわけではなかった。

アンダーソンとスタッフたちは、まずはグーグル・アースでロケハンをした。彼らが探したものはきわめて具体的だった。ある形状の海岸線。特定の自然環境。ある牧歌的な雰囲気。それは、ロードアイランド州や、ニューイングランド州の緑豊かな大西洋岸に見つかった。2011年の夏の終わりまで、彼らは入江から森、米国聖公会の教会、そしておあつらえ向きに存在したヤウグーグのスカウト・キャンプ地に、足しげく行き来して、恋人たちの舞台となる島を構成する部品を集めた。

ストップモーション・アニメーションを経験してから日も浅いアンダーソンは、撮影に先立って描いた絵コンテを撮影・編集し、部分的に音楽をつけてアニマティック〔動画コンテ〕を作ってしまった。欲しいショットを撮るためにセット全体を作り上げて

右：小生意気なカーキスカウト隊員たちは、『The Phil Silvers Show（未／フィル・シルバーズ・ショー）』（1955）から『地上より永遠に』（1953）まで幅広く描かれた、伝統的なGI像に倣っている。花火への愛情は『アンソニーのハッピー・モーテル』のディグナンを思わせる。

NO SMOKING

上：スージー（ヘイワード）とサム（ギルマン）が、お調子者のいとこのベン（ジェイソン・シュワルツマン）と一緒に悪だくみ。『天才マックスの世界』でシュワルツマンがそうだったように、若い2人の新人は演じるキャラクターを完全に自分のものにした。

しまうような、自分が手にした媒体を隅々までコントロールしようと腐心する映画監督が、ここに誕生した。スージーの住む家の羽目板造りの外装は、カナダとの国境に近いサウザンド諸島で発見され、ロードアイランドに再現された。家の中は、ニューポートの外れにある室内装飾品の店リネンズン・シングス（Linens 'n Things）の店舗跡に作られた。『ダージリン急行』の列車と同様、部屋から部屋へ、壁に邪魔されずにカメラを移動できるように、セットは垂直に建造された。こうして、泣き別れしていた外装と内装はひとつになった。

作りこまれた細部は宝箱のようでも、実際に物語に命を与えるのは2人の若い主演俳優だ。2人のロマンスは、教会の講堂に設えられた「ノアの洪水」の楽屋で始まる。この劇中劇（オペラ中オペラ）という入れ子構造は、実にアンダーソン的だ。動物に扮装する若い俳優たちを見ると、アンダーソンが前作の動物的方向性から完全に抜けきっていないのがわかる（スージーは烏）。『天才マックスの世界』に出てくるマックス・フィッシャーによる芝居がそうだったように、このオペラの豪華な舞台もアンダーソン作品のミニチュア版で、自身の舞台的アプローチをおちょくっている。

マックス役を演じる俳優を探したときと同様、今回もアンダーソンは必ず完璧なカップルが見つけられると信じて時間を費やした。重要なのは、主演2人の外見に関して何の先入観も持たないことだった。アンダーソンは、マックスを痩せぎすで背の高いミック・ジャガーのような少年と考えていたが、実際に役を演じたジェイソン・シュワルツマンは似ても似つかなかった。それでも彼以外のマックスは考えられない適役だった。アンダーソンと制作チームは、サムとスージーに出会う前に何百という候補と面接した。

ジャレッド・ギルマンもカーラ・ヘイワードも、学芸会以上の演技経験はなかった。「7年生の教室の外では、2人ともあまり知られた存在ではなかったようです」[14] とアンダーソンは冗談めかして言う。まずギルマン、そしてヘイワードが、最初のオーディションで役を射止めた。2人とも振舞いが自然だった。2人が演技する場面では、撮影が威圧的にならないように、可能な限りリラックスできるように、現場のスタッフは最低限に抑えられた。とは言え、悪天候が近づく森の中で9メートルのレールを敷いてカメラを移動するような場面では、それはそれで大変な挑戦となった。

荒野を彷徨う2人のモンタージュ場面は、ドキュメンタリーのようにこじんまりと3人で編成される撮影隊と靴箱程の大きさのカメラによって、撮影が本格的に始まる前に撮影された。2人は素早く何をするべきか理解し、役になりきって想像力を羽ばたかせた。

サムもスージーも観客に既視感を与えるが、スージーは若いマーゴ・テネンバウムなのだ。文章を書くことへの衝動、壊れた家族、マスカラ越しに相手を見据える射るような視線。ニヒリズムは後退し、代わりに（母親に起因する）癇癪が前面に出ているところは違うのだが。観客は、しばしば双眼鏡で地平線を見渡すスージーの姿を見ることになる。このイメージは、サタジット・レイの『チャルラータ』（1964）に出てくる親戚の男性の恋の虜になってしまう孤独な人妻から得たものだ。そして『裏窓』（1954）。窃視症的映画の最高峰であり、アンダーソンが観た初めてのヒッチコック作品であり、彼のお母さんの好きな映画でもある。

スージーが貪欲な読書家であること、そして彼女がファンタジーに傾倒しているという象徴性は、映画を観るにつれ次第に理解される。スーツケースの中身は、図書館から失敬した本だったということも明かされる。アンダーソンとコッポラは、「木星から来た少女」や「シェリーと秘密の宇宙」等、本のタイトルも考案した。追っ手のスカウトたちに追いつかれたとき、ウェンディがピーター・パンに対してそうしたように、スージーは“母親”となり、本の一節を読み上げる。

頼れる親もなく、島を相手に格闘する羽目になったサムだが、常備携帯しているテント、BBガン、カヌー、ホットドッグ、スカウトとしての知識と無鉄砲な勇気を胸に、逃避行の旅を導いていく。サムはあまり神経質ではないマックス、または『ダージリン急行』のフランシス・ホィットマンだ。スージーが引き摺って歩く出来の悪い移動式図書館を同情をこめた眼差しで見たサムは、「何冊か貸し出し期限を過ぎることになっちゃうね」[15] と、きわめてアンダーソン的な反応を返す。こうして2人は晴れて公然のカップル、そしてお尋ね者になった。これはアンダーソンお得意の、彼流に再解釈したジャンル表現でもある。『拳銃魔』（1952）、『俺たちに明日はない』（1967）、『地獄の逃避行』（1973）といった駆け落ちものと『ツバメ号とアマゾン号』（1974）のような冒険ものが混合されているのだ。

2人は世界（と言っても小さな島の外れ者たちの世界だが）を敵に回すことになる。ある意味、2人は恋に落ちるという行為を真似ているに過ぎないのだが、それがこの映画では素晴らしく巧く機能している（年齢的に2人がまだ見てはいけない類の映画の真似、なのだ）。同時に、2人は間違いなく恋している。ただ、行き当たりばったりで無計画なだけなのだ。

この映画のタイトルは、砂の上に、2人によって静かに書き記される。2人がキャンプを設営した秘密の入江で。2人だけの王国で。ここでアンダーソンは、大胆にも未成年の性の目覚めと思われるものを導入する。仮にそうでなくても、かなり濃厚な肌の触れ合い。キスしようという試み。下着の下をちょっぴり触ってみようとする二人。ちょっと行き過ぎなのではと文句がつくのは避けられないとしても、この場面にともなう優しさと繊細さが、正直に伝わってくる。こういう場面ではこうすることになっているからやるのだ、というストイックな覚悟が伝わってくるが、そうした行為の喜びは曖昧なまま保留される。そうは言っても、釣り針で耳にピアスの穴を開けて、緑色のコガネムシをぶら下げる行為が暗喩するものは明確だ。これは彼にとってターニングポイントなのだ。

アンダーソンが描く逆転した世界に、本作ほど鋭い観察眼が向けられたことはなかった。そしてその世界が、観る者の心にこれほどのスピードで刺さったこともなかった。子どもたちは魔法を求め、大人たちは幻滅して迷っている。ビショップ夫婦の結婚は破局に向けて急降下中。マクドーマンドが演じる口うるさいローラはシャープ警部と愛なき不倫に走り、結果マーレイ演じる夫ウォルトは、滑稽だが深刻な絶望の深みに落ちていく。憂鬱な夫、そして怒れる父であるウォルト。「ベージュの制服を着た頭のおかしいやつらに、娘を誘拐された！」[16]と、あたかも制服の男に妻も娘も奪われる運命を享受したかのように、天を仰いで嘆く。

コーエン兄弟をこよなく愛するアンダーソンだから、マクドーマンドは“絶対出演して欲しい役者リスト”に当然載っているが、それには理由がある。マクドーマンドは、アンダーソン的母親像が要求する、短気な誠実さを備えているのだ。ここにも、機能不全を起こした家族という集団と、親から子へ受け継がれる傷に関する考察が見てとれる。

ウィリスの配役もきわめて意図的なものだったが、彼の選択にはちょっとした皮肉が添えられている。シャープ警部はトレーラーにひとりで住んでいる。惰性の具現のような彼は、しかし警察官でもある。「警察官がいたら、見ればわかりますよね」とアンダーソンは言う。「本物の警察官からは、目に見えない何かが出ているでしょう。ブルース・ウィルスは警官の持つ権力を醸し出していて、どんなに変わった役柄を演じていても、観ているこちらはブルースが警察官だと疑わないじゃないですか」[17]。ウィリスが『パルプ・フィクション』(1994)で見せた優雅な不機嫌さを、アンダーソンは欲したのだ。

ハリウッドの居心地よさから遠く隔絶されたスター俳優ブルース・ウィルスを称賛して、ビル・マーレイはこう言った。「ウェスの映画に出るというのは、〔スター扱いされる〕生活が一変するということだから、くつろいで楽しまないとやってられない。ブルースは本当に良い仕事をしたよ。怖いものなし。「よし、遊ぼうぜ」って感じだった」[18]。

長続きしなかった自分のボーイスカウト体験を発想の源にもつカーキスカウトは、アンダーソンが考案したものの中でも一、二を争うコミカルな発明品だ。『ムーンライズ・キングダム』は、喜劇と悲劇の急激なギアチャンジがより一層はっきりとしている。画面の奥ではしばしば物語と無関係なギャグが繰り広げられている。たとえば2人のスカウト隊員が、手製の花火(『アンソニーのハッピー・モーテル』的？)を、誰にも気づかれずに打上げ、着地し、それでおしまい。

ボーイスカウト隊員としてのアンダーソンは、1ヵ月以上続かなかった。「まあ、やってみたんですけどね」と彼は笑っている。「うまくいきませんでした。私にはキャンプの才能がないんだと思います」[19]。キャンプにも集団生活の規則にも、彼はアレルギーなのだ。カーキスカウトは、アンダーソンによる社会の縮図だ。『天才マックスの世界』に出てきた生徒たちの集団、そして『ライフ・アクアティック』の船員たちと同じなのだ。ガムを噛み、制服に身を包み、

右：映画全編を通じてスージーというキャラクターは、双眼鏡を手に島の様子を観察する行為で定義づけられている。それは窃視という、映画という存在の象徴そのものでもある。

下：サマーズエンドにある灯台から、愛する者の登場を見張るスージー。この町の名前が示唆するのは、主人公たちの子ども時代の終わりだけでなく、アメリカの一時代の終わりでもある。

上：暴力的な愛の逃避行ものの古典的名作『俺たちに明日はない』（1967）に代表される一連の映画に本作は恣意的な影響を受けており、サムとスージーは追っ手から逃れて島を彷徨う。

左：徹底的なロケハンはグーグル・アースから始まった。架空の島ペンザンスに最適なロケ地として、緑溢れるお伽噺の舞台のようなロードアイランドが選ばれた。

左：ちょい役で友情出演中のジェイソン・シュワルツマン。彼が演じる何でもお任せ頼れるカーキ・スカウト隊員ベンは、サムとスージーの逃亡を助け、法的効力が無くても2人の結婚式を司ってあげる。トム・クルーズを気取った『天才マックスの世界』のマックス・フィッシャーとの類似に注目。

下：マーレイとマクドーマンド演じる意気消沈したビショップ夫妻。ぼろぼろになった2人の夫婦仲が、スージーにとって不満の種。この筋立てにより、スージーとアンダーソンが子ども時代に抱えた悲しみがつながっている。

上：アンダーソンの大ファンであるブルース・ウィルスは、喜んで俳優組合最低賃金レートで地元の警察官シャープ警部役を引き受けた。今までハリウッドで演じたすべての警官役を観る者に感じさせるウィリスの存在は、アンダーソンを喜ばせた。

左：赤銅色の毛髪を頂くティルダ・スウィントン。青いベレー帽を被り、福祉局員としてのみ知られるこの役柄は、児童文学にしばしば登場するビクトリア時代的な厳しい権力の象徴なのだ。

第二次世界大戦の戦争映画に出てくるGIのように軽口を叩く、外れ者の集団。彼らは軍隊のような命令に従って走りまわり、テントは水準器を使って正確無比に設営される。しかしテレビコメディの『フィル・シルバーズ・ショー』に登場した陸軍兵士たちのように、生意気なツッコミを欠かさない。

キャンプ・アイバンホーで第55部隊のスカウト隊員たちを指揮しているのは、あまり指揮が上手ではないうえに小さなことに喧しいウォード隊長だ。膝までの長靴下に、半ズボン、そしてバター色のスカーフ。ありとあらゆる事象に対してのべつ幕なしに驚いている。サムが除隊願いを残してこっそり逃亡したことを知らされたウォードは、「ジミニー・クリケット！　あいつ、逃げやがった」[20]と大袈裟に叫ぶ。

アンダーソンとノートンは、何年にも渡ってお互いを称賛する手紙をやりとりしていた。『真実の行方』(1996)や『ファイト・クラブ』(1999)に出演した、大胆不敵なスターであるノートン。その彼に適した役を思いつくまで何年もかかったという以外、ノートンの起用は驚くことではない。「彼はノーマン・ロックウェルが描いた人物みたいでしたね」[21]と、ノートンの朴訥とした外見を見たアンダーソンは喜びをこめて言った。

ノートンは、せわしないウォード隊長がアンダーソンとほぼ同一人物だと気づいていた。「ウォードは疑う事を知らないんだよね。この映画は今までで一番楽だったかもしれない。ウェスの方を向いて「この台詞、ウェスならどう言う？」と聞いて、彼の真似をすればよかったから」[22]。

やがて駆け落ち騒動は、フォート・レバノンのピアース司令官（セオドア・ルーズベルトのような髭……いや、ロバート・ベーデン＝パウエル？のような髭をたくわえたハーヴェイ・カイテル）の耳に届く。ここでも、トム・クルーズを気取るマックス・フィッシャーを演じたジェイソン・シュワルツマンが、サングラスをかけて不良スカウトを気取ってくれる。

撮影期間中、アンダーソンは近隣のニューポートにある屋敷を借りて、そこで編集ができるようにし、主要なスタッフが泊まれるようにして、腕の良い料理人を雇った。結果、学校的な雰囲気が生まれ、お

下：草原で出会うサムとスージー。この場面に見られる空間の使い方、バランス、左右対称の構図、それらが醸し出す可笑しさに、アンダーソン的特徴が詰まっている。

上：心配性のウォード隊長を演じるノートン。彼の持つ奇妙な古風さを感じ取ったアンダーソンは、そのノーマン・ロックウェル的な雰囲気を気に入って配役した。

上：シュワルツマン、ウィリス、アンダーソン、ノートン、スウィントン、控え目な服装のマーレイ。2012年のカンヌ映画祭でオープニング作品に選ばれたときのお披露目。

かげでマーレイが「神も畏れる」[23]と茶化した長時間撮影も、それほど耐え難いものではなくなった。キャストたちも次第に引っ越してきた。マーレイ、シュワルツマン、そしてノートンも。ほどなくそこは、綺麗に片づいたフラタニティ・ハウス〔アメリカの大学に存在する会員制男性用友愛会専用宿舎〕の様相を呈し、ひとつ屋根の下で繰り広げられるウェス・アンダーソン作品の究極の具現となったのだった。

駆け落ちした少年少女が連れ戻される前に、そして仲違いしていた者が仲直りし、平和が回復される前に、ついに台風が訪れて、島を水浸しにする。そして、命は取り留めるもののサムが雷に打たれる。サムとスージーが嵐の中を教会の屋根を伝って逃げる場面で、アンダーソンはジャンルを混ぜる。撮影現場では、後で嵐の背景を合成できるようにグリーンスクリーンが設営された。ミニチュアや強制遠近法による撮影によって、この場面はアニメーション的な表現に変わる。鐘の塔から青黒いシルエットになってぶら下がっているシャープ警部、スージーそしてサム。ハンギング・モンキー〔ぶら下げ可能な猿の玩具〕のような3人の様子は、マンガの1ページを切り抜いたようだ。ウェス・アンダーソンがパニック映画を撮ると、こうなるのだ。これを彼は「魔法のようなリアリティに飛びこんだ」[24]と表現している。

アンダーソンの恐れを知らぬ大胆な手腕は評判を呼び、『ムーンライズ・キングダム』は2012年5月に、オープニング作品としてカンヌ映画祭に招待された。アンダーソンが尊敬するヒーローたちを大勢育ててきたこの映画祭に彼が呼ばれたのは、これが初めてだった。これによって、アンダーソンにも同様の芸術性が認められたことになる。そして、ここで彼はフランス人記者たちの容赦ない質問に晒されたのだった。

『ムーンライズ・キングダム』は、全世界で6800万ドルという（悪くはない）成功を収めたが、それ以上にこの映画は英雄の帰還として称えられた。そこに皮肉を感じずにはいられない。自分のことしか見ていないと批判され、可愛すぎる、ヘンすぎるといわれてきた彼が、自分の変わったところを倍にして映画を作ってみると……批評家たちは熱狂したというわけだ。批評家たちは、新たに心が加えられたと感じたのかもしれないが、心はいつもアンダーソン作品の一部だった。そして彼の再評価が始まった。アカデミー賞の最優秀オリジナル脚本賞候補にもなった（脚本賞候補の『ザ・ロイヤル・テネンバウムズ』、最優秀アニメーション賞候補の『ファンタスティックMr.FOX』に続いて3度目）。

彼はあまりに振り切って馬鹿みたいに気どりかえっているので、もう何をやっても許されると、「アトランティック」誌上で書いたクリストファー・オアは、『ムーンライズ・キングダム』を評して「アンダーソンが作った実写映画の最高傑作、いやアンダーソンの最高傑作。『天才マックスの世界』は除く。異議は認めない」[25]と続けた。

興味深いことに、「オブザーバー」紙のフィリップ・フレンチも、アンダーソンのキャリアの中でも一番野心的な作品と評している。これはアンダーソンが初めて作った明確にアメリカについての映画である。フレンチは、そのことに気づいたのだ。

アンダーソンは、これまでも自作の意味を問われると、それは映像作家本人がコントロールできるものではないと言い張ってきた。「それはコントロールしない方がいいやつです」と彼は述べている。「作品の好きにさせるのがいいと思いますよ」[26]。代わりにキャラクターに注意を払う。どう反応するか。どんなことを言うか。欲しいと信じているものを、どう表現するか。物語が持つ生命の中から、意味は立ち現れるだろう。映画への反応はひとりひとり違うが、それこそが重要なのだ。物語は観たその人の人生と交差する。

しかし、アンダーソンの信念は彼自身が作った映画たちによって裏切られる。どれも、精緻なプランに従って作られたようにしか見えないのだ。そして、脚本は撮影前に「完成」[27]していて欲しいと、本人も認めている。

アンダーソンは、数々の個人的な悩みや不安を袋に詰めて抱えており、それを作品に繰り返し登場させる。子どもを理解できない親。親の心がわからない子ども。ボーリングの球のように家庭を破壊する離婚。順調に進まない人間関係。芸術的表現。落ちこむ気分。室内装飾。列車に遅れないこと。人間（や狐）というものにまつわる疾風怒濤のすべてを超えたところに、なんと本作の政治性がある。アンダーソンが作った最も自制が効いたロマンチックな物語の中から、大きな視点が飛び出してくるのだ。

それがどういうことか説明しよう。ビショップ家はニューペンザンス島の北の端、サマーズエンド（夏の終わり）という地区に位置している。フレンチが直感的に理解したように、潮風に乗って変化が訪れようとしている。これは、サムとスージーにとっての子ども時代の終わりというだけではない。アメリカには嵐が迫っている。「ケネディ暗殺から2年が経ち」、フレンチは書いている。「ベトナム戦争はいまだ遠い雷鳴にすぎず、60年代と呼ばれる現象もまだ西海岸を揺らし始めたばかりのこの年、アメリカは無邪気な季節の最後の瞬間を楽しんでいたのだ」[28]。

アンダーソンも同意している。「1965年は、アメリカという国のあるひとつの姿が終わった年だと思うんです」[29]。生意気で元気なスカウト隊員たちは、やがて訪れる兵士たちを暗に示しているのだ。『ムーンライズ・キングダム』は比較的ハッピーな終わり方をする。シャープ警部はサムを迎え入れ、ビショップ夫妻は関係を修復しようと考え、スージーはファンタジーを読み、愛する彼氏はイーゼルに向かっている。彼らの未来にはどんな予報が可能なのかと問われて、アンダーソンの答は現実的だった。「この物語の中の子どもたちがどうなるかというと」彼は考えながら続ける。「スージーはきっとカリフォルニア大学バークレー校あたりに進学して〔カウンターカルチャーに身を投じるという含みがある〕、サムはベトナムに従軍するでしょうね」[30]。

これこそが、批評家たちが待ち焦がれていた成熟の痛みの正体なのだろうか？　事実アンダーソン作品はどれをとっても、鮫、虎、狼、そして今回は台風と、何らかの形で死の影を感じさせるではないか。

さらに次にあなたを待ち構えている作品は、アンダーソンの作品中最も成功し、批評家の絶賛を受け、アカデミー賞の候補に登り、最もわかりやすく政治的で死の臭いがする映画。それは、同時に最も無鉄砲で気まぐれで、救いようもなくバカげていて、しかも最も精巧に組み上げられた映画なのである。

謎は深まる一方だ。

右：本領発揮──7作目にして観客と批評家の称賛を集め、独自の世界の創造に邁進するアンダーソン監督。

グランド・ブダペスト・ホテル

アンダーソンの8作目は、細部までこだわり抜いた大作となった。伝説的なコンシェルジュであるムッシュ・グスタヴ・Hにまつわる、思い出話の中の入れ子の思い出話は、盗まれた絵画、情火に身を焦がす良家の未亡人、脱獄、ボブスレーによる逃走と追跡、そしてファシズムの台頭と、激しい冒険で溢れんばかりなのだ。

まず回想から始めよう。子どもの頃ウェス・アンダーソンは、兄弟たちと一緒に母の考古学発掘現場に連れられて行った。家族でお出かけは楽しい思い出だが、発掘は死ぬほど退屈だった。何やら陶器の破片を探し求めて、何時間も土をふるいにかける。やっと見つけた破片も、ラベルをつけて分類するために誰か偉い人に奪い去られる。印象深い発掘現場がなかったわけではない。テキサス州ガルヴェストンには、1900年のハリケーンによって泥に埋もれた町がある。その町の家を一軒、発掘したのだ。地上に見えていたのは2階だった。1階と地下室は、地面の下で完璧に保存されていた。内装はそのままで、人の生活の儚い名残が感じられた。「全部ありのままですよ！」[1]と、彼はそのときの驚嘆を回想する。それは、発見されるのを眠りながら待っていた失われた世界だった。

あくまで物の喩えだが、アンダーソンにとって映画作りは考古学なのだ。完璧に保存された状態で掘

左：レイフ・ファインズ演じる一部の隙もないムッシュ・グスタヴ・H。ヨーロッパが誇る伝説のホテルのコンシェルジュにして、非の打ちどころのない趣味の良さを誇る男。つまり彼はアンダーソンの謎を紐解く鍵でもある。

右：大方の期待を裏切って『グランド・ブダペスト・ホテル』はアンダーソン作品最大のヒット作となった。彼のキャリアの集大成。

右：そびえ立つカツラと特殊メークに覆い隠されたティルダ・スウィントンが、未亡人マダム・Dを演じる。彼女の死がすべての（計算し尽くされた）カオスの引き金となる。

り出されるのを待っていた世界に、彼が光を当てる。そう考えれば、『グランド・ブダペスト・ホテル』の入り口に足を踏み入れる心の準備は完璧だ。過ぎ去った時代とともに忘れられていた大建造物。アンダーソンの代表作と目される本作は、しかし時代考証には重きが置かれていない。

2012年時点でのキャリアを振り返ってみると、アンダーソンは、クエンティン・タランティーノや、ポール・トーマス・アンダーソン、スティーヴン・ソダーバーグ、デヴィッド・フィンチャーといった作家たちと同じカテゴリーに放りこまれ、ヒップスター映画監督という評価を受けていた。実際には、コーエン兄弟や、ソフィア・コッポラ、スパイク・ジョーンズ、そして友人兼共同執筆者のノア・バームバックといった一癖ある映画作家の面々に寄っていたのだが。

実際アンダーソンは、誰とも同じである必要がなかった。彼はいつでも、現代ハリウッドの海に浮かぶ孤島だった。「8本撮ってアンダーソンという人について言えるのは、彼そのものがひとつのジャンルなのだ」[2]と、「エスクァイア」誌のライアン・リードが書いている。ネット上ではアンダーソンをネタにしたパロディが花開いた（もしアンダーソンが『スター・ウォーズ』の新作を撮ったら！）[3]。「サタデー・ナイト・ライブ」は、「真夜中に集う邪悪な侵入者たち」というアンダーソンが撮りそうな映画の予告編を作った。キャッチコピーは「手作りの恐怖」[4]で、エドワード・ノートンがオーウェン・ウィルソンを演じ、アレック・ボールドウィンがナレーションを読んだ。「私も自分のパロディを作ってみたいですね。何を思いつくか楽しみです」[5]とアンダーソンは笑っている。そこには、自分ならもっと怖くするという意思が感じられる。セルフ・パロディは、すでに彼の表現の一部なのだ。

青天の霹靂のように発表された、1932年のヨーロッパを舞台にした伝説のコンシェルジュの映画が、キャリア初の大ヒット作になる。アンダーソンのような創造的な思考の持ち主以外では、あり得ない展開だ。

すべては、アンダーソンがこよなく愛するパリの本屋で、本棚を物色しているところから始まる。彼は、忘れられたオーストリア人の作家シュテファン・ツヴァイクの小説を手に取る。どこかで聞き覚えのある名前……。1881年に生まれ、詩人で劇作家で、小説家でコメンテーターでもあったツヴァイクは、ウィーンに名だたる社交家だった。明晰な文章と豪勢な社交の集いで、彼は人気を博した。アンダーソンと同様、ツヴァイクはハイカルチャーを測る音叉のような存在だった。ディケンズやダンテ、ランボオ、トスカニーニ、そしてジョイスの書評を書き、マリー・アントワネットに関する本を出版した。マダム・Dの頭に危なっかしく乗っている山盛り泡立てクリームのような髪型は、アントワネットへの敬意の表れだ。愛書家でもあるツヴァイクの蔵書は、ザルツブルグでも有名だった。しかし彼の人生に悲劇が迫っていた。称賛を集めたユダヤ人の作家としてナチスのお尋ね者になったツヴァイクは、亡命先のブラジルで妻とともに自らの命を断った。1942年のことだった。

アンダーソンは、手に取った『心の焦燥』を数ページ読んで気に入り、その本を購入する。ここからすべてが転がり始める。

ほどなくアンダーソンは、もう一冊『変身の魅惑』というツヴァイクの小説を読んだ。スイスにある有名なホテルの夜会に参加するよう叔母に誘われたしがない郵便局員が、変身して社交界に挑むという話だった。アンダーソンが特に気に入ったのは、「物語の語り部が出会った謎の男が、物語を彼に言い聞かせる」[6]という構成だった。

アンダーソンの脳内の一室には、友人のヒューゴ・ギネス（ギネス家の御曹司にして芸術家、そして『ファンタスティックMr.FOX』のバギス氏の声）と彼が何年もかけて形にしようとしていたアイデアが寝かしてあった。ある高齢の人物に好意を寄せられている、名前も年齢も性別も職業も未定の主人公が肖像画を相続するが、その高齢の人物の親戚縁者はそれが気に入らないというアイデア。

そして、2つのアイデアはパズルのように互いにはめこまれた。アンダーソンはギネスと共同で脚本を書きはじめた。アートの世界に通じたギネスは、絵画に関する知識と共に「私の語彙には無い表現」[7]をアンダーソンにもたらした。結果、アンダーソン喜劇の中でも最も規模の大きな仕掛けが出来上った。アンダーソン研究家マット・ゾラー・サイツは「彼が得るに至ったすべての知識の集大成であり、かつてない速度で笑いが繰りだされる」[8]と書いている。つまり、この作品は疑う余地もないほどアンダーソン的だということだ。そこには、ラシュモア学園や、テネンバウム邸、そしてベラフォンテ号といった、歴史と伝統と格式ある名門の魅惑を思い起こさせるものがある。視覚的にも、そして主題的にも『グランド・ブダペスト・ホテル』は、アンダーソンが持つ才能が最大限に活かされた、最も豊かで最も頭のおかしい、そして最も成功した表現なのだ。

『変身の魅惑』の郵便局員は、頭の切れるロビー係ゼロ（トニー・レヴォロリ）に置き換えられた。彼を父親のように導くのは、カリスマ的なコンシェルジュであるムッシュ・グスタヴ・H（レイフ・ファインズ、一世一代の名演技）。2人の物語は、雪深い中央ヨーロッパの山の麓で始まる。アンダーソンが探していたのは、地平線の彼方から忍び寄る第二次世界大戦の脅威を目前にして、やがて消えゆく洗練された古い世界だった。滑稽な大騒ぎが繰り広げられる中、上空に立ち込める憂鬱な雲は、やがて嵐へと発達していく。

ヨーロッパというもの自体、アンダーソンの思考に大きく影響している。ここ20年の間、彼は鉄道で欧州を巡って土地に親しんできた。しかし、この映画の発想の本当の源は、本人が認めるように1930年代のハリウッド映画だ。ズブロフカという内陸の国の名前は、アンダーソンとギネスによる考案だが、マルクス兄弟の『吾輩はカモである』(1933)に出てくる架空のフリードニア共和国をはじめとした、エルンスト・ルビッチ作品に登場するどこかで聞いたような架空の国々を思い起こさせる。

アンダーソンとギネスは、これから作る映画というお菓子の家を飾るディテールを求めて、まだ見ぬヨーロッパの歴史と伝統と格式を探す旅に出た。『ダージリン急行』のときに敢行した事実を探す旅と同じだが、今回はルームサービスつきだった。ハンブルグには1909年創業のホテル・アトランティックが、そしてウィーンには、1860年代に建てられたホテル・インペリアルがあった。恵まれない生い立ちの公爵夫妻の邸宅として建てられたものの、夫妻はもっと華やかなところに引っ越してしまったのでホテルになったといういわくつきだ。ネベルスバートという美しい架空の街は、チェコにある風光明媚なカルロヴィ・ヴァリがモデルになっている。ボヘミア風というが、まさにボヘミア地方に位置するこの温泉街では、毎年国際映画祭が開催され、パステルピンクのロビーとサウナ、そして登山列車を備えたホテル・ブリストル・パラスが自慢の種だ。映画祭を訪れた監督たちは登山列車に乗って景色を満喫

上：グスタヴとロビー係ゼロ（トニー・レヴォロリ）の師弟関係は、次第に深みを増し親子的な関係に変わる。アンダーソンには珍しい良き父親。

右：マイケル・パウエルとエメリック・プレスバーガーの『老兵は死なず』が描いたリミックスされた歴史（デボラ・カーとロジャー・リヴセイ主演）。本作の構成に影響を与えた。

する。プラハを訪れたとき、アンダーソンとギネスは金の鍵結社〔The Society of the Golden Keys〕の存在を知った。それは正真正銘本物のコンシェルジュ組合で、コンシェルジェたちはこの機関を通して顧客の連絡先等情報を秘密でやり取りしていた。いかにもアンダーソンが考えつきそうな名前だが、鍵の秘密結社と名を変えて、本作に登場することになった。

この物語のプロットの要は、白と薄桃色を吹きつけたような、タイトルにもなっている豪華なホテル。グスタヴの厳格な規律によって、スイス時計のごとき正確さで管理運営されている。この辣腕コンシェルジュの滑らかな仕事ぶりは、マダム・D（ティルダ・スウィントン）が命を落としたときに試される。高齢のマダムのためなら職務外のことでも厭わないグスタヴに、マダムは高価な遺品を遺す（ヨハネス・ホイトル画「少年と林檎」という、架空の北方ルネサンス作品）。これが、マダムの親戚縁者の逆鱗に触れることになる。

ツヴァイク的な人道主義がこの映画の名付け親（ゴッドファーザー）だとしても、ホテルから飛び出して政治的混乱に（そしてボブスレーによる追跡に）身を投じていく本作の物語に、エルジェが描いた小粋な『タンタンの冒険』の影を見出した批評家もいた。場面が横に流れて次の場面に切り替わる様子にも、連載漫画を感じさせるものがある。やがて批評家たちは、この映画に盛りこまれたヨーロッパ的な影響を、細かく探し始めた。まず、（エルンスト・）ルビッチに代表されるベルリンの映画監督たちの作品が持っていた華やかなユーモア。そしてフリッツ・ラング的な陰謀の影。歴史を一連の絵葉書のように語る映画的手法に、パウェルとプレスバーガーの『老兵は死なず』(1943)が見え隠れする。そして、これまたベルリン脱出組のビリー・ワイルダー。彼の、剃刀のように鋭いユーモア。さらにはヒッチコックの鉄道を舞台にした諸作品。ボンド・シリーズ中の仲間外れ『女王陛下の007』(1969)、イングマール・ベルイマンによるホテルが舞台の陰鬱な『沈黙』(1963)、『屋根の上のバイオリン弾き』(1971)、そして『シャイニング』(1980)のオーバールック・ホテル等々。

どれだけヨーロッパ映画が隠れていようと、混沌の中を早口で喋り続けながら観客を導いてくれるファインズの存在感があってこその本作だ。彼が演じるのは、バジル・フォルティ〔英国のテレビ・コメディ『フォルティ・タワー』の主人公でホテル経営者〕とアインシュタインを掛け合わせたかのような創意溢れる、不屈の男。

「ウェス・アンダーソンの映画に出ることの楽しみを、知っているから出演するということですね」[9]と、ファインズは言っている。どの俳優も、アンダーソンのスタイルの一部になることを了解している。役者だけではない。差し迫る危機を描いていても、ナレーションと、会話と、セットのデザインと、移動するカメラが宮廷舞踏会のように華麗に散りばめられて映画を飾る、彼のスタイルの一部に。

そう言われてもアンダーソンは肩をすくめるしかない。「映画を作っているときには、前とは違うことをやろうと意識しています。でも、出来上がってみると、10秒観れば私の作品だとわかると言われてしまうんです」[10]。

アンダーソンが思い描く、スノードームの中に収められたような、2つの世界大戦に挟まれたヨーロッパ。現実と不条理が混在する彼のスタイルは、本作で更なる高みに達した。ホテルの外は、暴力に満ちた凍てつく冬の世界。アンダーソンが外の世界に用意したのは、雪の中の追跡劇、蒸気機関車の逃避行、山頂からの脱出、さらに脱獄。そして模型が使われたホテルの外景は、カスパー・ダーヴィト・フリードリヒの絵を基にデジタルで描かれた風景の前に置かれた。時にこの映画はエルジェの漫画のように平面的で、『ファンタスティックMr.FOX』のように飛び跳ね回る。

かつてビクトリア時代の富裕層の間で、クリスマス休暇の旅の記念と称して、偽の雪を散らした写真館の書割の風景の前で写真を撮るのが流行ったが、アンダーソンたちはそれに倣うことにした。アンダーソンは制作部に、シュテファン・ツヴァイク原作、マックス・オフュルス監督の『忘れじの面影』(1948)の一場面について話した。主人公2人が博覧会で模造の列車に乗り、窓の外を作り物の風景が流れていく。あの感じがアンダーソンは欲しかった。物語に似合った、そして予算に適った現実が。何しろ、雪の中の追跡場面を「本当に」撮影したなら、スイスで3週間のスタント撮影が必要になっただろう。

結果として、『ライフ・アクアティック』の海底王国を思わせる、意図的に造り物っぽいアルプスの山並みが作られた。

この映画に必要な予算は2500万ドルで、ビル・マーレイ主演の海洋悲喜劇の半分だった（その他のハリウッド製量産映画と比較するまでもない）とはいえ、その金額を集めるには、フォックス・サーチライトとドイツ連邦フィルム基金という国際共同制作体制が必要になった。かくしてこの映画は、半分ヨーロッパ製になった。

そして、舞台となる架空のホテル探しが本格的に始まった。アンダーソンがこの映画をヨーロッパで撮るのは間違いなかった。しかし、彼がグランド・ブダペスト・ホテルの内装に求めた豪勢さは、実在しないことが明らかになった。アンダーソンはアメリカ議会図書館で、20世紀初頭に撮られた壮麗なヨーロッパの景色のフォトクローム写真（着色された白黒写真）を、偶然見つけた。それは地図上から消えてしまった、亡霊のような風景たちだった。「20世紀初頭のグーグル・アースみたいな感じですよね」[11]と言うアンダーソンは、キャストに渡すすべての脚本に、写真のコピーを添付した。これで映画のムードは決まった。

想像どおりの壮麗なホテルを見つけるのは無理だったが、運はアンダーソンに味方した。サクセン州のゲルリッツという街に、奇跡的に第二次大戦中の爆撃を免れた、洞窟のように巨大な元百貨店を見つけたのだ。ゲルリッツ百貨店は、アールデコ様式のアトリエを中心にしたきれいな長方形で、セットとしてうってつけの建築物だった。美術監督のアダム・ストックハウゼンは、真紅のビロードや、模様つきのカーペット、そして真鍮の淵飾りを大量に持ちこんで飾りつけることができた。「美しい骨組み

上：ドイツでロケ撮影中のアンダーソン。現実とバカバカしさをかつてないレベルで融合させることを求めたアンダーソンは、同時にかつてないような暗さを底流に仕込んだ。

左：サクセン州ゲルリッツには、完璧な風光明媚さがあった。そして、ファシズムの波に飲まれてしまう古風な田園的欧州の雰囲気も。

上：朱塗りのような壁から凝った衣装（マダム・Dのドレスとコートはグスタフ・クリムトの絵画にヒントを得ている）まで、本作のデザインは夢のように豪華。

でしたね」[12] と、プロデューサーのジェレミー・ドーソンは言っている。駐車場は玄関に早変わりした。「私たちが建て得たものよりずっと巨大で、豪華で、しかも何となくリアルでした」[13] と言うアンダーソンは、もし部屋がセットの造り物でなければ、そこに住みたかったに違いない。建物が分割された箱、そして箱の中の箱というモチーフは、ホテルから屋敷、そして牢屋、列車の客室と、映画全体に浸透していった。

一コマ一コマすべてに集積されたディテールの見事さは、アンダーソン基準でも破格のものだ。舞台装飾によって紡がれた縦糸と横糸が、これほどまでに、キャラクターたちを際立たせ、ジョークを引き立て、幻想とミステリーとメタな解釈のレイヤーを積み重ねたことはかつてなかった。「台詞がどことなく不自然になったのは、私がそうしようと思ったからというわけではないんです」と、自分を導く全体的な衝動を理解しようとしながら、アンダーソンは言う。「その台詞が相応しい独自の世界というものを、台詞自身が必要としていると感じるんです」[14]。

たとえば――グスタヴが好きな香水の名前であるレール・ド・パナシェ〔パナシェは「堂々とした魅力的な態度」というような意味〕は、ファインズの演技と、アンダーソンの演出の両方にかけた隠喩になっている。どちらも、現実をパナシェの香りで高めているのだ。ゼロの愛するアガサ(シアーシャ・ローナン)には、顔の片側にメキシコの形をしたアザがある(やはり左右非対称)。なぜメキシコ？　理由は明かされないが、たとえば、トロツキーが追放されて殺害された国だから、というのはどうだろう。ネベルスバートの街で有名なメンデルというケーキ屋で働くアガサは、物語中重要な意味を持つ優美なコーテザン・オ・ショコラ作りを手伝っている。このお菓子は、基本的にはケーキの形をしたグスタヴその人の象徴なのだ(ゲルリッツのケーキ屋が焼いた特注のシュークリーム使用)。お菓子類は、劇中に描かれる時代の象徴的な存在となった。繊細で、洗練され、食べれば美味しく、中に違法なものも隠せる。そしてあっと言う間になくなってしまう。

この映画のマクガフィンでもある絵画「少年と林檎」は、英国の画家マイケル・テイラーの手により、

右：ゼロ(レヴォロリ)と愛するアガサ(シアーシャ・ローナン)。小さな役にもかかわらず撮影前に脚本を完璧に覚えてきたローナンに、アンダーソンは感心することしきり。

上：菓子箱に包囲された愛——こと包装に関してはうるさいアンダーソンの面目躍如。完璧なケーキは、この映画にとって中心的な象徴的存在となる。

『天才マックスの世界』の映像的ルックに参照されたブロンズィーノやハンス・ホルバインの様式で描かれた。劇中に登場する絵画は、すべて重要な意味を持つ。「グランド・ブダペスト・ホテル」を著した老作家の、60年代風の殺風景な書斎の壁にはマンモスの絵が飾ってある。絶滅の象徴だ。

ミレーナ・カノネロによる衣装も、同様に寄せ集め的なアプローチによってデザインされた。グスタヴとゼロの制服は、古典的というより漫画的な紫色で、それこそが1932年というフロアで踊るのに相応しい音色だというアンダーソンの考えに共鳴している。陰鬱な面持ちでバイクに跨る敵の手先ジョプリング（ウィレム・デフォー）は、歯を吸血鬼の牙のように鋭く削り、あまりに野卑なので髭すら生やしていない。その彼が着る黒い革ジャケットは、1930年代に伝令兵が着ていたものを派手に仕立て直したもので、プラダが作った。マダム・Dの真っ赤な絹のコートとドレスは、グスタフ・クリムトの絵に着想を得ている。

アレクサンドル・デスプラが作曲した劇伴は、所々でロシア民謡を使い、（アンダーソンのたっての希望で）『ドクトル・ジバゴ』（1965）的なバラライカの荒涼として寒々しい音色と共に、この映画の声として機能している。

『グランド・ブダペスト・ホテル』の物語の構造は、いつものマトリョーシカ的入れ子構造を持っているが、その複雑さは目眩がするほどだ。アンダーソンもツヴァイクも、能動的な語り部に物語を語らせるという手法に対する偏愛を共有している。それは物語のムードを決める方法であり、アンダーソンによれば「こっそりと物語に忍びこんでいくため」[15]の手段なのだ。本作でアンダーソンは、4段重ねの物

左：周到な計画を実行に移す脱獄者たち。ハーヴェイ・カイテル（ルードウィッヒ役、左から2人目）は、役に入るために48時間刑務所で過ごすことを全員に提案、その間それぞれのキャラクターの背景になる物語を全員で考案した。

右：ウィレム・デフォー扮する、卑劣で吸血鬼っぽい暗殺者ジョプリング。彼の衣装とBMWのバイクは、実際のナチスの伝令兵の装備に倣っている。尖った歯は『吸血鬼ノスフェラトゥ』（1922）より。

上：画面の中心で乾杯。年老いたゼロ（F・マーリー・エイブラハム）と若き日の作家（ジュード・ロウ）が、今は共産主義政府に国有化されたホテルの食堂で杯を交わす。この時代のホテルのくすんだ色彩に注目。

語を構成した。それぞれが次の段の中に、まるで考古学調査現場のように、すっぽり収まっている。隠された秘密が明らかになるにつれ、観客は時代を遡る。あたかも現在から1985年、そして1962年、さらには1932年へと顕微鏡の焦点を調節しながら、ムッシュ・グスタヴの素晴らしい物語を見つけ出そうとするかのように。あるいは、お菓子の包み紙を開いていくかのように。

この凝りに凝った物語というレイヤーケーキの一番外側で、観客はまずひとりの少女に出会う。彼女は、『ムーンライズ・キングダム』の本の虫スージー・ビショップの東欧版といった趣で、ベレー帽を被っている。寒々とした墓地を訪れた少女は、読みこまれた本を携えている。タイトルは——そう、「グランド・ブダペスト・ホテル」。お気に入りの一冊だ。『ザ・ロイヤル・テネンバウムズ』と同じように、この映画も彼女が手にした本の頁の中にある。

墓地には著者である作家（「作家」という以外に彼の素性は明かされない）の胸像がある。ここでシーン2——回想（フラッシュバック）：この作家は、いわばツヴァイクの代理的な存

在なのだ。まずはトム・ウィルキンソン演じる老人として1985年に現れる作家は、カメラに向かって自説を述べている（『ムーンライズ・キングダム』で見られたドキュメンタリー風の物語の枠組みを想起させる）。事実とフィクションの、そして回顧録と小説の狭間にあるズブロフカという国を説明する彼の台詞は、ツヴァイクの小説からそのまま引用されている。作家自身の回想は、さらに時間を1962年まで遡る。若かりし頃の作家はジュード・ロウが演じているが、アンダーソンの言葉によると、作家本人の「脳内で創作された」[16] 自分ということだ。彼は、共産主義体制の圧政の下で寂れてしまったグランド・ブダペスト・ホテルを訪れる。そこで出会った年老いたゼロ（F・マーリー・エイブラハム）が、ムッシュ・グスタヴの人生を思い出して語る。ここでまたシーン3――回想（フラッシュバック）。

事実上この物語は、入れ子になった2人の語り部によって語られることになる。ここで指摘しておきたいのは、作家は若い頃も年を取ってからも、ノーフォーク・ツイードの茶色のスーツと褐色のシャツを着ているということだ。アンダーソンがお気に入

右：ご婦人方の人気の的――女性ファンたちと興じるグスタヴの黄金の日々。アンダーソンの作品世界に適応して真面目くさった台詞を喋るのが信じられないほど容易かったと、ファインズは語った。

りの服装である（作家の中の入れ子の作家！）。そしてそれぞれの時代は、その時代に相応しいアスペクト比、つまり画面比で表現される（映画の中の入れ子の映画！）。1985年と現在の場面では、見慣れた1.85：1〔アメリカン・ヴィスタ〕の画面比。1962年の、緑とオレンジに霞んだ幽霊船がごときグランド・ブダペスト・ホテルの中は、シネマスコープの2.35：1。1932年に飛ぶと、より正方形に近いアカデミー比と呼ばれる1.37：1だ。この時代の場面を撮影するためにアンダーソンは、骨董品のカメラを用意し、周辺部に靄がかかったような効果を狙って年代物のアナモフィックレンズ〔画面の横方向を圧縮するレンズ〕を装着した。

アンダーソンによると、ムッシュ・グスタヴというキャラクターは「ツヴァイク本人に大幅に寄せて」[17]設定された。ファインズはツヴァイクと同じ髭をつけ、髪も同様に撫でつけた。「アメリカ人でない主人公を描くのは初めてだった」[18]ので、アンダーソンは不安だったが、それは問題にはならなかった。グスタヴはアンダーソンが創作する主人公の要素を備えている。文化的素養、自己愛、服装のセンス、言い争いで見せる機知、そしてシンバルの様に響く罵り言葉。

ひとりのベルボーイの、尊敬の眼差しを通して語られる主人公。誰がグスタヴを演じるべきか。アンダーソンの心には、その顔が見えていた。『ヒットマンズ・レクイエム』（2008）でファインズが見せた狂気を楽しんだアンダーソンは、彼の持つ絶妙なコメディのタイミングにも気づいていた。そしてスティーヴン・スピルバーグの『シンドラーのリスト』（1993）でナチスの将校に扮した彼が見せた、見事なアイロニーも。「10年くらい前に、誰かの家で彼に会ったんです。台所に入ったら座ってました」とアンダーソンは回想する。「彼と一緒に何かしたいと思いました。あの激しさを使いたいと」[19]。

アンダーソンは、ファインズがどんな長台詞でもこなせると知っていた。彼はメソッド演技で鳴らした役者だ。行儀のよい、ロシア的な意味合いで。「内側から引っ張りだして演技するんです」[20]とアンダーソンは驚嘆している。念入りにもファインズは、自分が演じる役柄の、劇中で語られることの無い背景を考え出した。掴みどころのないグスタヴが、どのようにして英国の最下層からのし上がったか。豪華なホテルの「下の下から」[21]、客の歓心を買い、秘密を握りながら、より豪華なホテルのロビーへとヨーロッパを移り歩きながら。それは、過ぎ去りし輝かしい時代とともに永遠に忘れられた、ひとりの男の人生なのだ。

アカデミー賞受賞俳優であるファインズ（冒険家ラナルフ・ファインズ卿を叔父に持つ、彼もまた名家の御曹司）がアンダーソン作品で見せた完璧な演技は、壁紙と同様アンダーソン作品の華である。「ウェスは、台詞運びに関して強いこだわりがあり、役者をうまく導いて演出します」とファインズは認めている。そして、グスタヴの演技については「わざとらしい、興奮気味、ちょっと頭がおかしい感じ、またはとても自然」[22]の中間に位置するものとして、2人は同意したと付け加えている。

何かと細かいことにこだわるグスタヴと、几帳面なアンダーソンに相似を見出すのは容易い。気どった世界観を完全に（でも礼節をもって）コントロールしたがるのは、どちらも同じだ。しかし、自身も卓越したコメディアンであるファインズは、臆せずジャック・タチ的なドタバタを混ぜてくる。さらに、ヒッチコックに意地悪されて耐えるケイリー・グラントを足し、ビル・マーレイの過剰な自己愛を足して、さらにやる気のなさを引くと、ファインズ演じるグスタヴになる。

「粋で生真面目で、たまにお疲れな様子のグスタヴを演じるファインズは、冒頭からこの映画の笑いの中心であり、感情的な中核でもある」と、「タイム」紙のリチャード・コーリスが絶賛している。「グスタヴは、どことなくバカげた、しかし必要不可欠な仕事を滞りなくこなす、悩みもあるが素晴らしい男だ。他人を幸せな気持ちにするのが自分の存在価値だと信じる彼は、芸術的な巧みさでその使命をこなしていく。それはアンダーソンも同様だ」[23]。

グスタヴの部下であり、弟子であり、秘密を共有する友で、共犯者で、かりそめの息子でもあるゼロ（ブロードウェイのスター俳優ゼロ・モステルに因むこの名前は、グスタヴによって人格を形成される白紙という意味合いも持つ）。ゼロは国を追われた中東出身の難民なのだと考えたアンダーソンは、「アラブ人かもしれないし、ユダヤ人かもしれないし、両方まざったものかもしれません」[24]と言っている。ホロコーストに関する直接的な言及はないが、映画のいたるところからその空気が漏れ出している。ゼロがジグザグ党（アンダーソン宇宙におけるナチス）の官憲によって、正当性が疑わしい身分証明書の提示を求められる度に、彼はユダヤ系かもしれないという憶測が、虚構の世界の足元で蠢く現実を暗に示す。

この映画の中心的な人間関係として物語を明るく照らすのが、グスタヴとゼロの仲だ。興奮気味に喋り続ける首謀者と彼の忠実な相棒。2人が演じる掛け合いは『アンソニーのハッピー・モーテル』のアンソニーとディグナン以来続く、アンダーソン映画の伝統だ。時代的な理由もあってゼロはしばしばその身を危険に晒されるが、そのときグスタヴは、アンダーソン作品の主人公らしからぬ献身的な父親像を見せる。

ゼロに最適な外見を持った役者を探し求めて、アンダーソンはキャスティング担当者をイスラエル、ベイルート、そしてモロッコにまで送りこんだ。しかし求めていたゼロは、カリフォルニア州アナハイムで、ひょっこりドアを開けて入ってきた。演技経験ゼロだったレヴォロリだが、オーディションのビデオを送ったのだった。アンダーソンは、彼の持つ無垢な雰囲気が気に入った。そして、1930年代や40年代のアメリカ映画で描かれた、ハリウッド的な外国の雰囲気が出せるという理由で、アメリカ英

左：オーウェン・ウィルソン扮するムッシュ・チャック。このコンシェルジュは、国がジグザグ党に乗っ取られたときにグスタヴに成り代わって職務を遂行する。見事にホテルのロビーとして飾りつけられた元百貨店の内装に注目。

右：アンダーソン作品の常連エドワード・ノートンが演じる、細かいことを気にするヘンケルス隊長は、ファシスト新体制を代表する存在。明らかに喜劇である作品でホロコーストが参照されることには、慎重なバランス感覚が必要とされた。

左：ホテルの金庫室に忍びこむグスタヴ（ファインズ）とゼロ（レヴォロリ）。コンシェルジュとロビー係の師弟愛がこの映画の最大の魅力。

語で喋るアメリカ人俳優を使う決断もした。

この大冒険譚兼道化芝居の登場人物として、この時点ですでに10を超す名前のある役柄が考案されていたが、その中心となるのはグスタヴだ。マダム・D殺害容疑をかけられ、マダムの絵画をこっそり持ち逃げし、隠し、逮捕され、脱獄し（ゼロのお陰）、さらに残虐なジョプリングとジグザグ党の部隊の追跡をかわして逃げる。小さくても心に残る役を演じるために喜んで勢揃いした、常連と初参加組のスターたち。俳優たちの錚々たる面々を見ると、2012年の時点でアンダーソン作品に参加することが持った意味を理解できる。ファインズたちに加えて、ジェフ・ゴールドブラム、エドワード・ノートン、エイドリアン・ブロディ、ハーヴェイ・カイテル、レア・セドゥ、ボブ・バラバン、オーウェン・ウィルソン、ジェイソン・シュワルツマン、そして（当然）ビル・マーレイが参加した。

2013年1月から3月まで続いた撮影期間中、キャストの面々は全員ゲルリッツ市内の同じホテルで寝泊まりした。「イタリアで知り合ったシェフに来てもらって、毎晩皆で一緒に食事をしました」とアンダーソン。「ほとんど毎晩、ちょっとしたディナー・パーティでしたよ」[25]。

2014年2月6日、『グランド・ブダペスト・ホテル』は、ベルリン国際映画祭でお披露目となった。これ以上お披露目に相応しい場所があったろうか。市内にある有名なホテル・アドロンのロビーには、グランド・ブダペスト・ホテルの模型が飾られた（ホテルの中の入れ子のホテル！）。かつてないほど確信に満ちたアンダーソンお馴染みの手管は、絶賛された。この無謀とも見える挑戦がこれほど大勢の観客に喜ばれるとは、誰も想像していなかった。驚くことに、この映画は『ムーンライズ・キングダム』や『ザ・ロイヤル・テネンバウムズ』の3倍近い1億7300万

RALPH FIENNES
M. Gustave
F. MURRAY ABRAHAM
Mr. Moustafa
MATHIEU AMALRIC
Serge
ADRIEN BRODY
Dmitri
Jopling
BILL MURRAY
M. Ivan
THE GRAND
HOTEL
Directed by WES ANDERSON
SAOIRSE RONAN
Agatha
JASON SCHWARTZMAN
M. Jean
LÉA SEYDOUX
Clotilde
TILDA SWINTON
Madame D.
TOM WILKINSON
Author
FOX SEARCHLIGHT PICTURES in Association with INDIAN PAINTBRUSH and STUDIO BABELSBERG Present an AMERICAN EMPIRICAL PICTURE
Costume Designer MILENA CANONERO Original Music by ALEXANDRE DESPLAT Music Supervisor RANDALL POSTER Editor BARNEY PILLING
Co-Producer JANE FRAZER Executive Producers MOLLY COOPER CHARLIE WOEBCKEN CHRISTOPH FISSER HENNING MOLFENTER Produced by
Screenplay by WES ANDERSON
GRANDBUDAPESTHOTEL.COM

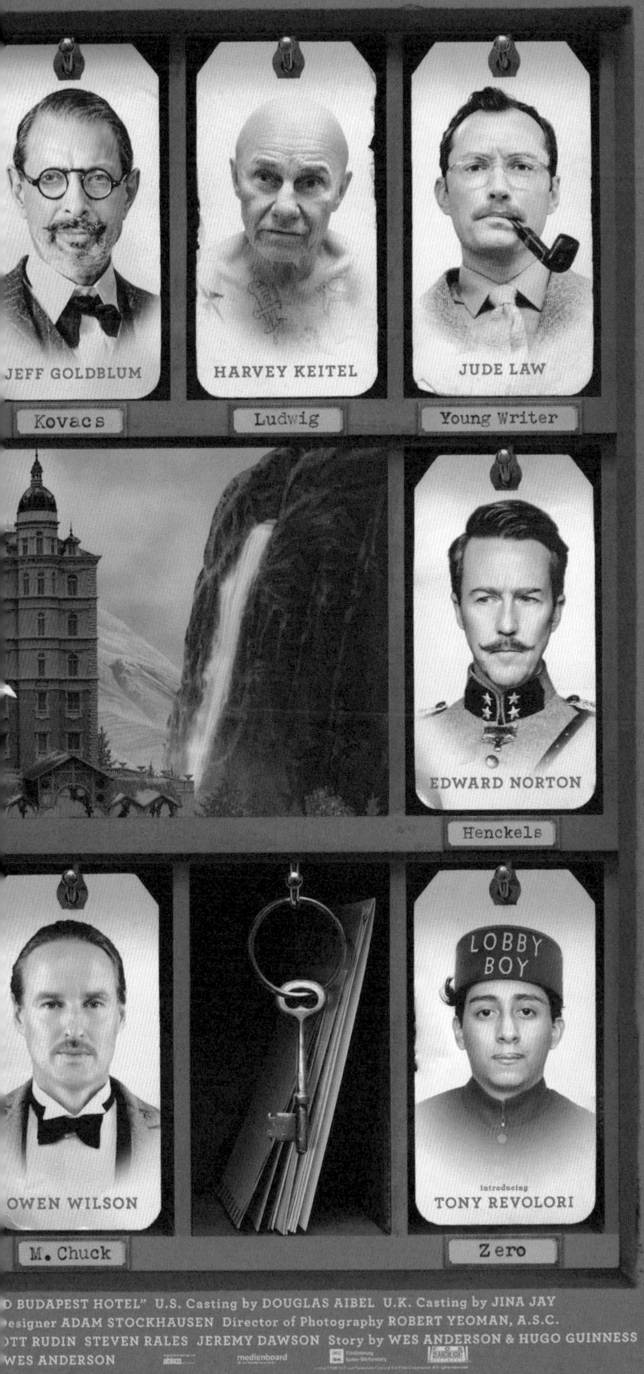
JEFF GOLDBLUM
Kovacs
HARVEY KEITEL
Ludwig
JUDE LAW
Young Writer
EDWARD NORTON
Henckels
LOBBY BOY
OWEN WILSON
M. Chuck
introducing
TONY REVOLORI
Zero
D BUDAPEST HOTEL" U.S. Casting by DOUGLAS AIBEL U.K. Casting by JINA JAY
esigner ADAM STOCKHAUSEN Director of Photography ROBERT YEOMAN, A.S.C.
OTT RUDIN STEVEN RALES JEREMY DAWSON Story by WES ANDERSON & HUGO GUINNESS
WES ANDERSON
medienboard

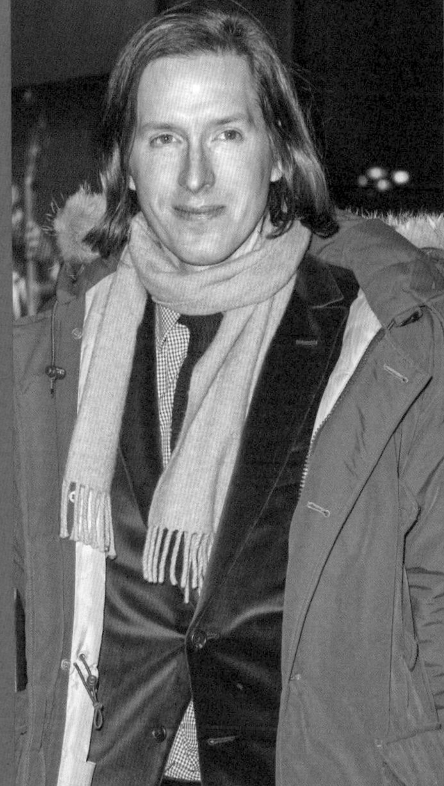

上：完璧な過去――2014年2月、ニューヨークでのプレミア上映を終えたアンダーソン。挑戦的で壮麗な『グランド・ブダペスト・ホテル』は最大のヒット作となる。

左：壮観なアンダーソン映画の常連と新顔俳優たち。映画の宣伝に効果的に使われた。さらに髭面を見分けるためのいい見本となった。

完璧な形

アンダーソンによる短編とコマーシャル、ベスト8

IKEA「Unböring」(2002年): いつもよりアンダーソン味は薄いものの、このCMのアイデアそのものは、きわめてアンダーソン的。居間の片隅で口論する家族。カメラによって暴かれるのは――そこはIKEAの店内だったという話。

アメリカン・エキスプレス「My Life. My Card」(2006年): アンダーソン映画の舞台裏的な素晴らしい創意工夫に満ちた作品。有名なクレジット・カード会社のこのCMは、単なるアンダーソン作品のパロディに留まらず(主演のジェイソン・シュワルツマンとワリス・アルワリヤが純白の衣装で邸宅の前に登場)、アンダーソン作品を作るということのパロディになっている。現場における、不満げなスタッフを相手にした日々のどうしようもないあれこれを、褐色のサファリ・スーツを着たアンダーソンがぞんざいな態度で垣間見せてくれる。

「ホテル・シュヴァリエ」(2007年): 『アンソニーのハッピー・モーテル』の原型となった白黒の短編以来、アンダーソンが撮る短編やCMは、拡張された独自の世界観とユーモアを表現しながら、いずれも彼にしか撮れないものになっている。パリにあるホテルの一室でいちゃつく男女の話は、『ダージリン急行』のプロローグとしても機能する。

ソフトバンク「Mr. Hulot」(2008年): この短すぎる無編集ワンカットのドタバタコメディは、もしこれが音楽ならジャック・タチの『ぼくの伯父さんの休暇』(1953)のリフと言ったところだ。なんとブラッド・ピットが、明るい黄色の帽子、シャツそしてズボンで現れる。

ステラ・アルトワ「Mon Amour」(2010年): 粋な若者が、デート相手を連れてパリのハイテクな自宅に帰ってくる。あくまでアンダーソン的な仕掛け満載の、1960年代に考えた未来という意味においてのハイテクだが(反応速度の速い『ライフ・アクアティック』のベラフォンテ号という趣き)。男がさらに粋な服に着替えている間、女は目の前にあった操作盤をいじってしまって大失敗。隠された機能が次々と現れ、女は豆色のソファに飲みこまれてしまう。でも大丈夫。女はちゃんと自動麦酒注ぎ機でステラ・アルトワを一杯用意してから消えたのだ。

プラダ「Castello Cavalcanti」(2013年): 1955年9月のある夜に、時代を超越したようなイタリアの小さな村を通過する自動車レースの車。この8分弱の宝石のような映像には、村で衝突事故を起こし、そのまま村に留まる決心をするレーサー役でジェイソン・シュワルツマンが主演している。気づかなかった人も多いようだが、ついでにプラダの宣伝もしている。

プラダ「Candy」(2013年): アンダーソンとロマン・コッポラとの共作。パリジャンたちの三角関係を3つのエピソードでスタイリッシュに描く。レア・セドゥは、想像を絶するほどハンサムな男性2人に言い寄られて心を決めかねている。ピーター・ガジオットとルドルフ・ポリーは親友同士で恋敵。共にそっくりに見えるようにメイクされている。

H & M「Come Together」(2016年): 表面的には服飾店の宣伝だが、実は『ダージリン急行』の「思考の列車」場面の可愛らしいバリエーション。エイドリアン・ブロディ扮する車掌が、到着の遅れている列車(パステル・グリーン)の乗客たちにクリスマスの幸せをお届けしようと奮闘する間、カメラが個室から個室へ、横に上下に孤独な乗客たちを見せながら動く。現時点で、アンダーソン唯一のクリスマス作品。

下:ジャック・ホィットマン(ジェイソン・シュワルツマン)と名前が明かされない、そして当てにならないガールフレンド(ナタリー・ポートマン)。珠玉の短編『ホテル・シュヴァリエ』でパリの一室から外を眺める2人。

ドルを、世界中で稼ぎ出した。映画の勢いは止まる所を知らず、一年後には、最優秀映画賞、監督賞、脚本賞を含む9つのアカデミー賞候補になった。そして最優秀美術賞、衣装デザイン賞、メイキャップ&ヘアスタイリング賞、さらに作曲賞の4つを獲得することになった。

今日でもこの映画は、アンダーソン作品の最高峰と見られているが、同意しない者もいた。「ニューリパブリック」誌のデヴィッド・トムソンが、映画を指して「飾り立てられた騒乱」[26]と呼んだのをはじめとして、20世紀の恐怖〔第二次大戦の歴史等〕を借用してドタバタ喜劇を作るとは何事かという苦言も聞かれた。しかしそのような苦言からは、重要な視点が抜け落ちている。厚かましいばかりのお笑いの部分と、その下に淀むシリアスさが生み出す差異が、この映画に静かな破壊力を与えているのだ。「この映画に何か重いものが隠れていることは理解していました。そして、これほど流血のある映画を撮ったのは初めてでした」[27]と言うアンダーソンだが、失われた子ども時代という彼のテーマは、本作で失われた文明というテーマに発展したのだった。

存在したことすらない世界に対するノスタルジーに溢れるこの作品のもうひとつの主題は、話を語るという現象が持つ特性である。撮影監督ロバート・イェーマンの操るカメラが廊下に沿って移動するときも、登山列車と一緒に登るときも、観客は物語のカラクリを意識せずにはいられない。アンダーソンが持つに至った、より広範な主題への興味が、この映画によってはっきり浮き彫りになる。物語とは何のために存在するのだろう。物語は私たちに対して何をするのだろう。なぜ私たちはこんなにも物語を必要とするのか。物語によって癒されるということは本当にあるのだろうか。真実から虚実を、そして悲しみからコメディを紡ぎ出しながら、アンダーソンが生み出した語り部たちは、死を克服するのだ。

上：囚われの構図——グランド・ブダペスト・ホテルの鍵の管理者グスタヴ（ファインズ）が、牢に入れられるという皮肉。

「アンダーソンは『グランド・ブダペスト・ホテル』で賭けに勝った」と「フィルム・コメント」誌のジョナサン・ロムニーは推測している。「それは、機械的なまでに洗練され、技巧を尽くして測ったかのように精巧に作りこまれた映画という芸術が、感情に訴える内容を持ち得るという賭けだった。仮にその感情が、間接的で希薄なレベルだったとしても」[28]。

この映画を2度、3度と観返すと、笑いが後退し、代わりに姿を見せる悲劇に息をのむ。ユーモアに包まれていながらも、小さな、さりげない、しかし刃物のように鋭い台詞の中で、老いたゼロは愛する者に訪れた運命を明かす。アガサと乳児だった息子は「プロイセンのグリップ〔Prussian Grippe／フランス語でインフルエンザ〕[29]」で命を落としたと示唆する。そして、あの恐れを知らぬ英雄的な、最高の男ムッシュ・グスタヴはというと「結局、彼は撃ち殺されてしまった」[30]。

犬ヶ島

9作目に、アンダーソンは再びストップモーション・アニメーションという険しい道を選んだ。野良犬を主人公にした空想科学映画であり、政治的風刺劇でもあり、しかも奥深い日本映画の世界にオマージュを捧げる映画を実現するにあたって、それ以上の方法があるだろうか。

寸法どおりにあつらえられたような寓話を作ってきたアンダーソンが、突然物議の的になると誰に想像出来ただろう。しかしその時は訪れた。アンダーソンの新作は、スリーミルズ撮影所で再び二年という歳月をかけて忍耐強く撮影されたストップモーション・アニメーションの『犬ヶ島』。20年後の未来の日本が舞台のこの映画は、ひとりの西洋人アーティストが、自らの滑稽な政治的意図を、別の国の文化に押しつけたと非難されたのだ。文化盗用警報発令！

『ダージリン急行』を共同執筆したジェイソン・シュワルツマンとロマン・コッポラを再び迎えて書かれたこの物語は、邪悪な小林市長の陰謀で始まる。小林はパペットとはいえ、日本のスーパースター三船敏郎にそっくりだ。犬を崇める一族と猫を崇める一族が対立している。両者には複雑な過去がある（神秘的なプロローグでまとめられている）。底意地悪い小林市長は、架空の大都会メガ埼市からゴミ島に犬を追放

左：ムク犬話の作家たち――ウェス・アンダーソン、『ダージリン急行』のジェイソン・シュワルツマンとロマン・コッポラと再度共同執筆。

右：日本とその文化に対する愛あるオマージュとして制作された『犬ヶ島』は、滑稽さの度が過ぎて文化盗用の嫌疑をかけられた。

するために3つの理由をでっちあげる。犬口過密、犬インフル、そしてスナウト病の脅威だ。一番目にケーブルカーで運ばれて（左から右の移動撮影）捨てられる犬は、スポッツ（リーヴ・シュレイバー）。スポッツは、12歳になる小林市長の養子アタリ（コーユー・ランキン）の安全警護犬兼コンパニオン犬だった。取り乱したアタリは小型飛行機を奪取し、ゴミ島に不時着する。そして大事な犬を探し出す。スポッツを探す旅を、拗らせた野良犬チーフ（ブライアン・クランストン）とお喋りな元ペット犬軍団が助ける。チーフは喋るだけでなく、噛み癖がある。

と書いてみると、特にポリティカル・コレクトネスに抵触する要素は見当たらない。あなたが猫好きなら、話は別かもしれないが。

犬たちと少年の旅は、終末を迎えたようなゴミ島を舞台に描かれる。章立て、回想、報道映画、モンタージュ、そして様々なサブプロットが彼らの旅にメリハリをつける。中には、グレタ・ガーウィグ演じる、マックス・フィッシャー並みにお節介なアメリカの交換留学生トレイシー・ウォーカーが同級生を煽動して、小林市長と彼の猫好きな手下ども相手に暴動を起こすというサブプロットもある。全体主義者たちの間で蔓延する隠蔽という病疫もある。

ロボット犬やコンピュータ端末が登場し、アタリはデヴィッド・ボウイのような銀色のジャンプスーツを着用して宇宙用ヘルメットを被っている。さらにネオンで霞んだアニメ的ディストピア感やゲーム的なステージクリア感も相まって、この映画はウェス・アンダーソン初のSF映画として分類される。しかし、侍映画のアイコンや、アンダーソン映画お馴染みの60年代的チープな仕掛けの数々によって、未来というよりは過去に傾斜している。

「明らかにこの映画は、私自身の日本映画体験を通して再想像された日本なのです」[1] とアンダーソンは伝えている。

しかし時代は変わった。アンダーソンがサラダバー

左ページ：身嗜みは完璧――ベルリン国際映画祭での公式写真撮影。上段左から、夏木マリ、ジェイソン・シュワルツマン、ティルダ・スウィントン、ウェス・アンダーソン、ジェフ・ゴールドブラム、ロマン・コッポラ。下段左から、高山明、ビル・マーレイ、野村訓市、ブライアン・クランストン、コーユー・ランキン、リーヴ・シュライバー、グレタ・ガーウィグ、野田洋次郎、そしてボブ・バラバン。

右：人形遣い――アンダーソン、ロンドンのスリーミルズ撮影所で、パペットの役者たちと。

で好きな野菜をつまみ食いするみたいに日本文化を好きに拝借するのは適切なのかという論争が、巻き起こされた。要は、その創作活動をする資格があるのは誰か、という問題だ。

新聞や雑誌には解説記事が溢れた。我こそは権威であるとばかりに、大仰に評論をひけらかすこれ見よがしな見出しの数々。非難と罵倒がSNSを駆け巡った。「ウェス・アンダーソンの『犬ヶ島』は、彼がこのストップモーション寓話の制作を始めたときには存在しなかった世界に足を踏みこんだ」[2]と、「ハリウッド・レポーター」紙のマーク・バーナーディンは書いた。アンダーソンは日本文化を、ドラマの本質的な要素ではなく壁紙代わりに使っていると、彼は指摘した。しかし、その議論の糸を無理に手繰ると、現代を形づくっている文化が瞬く間にほつれてしまうかもしれないと、彼自身も認めている。

「ザ・ガーディアン」紙のスティーブ・ローズは、警句を鳴らしまくる。白人のアメリカ人俳優だけが犬の声を演じたのはなぜだ？　ガーウィグが演じた金髪でそばかすのトレイシーは、いわゆる「白人の救世主」[3]なのではないか？　ローズは『犬ヶ島』を直近の『ゴースト・イン・ザ・シェル』(2017)や『ドクター・ストレンジ』(2016)といったホワイトウォッシングを疑われた映画と比較した。「ある爆発場面では」ローズは抗議した。「キノコ雲が上がる。日本人にとって核爆弾被害を思い出させるキノコ雲を、爆弾を落とした国の映画作家がですよ。本気なのか？」[4]。

ゴミ島に感じられる広島と長崎の残響には、ひんやりとした怖さがある。『グランド・ブダペスト・ホテル』が持っていたホロコーストの影にも感じられたこのひんやりとした怖さは、大胆にも物語が現実に与えた裂傷のそれなのだ。

前作に（ほぼ）惜しみなく称賛を与えたもうた批評家たちとって、明らかに今度はアンダーソンを台の上から引きずり下ろす時だった。何らかのパターンを探し出すために、過去の作品を引っ張り出し始めた。『ダージリン急行』で彼はインドを旅行詐欺の国であるかのように見せているではないか、と彼らは声を張り上げるのだが、あの映画のインドが3人のアウトサイダーの視点で描かれているという点を見ていない。声は続く。ファシズムを冗談にしている。自殺を、そして離婚も！

振り返ってみると、英語を喋る犬たちのキャラクターがよく練られて同情できるのに比べて、日本人のキャラクターは最後まで、何と言おうか、謎に満ちていたのは、不幸だったのかもしれない。自分のアイデアという象牙の塔にこもり続けるアンダーソンには、自分の表現が無神経になる可能性が見えなくなっていたという異論もあり得る。

それでも、アンダーソンが言語、コミュニケーション、そして物語の普遍性というものを探求していたのは、間違いない。この映画は、その最も外側のレイヤーでは西洋の観客のために日本文化を紹介するという体裁で、アイロニーを込めて構築されているのだ。アンダーソンの代理としていつでもどこにでも現れるコートニー・B・ヴァンスの「映画の声」[5]によって。

一方で、アンダーソンは日本語の台詞は字幕なしで理解できるはずという主張も曲げていない。「何を言ってるかわからないことが多くても、何となくわかるはずです」[6]。もしあなたにとって日本語が母語ならば、この映画はまったく違った鑑賞体験になるはずだ。

執筆の最中、アンダーソンは脚本三銃士に助っ人をひとり付け加えることにした。4人目の共同執筆者はインテリアデザイナーで雑誌の編集者で、アメリカ映画の通訳でもある野村訓市。『ロスト・イン・

上：模造の日本を描いた本作の1コマ1コマが、アンダーソンによるデザインの複雑さを見せる。ここでは、アンダーソンお得意の左右対称構図（中心にマーレイ演じるボス）だけでなく、衣装や食卓の小道具にも注目。ジグザグ模様はテレビの電波を思わせ、箸がアンテナと同期している。

トランスレーション』に参加した彼を、ソフィア・コッポラがアンダーソンに紹介した。アンダーソンが初来日したとき、野村は彼を連れて飲み歩いた。2人はすぐに打ち解け、野村は物語に日本的な視点を持ちこみ、小林市長の声も演じた。

さらに気の利いたことに、いかにもアンダーソン的な素晴らしい気まぐれと閃きによって、ドラマの展開が理解できないときには、フランシス・マクドーマンド演じる通訳ネルソンが小林市長の声明を明瞭簡潔なニュース速報にまとめてくれる。トレイシーの演説も役に立つし、ごつごつした電気仕掛けの通訳機も反応してくれる。念の為明らかにしておくと、犬たちは英語を喋っているのではない。お客さんが理解できるように、その吠え声が英語に訳されているのだ。

『犬ヶ島』に張りつめられた、たくさんの微細なアイロニーに気づくと、アンダーソンに噛みついた評論家たちに軍配が上がったとはとても言えなくなる。まず何より、戦後の日本の文化はアメリカの影響下にある。文化的借用の中には文化的借用が内在しているのだ！　もうひとつ。たかが犬の与太話に、皆興奮しすぎだ。

それも一理ある。そもそも、アンダーソンはいったいどのような経緯で、この尻尾の生えた突拍子もない話を思いついたのだろう。犬ヶ島という物語は、正確にはいったい地図のどの辺に位置しているのだろう。

それは道路標識から始まった、と言うこともできる。アンダーソンは『ファンタスティック Mr. FOX』の制作のためにロンドンにいた。ストラットフォード近郊にあるスリーミルズ撮影所に向かう道すがら、「The Isle of Dogs〔犬の島〕」と言う標識

上：群れる心理——映画における忠実な友としての犬の存在。アンダーソンは犬が主役の映画を作ることで、そのイメージをいじって遊んでいる。実生活ではペットについては懐疑的なアンダーソンである。

が目に留まった。テムズ河に突き出した、倉庫の並ぶ埠頭を再開発した住宅地の名称だ。その愛おしい名は、アンダーソンの心に刻まれた。もし本当に犬だけが住んでいる島があったら？　アンダーソンはいつか使おうと、その名を心の隅に収めた。どうやらアンダーソンは島好きなようだ（ロンドンの犬ヶ島は本当は半島だが）。『ムーンライズ・キングダム』も『ザ・ロイヤル・テネンバウムズ』も――もっとも後者の場合はマンハッタン島なのだが――島が舞台だ。そして今度の映画の舞台は、大きな島の沖合にある小さな島だ。

それは犬から始まった、と言うこともできる。アンダーソンは犬に関する誤解を正そうとしていた。『ムーンライズ・キングダム』が公開されたとき、「ザ・ニューヨーカー」誌が、アンダーソンは人間の四本脚の親友たちに酷い仕打ちをしていると、懸念を表明した。物議に次ぐ物議！『ムーンライズ・キングダム』の中で、カーキスカウト第55部隊の忠実なるマスコットでスヌーピーという名のワイヤー・フォックス・テリアが首に矢を受けて死んでしまう。『ザ・ロイヤル・テネンバウムズ』では、一家の犬バックリィが、オーウェン・ウィルソンに轢かれて死んでしまう。『ライフ・アクアティック』では、名もない三本脚の犬が、海賊の島（犬の島）に置き去りにされてしまう。さらに『ファンタスティック Mr.FOX』では、スピッツというこれまたビーグルの番犬が、薬入りブルーベリーを食べさせられてしまう。これだけ揃えば立派な連続わんこ虐待事件だ。この記事を書いたイアン・クラウチによると、このような犬に関する汚点は「アンダーソン作品に共通するいささか反社会的な、感傷の欠如の好例」[7]ということになる。

『犬ヶ島』では満を持して、犬がヒーロー扱いされることになる（タイトルを声に出してゆっくり言ってみよう。そう、駄洒落だ）〔「isle of dogs」とゆーっくり言うと「I love dogs」と聞こえるので、どうぞ〕。とは言っても、まず追放され、薬を飲まされ、空腹に追いこまれ、脚を失い、目も耳も歯も失い、あわや焼却炉で焼かれそうになってからではあるが。

脚本の共同執筆者のペットに対する愛情深さは、それぞれだった。アンダーソンによるとシュワルツマンは「11年間かそこら一緒に暮らしている犬がいるので、100%愛犬家ですね」[8]。コッポラは愛猫家で猫を一匹飼っていた。アンダーソンは犬も猫も飼っていなかった。パートナーのジュマン・マルーフは、英国のケントにある自宅で山羊を何頭か飼っていたが、だからといってアンダーソンが愛山羊家というわけではなかった。それでも12歳のときには家族で黒いラブラドールを飼ってはいた。名前は――そのとおり、チーフだった。「うちの犬は、そ

右：他作品以上に、黒澤明の傑作『七人の侍』に対して強い憧れの念とオマージュが捧げられている。黒澤のミューズだった左から2人目の三船敏郎は、小林市長のパペットのモデルとなっている。

上：描かれているのが近未来のSF的な日本の姿であっても、アンダーソンは図書館を訪れる楽しみを忍びこませずにはいられない。

上：文化盗用と言われた一方で、たとえば野球等の西洋文化が取りこまれていたことが画面に反映されている。

れほど複雑な性格ではなかったと思います」とアンダーソンは回想する。「もっと単純でわかりやすかったですね」[9]。

敢えて言うなら、アンダーソンにとって犬というのは、映画的存在なのだ。少年と犬ジャンルが持つ感情を掻き立てる力に、アンダーソンは興味を抱いていた。『名犬リンチンチン』（テレビ／1954）、『名犬ラッシー』（『家路』［1943］その他）、そして『黄色い老犬』（1957）といったお涙頂戴映画。『野生の叫び』（1972）や『ホワイト・ファング』（1991）といった冒険映画。タンタンの忠実なワイヤー・フォックス・テリアのお供スノーウィの面影も、『犬ヶ島』には感じられる。リチャード・アダムスの『ウォーターシップ・ダウンのうさぎたち』（1972）や『疫病犬と呼ばれて』（1977）等、読んだ子どもにとってトラウマ読書体験になるような動物を擬人化した児童文学も参照した。後者は、医療研究所から脱走した、腺ペストに罹患しているかもしれない2頭の犬の物語だ。『犬ヶ島』には、医療実験によって傷を負った無法犬たちの群れが出てくる。

左：ゴミ島内のテレビ・ゲーム的な風景の中を進むチーフ（クランストン）とアタリ（ランキン）。背景に見えているのは下水関係のオブジェで組まれたシュールな現代芸術。

「本当のことを言うと、私が興味を感じるのは、映画のキャラクターとしての犬なんです」[10] とアンダーソンが言っているとおり、彼が描く犬は、もちろん人間として機能する。テネンバウム一家のように、機能不全に陥ったアルファ雄〔動物の群の中で最も優位なオスのことを指す〕の群れとして。

それは日本から始まった、と言うこともできる。大学で黒澤明の映画を片っ端から観て以来、アンダーソンは日本映画のことを考えていた。それ以前は、記憶と殺人というテーマを侍というアングルから考察した『羅生門』（1950）を観たことがあっただけだ。『七人の侍』（1954）や『用心棒』（1961）といった素晴らしい時代劇だけでなく、ノワールからギャング映画や家族映画に至るまで、黒澤の驚嘆すべきキャリアを目の当たりにして、アンダーソンは黒澤映画を愛した。サタジット・レイと彼を育んだインド、そしてフェデリコ・フェリーニとイタリアのように、愛するアーティストとその文化に対して深くのめりこむアンダーソンだが、黒澤に対しても同じだった。それぞれの国に誇るべき映画作家がいる。そのことがアンダーソンは大好きだった。

日本に関して参照されているのは、黒澤だけではない。小津安二郎や、ゴジラの生みの親である本多猪四郎（そして関連する様々な怪獣映画）、高名なアニメーター宮崎駿といった人々にオマージュが捧げられている。さらに、様々なマンガ、中世の大和絵や、江戸時代の歌川広重の浮世絵。そして、物語は全編に渡って、勇壮な太鼓の音にあわせて語られる。

毒入り寿司を準備するモンタージュ場面を作るにあたってアンダーソンは、人形板前の技術の表現に完璧な正確さを求めた。そうしないとバカバカしく見えてしまうからだ。1分にも満たないこの場面の制作には、6ヵ月が費やされた。

完成した作品がどう読み取られるにしろ、アンダーソンは、学者のような真摯さで日本文化にどっぷり没入して、このプロジェクトに臨んだ。

初めて日本を訪れたとき、脚本を書き始める13年前に、アンダーソンの心は決まっていた。「それは、旅行が楽しかったとかいう以上の体験でした」と彼は説明する。「日本に居るということ自体に、本当に刺激を受けたんです。心から何かを作りたいという気になりました」[11]。

そしてアンダーソンは、有頂天でアメリカを後にした。彼が向かった夢の日本は、ロンドン東部に精巧に建造されたミニチュアではあったが。アンダーソンの人生経験は、映画作りを通して豊かになった。パリに住むのが大好きなアンダーソンだが、その理由は映画のセットに住んでいるようだからだった。『犬ヶ島』を作る前、6年の間来る日も来る日も日本のことを考えていたアンダーソンは「本当に自分は変わったと思います。そういう理由で変わるのは、いいと思いますよ」[12]。

彼はストップモーション・アニメーションの借りを返したかった、と言うこともできる。アンダーソンは、ストップモーションという様式が大好きだった。あらゆる局面を完全にコントロールできる。そして、あらゆるものが無から創り出されなければ存在しない。世界全体をミニチュアで創造できるのだ。しかも『犬ヶ島』の世界は、『ファンタスティックMr.FOX』で動物たちが肉球跡を残したのとは、比べ物にならないくらい広くなるのだ。

アンダーソンは、これがアニメーションで描くのに最適な話だったと強調している。「実写で成立させるのは格段に難しかったと思いますが、やればできたでしょうね」。黒澤明が実写で演出したらどんなに素晴らしくなっただろう、とアンダーソンは想像をめぐらせた。しかし、やむを得ない事情によって人形アニメでいくことになった。「犬が喋る映画を作る場合」と彼は説明しながら認めている。「犬が人形なら許せると思います」[13]。

彼のストップモーション・アニメーションに対する不変の愛情は、『Rudolph the Red-Nosed Reindeer〔未／ルドルフ、赤鼻のトナカイ〕』（1964）や『サンタと秘密の大冒険』（1985）で知られるランキン・バス・プロダクション制作によるクリスマス・スペシャル番組に端を発する。きわめてアメリカ的なランキン・バスのストップモーション・アニメーション番組は、しかし日本で制作された。テイラー・ラモスとトニー・チョウが、『The Wes Anderson Collection: メイキングブック 犬ヶ島』の導入で述べているように、アンダーソンは「自らに本源的な影響を与えたものに立ち返って輪を閉じたのだ」[14]。

金属とフォームラバーと布でできているパペットに命を吹きこむ過程は、アンダーソンにとって未だに神秘的だ。毛（今回はアルパカ由来）の生えているパペットを動かすことで生じるさざ波のような効果を、『ファンタスティックMr.FOX』のときに敢えて残したアンダーソンだが、その効果には今では「沸騰」という名前がついていた。熱い照明の影響で、きめ細かい毛がコマ撮りとコマ撮りの間に動いてしまう

上：ギョロ目のパグ、オラクル（スウィントン）。テレビの天気予報を犬語として理解する異能犬で、それによって未来を予報する。アンダーソンと共に休暇を楽しんでいたスウィントンは、休暇中に台詞を録音した。

というこの現象は本来失敗とされるのだが、結果的に、アンダーソンのミニチュア宇宙の閉ざされた世界に本物らしい命を与えることになった。

以上すべての理由によってアンダーソンの新作が作られた、と言うこともできる。『グランド・ブダペスト・ホテル』の眩い成功の輝きの中で、フォックス・サーチライトは、自慢の息子の新しい冒険に（予算の上下はあったが）喜んで投資した。そして2016年10月にスリーミルズ撮影所で開始された制作は、完成に向けてゆっくり、一コマずつ進んでいった。「これが自分なんだと、自分で納得できるところに到達したような気がしています」[15]とアンダーソンは哲学的に内省する。カメラは直角にパンした。引用と参照が紙吹雪のようにまき散らされた。気分はあくまで真面目くさったムード。そしてビル・マーレイがくつろいでいた。これがアンダーソンの本能でなくて何だというのか。

『犬ヶ島』の制作には、身震いするような問題も存在した。ゴミ島内にある視覚的に興味深い25にものぼるセットを、いったいどうするのか。アンダーソンの答は単純だった。「どのゴミも、ものすごく整頓されていればいいんだ」[16]。廃棄物は慎重に区画分けされた。中にはピクサーの『ウォーリー』（2008）に出てきたような、立方体に圧縮されたアルミニウムの塊もあった。島のどの辺にどの区画があるかは、地図によって明らかにされた。

なぜゴミなのか？　それはもちろん捨てられる犬の比喩でもあるのだが、結局発想の源はアンダーソンの子ども時代にあった。「『セサミ・ストリート』のオスカーが大好きなんです」とアンダーソン。「『Fat

上：居場所の無い雑種犬たち——レックス（ノートン、左）、デューク（ゴールドブラム）、ボス（マーレイ）、キング（バラバン）。腐った昼食について会話中。

Albert』という番組がアメリカにあって大好きだったんですが、クラブハウスがゴミ溜めにあったんです」[17]〔『Fat Albert and the Cosby Kids〔未／太っちょアルバートとコスビー・キッズ〕』〔1972〕はビル・コスビー主演のアニメ番組〕。その後の人生で趣味が洗練され、ゴミはアンダーソン独自のモチーフとなった。雑然としていると批判されることが多い彼の映画だが、ならばいっそのこと雑然とゴミで映画を作ってしまおうというわけだ。それ以上にアンダーソンが創るゴミ溜めは、古い物たちによって世界が再構成された、想像力溢れる空間なのだ。そしてそのような表皮の下には、アンダーソンのいつもの手口が示唆されている。

「これは、とてつもないビジョンとテクノロジーを備えた凄腕集団が分子単位で創り上げた、インスピレーションの塊のような宇宙ですよね」[18]と、ティルダ・スウィントンが褒めちぎっている。彼女は（テレビの天気予報が理解できるので）未来を見ることができるギョロ眼のパグ犬のオラクルを演じるべくアンダーソン組に再参加した。

ゴミ島の各区画は、色分けされゴミの種類も分別された。煤けた黒い背景の前には、自動車のバッテリーとブラウン管が山積みされた。一軒のあばら家は、個別に塗装された日本酒のビンで作られた。1950年代物の日本酒のラベルが、100枚以上デザインされ、作られた。

犬のヒーローたちが旅する12のセットは、島に人格があるなら正に12分割された島の片割れなのだが、進むにつれて打ち捨てられた廃墟に辿り着く。そこには錆びはてた発電所や、使えなくなったゴルフ場、廃墟となったテーマパークもある。この遊園地は小林遊園といい、奈良ドリームパークを模している。奈良ドリームパークは日本版ディズニーランドとして人気を博したが、戦後の経済成長のかげりとともに閉園となった。小林遊園には、ゴジラが破壊した後の街のような、または忘却の彼方に消えたグランド・ブダペスト・ホテルのような趣があった。

不規則に拡がる表現主義のようなメガ埼の街を作るにあたって制作チームのデザイナーであるポール・

上：全員がアルファ男性である犬の群れでも、すべての判断は投票によって決められる。犬の行動（人間も）をおちょくったジョーク。

ヘロッドは、日本のメタボリズム建築や、メガ大都会東京の夢のような現実、そして小津や黒澤の映画に出てくるようなビルの狭間の民家から着想を得た。

複雑で間接的な影響がここにも見られるのだが、小林の屋敷は、アメリカ人の建築家フランク・ロイド・ライトが設計した改築前の帝国ホテルの建物を模している。それ以外にも、伝説的な美術監督ケン・アダムが『博士の異常な愛情』（1964）や、ボンドが日本で活躍する『007は二度死ぬ』（1967）のためにデザインしたシックな懐古趣味的近未来SF映画セットの影響が見られる。

アンダーソン手製の、毎度お馴染みのお菓子ようなコメディの威容を目の当たりにしながら、「ザ・ガーディアン」紙のピーター・ブラッドシャーは不思議に思った。なぜ、そして今、しかも日本が題材の映画が、進歩的な批判でちくちく刺されなければならないのだろう。「『グランド・ブダペスト・ホテル』の東欧や、『ファンタスティックMr.FOX』における我が英国の扱いを見れば、アンダーソンは同程度に無神経な優越主義者であることは明らかだというのに」[19]。

全体を見ると、『犬ヶ島』はアンダーソン作品の中でも特に感情的にわかりやすいというわけではないのかもしれない。トーンだけ比較するなら、風変りな大作『ライフ・アクアティック』に近いのかもしれないが、それでも極上の作風がきらめく宝石箱のような映画には違いない。

ここで、アニマティックについて手短かに説明を。『ファンタスティックMr.FOX』以来、アンダーソンはこの動く設計図に依存している。きわめて単純に言うと、アニマティックというのは、アニメートされた動く絵コンテだ。「映画の前の映画」[20]としてコンピュータを使って作られる。これによって監督は、映画の繋がりと流れが理解できる。アンダーソンのアニマティックには、自身が考案した構図、カメラ移動、音響デザインのアイデアも含まれる。アンダーソンが描いた簡略な絵による（そして例によってホテルの便箋や千切ったノートの切れ端に描かれた）絵コン

左：廃墟と化した遊園地で、アタリ（ランキン）は身長が低すぎて遊具に乗れないことを悟る。19世紀の絵師豊原国周の木版画を真似た侍に注目。

右ページ：核と日没――静寂の中、人影を求めて水平線に目をやる少年と犬のシルエット。オレンジ色のきらめきが歴史的事件を示唆している。

上：風呂で会見に及ぶ小林市長（野村訓市）と、渡辺教授（伊藤晃）と彼の助手で科学者のヨーコ・オノ（オノ・ヨーコ）。背景のタイルは浮世絵的なパスティーシュになっている。

左：小林市長の最新の報道会見の様子を伝える、通訳ネルソン（フランシス・マクドーマンド）。壁に描かれた巨大な市長の肖像は、『市民ケーン』（1941）を参照している。

偉大なる父たち

ウェス・アンダーソンのスタイルに影響を与えた人たちを一挙解説

フランソワ・トリュフォー：フランスのヌーヴェル・ヴァーグの魔術師。彼が得意とした反抗的だが繊細な若者の表現は、アンダーソンを導く光となった。ヒューストンのビデオ屋で『大人は判ってくれない』を見つけた時、彼の人生は変わった。自らの人生経験を使って鮮やかな映画を撮る人だった。

マーティン・スコセッシ：若きアンダーソンを支持した、偉大なるアメリカ映画監督。私的で、キャラクター主体の彼の作品は、様式美に溢れるジャンル映画の世界を見事に構築した。

ハル・アシュビー：70年代を代表する映画作家。『真夜中の青春』、『ハロルドとモード 少年は虹を渡る』(1971)、『シャンプー』(1975)、『チャンス』(1979) 等、真面目くさったユーモアが独特。

サタジット・レイ：インドが誇るヒューマニズムの巨匠。『ダージリン急行』は、彼に魅了されたアンダーソンの返歌。レイの影響は、大なり小なりアンダーソン作品全体に感じられる。

ルイ・マル：多才なフランスの映画監督。大人になる若者の心を近親相関という捻りを加えて描いた『好奇心』(1971) の影響は甚大。マルはインドを舞台にしたドキュメンタリーの連作を撮り、ジャック・クストーとも仕事をした。

オーソン・ウェルズ：『市民ケーン』の形式主義、そしてひとつの屋敷を舞台にした家族の大河ドラマ『偉大なるアンバーソン一家』の影響大。

黒澤明：『犬ヶ島』はストップモーションの犬の映画ではあるが、本質的に、日本が生んだこの巨匠への献辞と言える。固定カメラと柔らかい台詞が特徴的な小津安二郎も忘れてはならない。

エルンスト・ルビッチ：ベルリン出身で亡命後ハリウッドの映画監督になり、斬新で深みのあるコメディ映画を量産した。『グランド・ブダペスト・ホテル』の撮影中、アンダーソンは俳優たちの参考用に映画を用意した。その中にはファシズムと名声を皮肉ったルビッチの『生きるべきか死ぬべきか』(1942) と、愛と偽りの物語『桃色の店』(1940) が含まれていた。それぞれビデオ一本ずつしか用意されなかったので、俳優たちを苛立たせた。

『ヒート』(1995)：まさかと思うかもしれないが、マイケル・マンが90年代中盤に撮った犯罪ドラマの傑作は、複数のアンダーソン作品で参照されている。最も顕著なのは『天才マックスの世界』で、マッチョな犯罪者たちの世界観が参照されている。ほとんど気づく評論家がいないことを、アンダーソンは楽しんでいる。

J・D・サリンジャー：引きこもりがちな10代の若者の失望を描いた『ライ麦畑でつかまえて』よりも、グラース一家が登場する家族の物語が発想の源になった。

エルジェ：ベルギーが生んだ偉大な漫画家（本名はジョルジュ・プロスペル・レミ）で、お洒落で伝説的な少年記者兼探偵と気まぐれな仲間たちを描いた『タンタンの冒険』の原作者。

チャールズ・M・シュルツ：『ピーナッツ』を生んだ偉大なるアメリカの漫画家。子どもたちを媒体として表現された不公平な人生の悲哀は、アンダーソンの心に深い影響を与えた。

「ザ・ニューヨーカー」：ポーリン・ケイルの映画批評。ニューヨークを、字数が許せば世界を手短に活写する知的な視線。独特なウィットと洞察、滑稽な漫画、尊大でもったいぶった書評。『フレンチ・ディスパッチ』は、アンダーソンが長年抱いたこの雑誌に対する愛情の証。

右：大胆不敵な若きオーソン・ウェルズ、『市民ケーン』に主演中。この偉大な俳優兼映画作家がアンダーソンに与えた影響は計り知れない。

テをテンプレートとして、ハンナ・バーベラ的な間抜けな美学によって作られる自家製アニマティックは、単体でもアニメーション映画になり得る完成度だ。

アンダーソンがこの道具を手にしたことにより、かつてないほど精巧で面白い振付けが可能になった一方で、初期の作品にあった肩の力を抜いたような自然さが失われた。アンダーソンによると、『グランド・ブダペスト・ホテル』の約9割は、本格的に撮影が始まる前にアニマテッィクとして試されたそうだ。

セットの数、物語、ロケーションそしてキャラクターの数は、『ファンタスティックMr.FOX』のそれを遥かに超えた。アンダーソンはスタッフたちに、これから作る映画は「人形過多」[21]になると警告した。2200体のパペットが、44のステージに建設された240個のセットで演技した。創造されたものすべてが、息をのむようなものでありつつも、どこかに心理的な不安定さを感じさせた。

『ファンタスティックMr.FOX』のフォックス一家の狐たちの立ち居振る舞いが人間寄りだったのに比べると、この映画の犬たちは犬の動作を維持している。スーツを着ている犬は見当たらない。走る姿も、歩く様も、引っ掻く様子も、唸ったり、後ろ脚で立って跳び回ったり、お座りと言われて反射的に座っても、気味悪いほどに本物そっくりだ。アニメーターたちは、ペットを連れてくるように推奨された。犬たちがスタジオ内をうろつき、互いの尻の匂いを嗅ぎ、寝そべり、働いている人たちの邪魔をして回った。自分たちが映画のスターだということも知らずに。

しかし映画の犬たちは全員、アンダーソン映画のキャラクターのように喋った。「いつまで傷口を舐めてるんだ！」[22]とチーフが、本物の傷を舐めている雑種の仲間に吠える。ゴミ島に到着して間もなく、ブロンドの毛並みで白い顔のレックスが、エドワード・ノートン独特な早口でまくし立てる直前に、ちょっとだけ犬らしからぬ人間的な表情（犬っぽい失望の表情なのかもしれない）を見せる素晴らしい間がある。どの犬も、アンダーソンお馴染みの不安を抱えているのだ。

笑えるのは、この群れの犬は全員アルファ雄で、名前もいかにもアルファ雄の名前だということだ。ノートン演じるレックスは、細かいことを気にする元お座敷犬。キング（ボブ・バラバン）は、商品製造中止のために解雇された元ドッグフードのイメージキャラクター。デューク（ジェフ・ゴールドブラム）は、いつも噂話ばかりしている。ボス（ビル・マーレイ）は高校の野球チームのマスコットだったことがあり、今でもチームのジャージを着ている。クランストン演じるはみ出し者のチーフは、完全に家畜としての気性を失っている。

チーフは、Mr.フォックスやズィスーと同じで、餌をくれる人の手に咬みつくような野生の側面を持っている。レックスはこの上下関係のない群れのアルファ雄たちのまとめ役になりがちではあるが、どんな決断も絶対に投票で決められる（レックスは4本脚のフランシス・ホィットマン、またはカーキスカウトのウォードだ）。

そして、この自分のことしか考えていない犬たちには、全員主人がいないというのが、2番目に仕込まれた少し控え目な冗談だ。この毛深い浪人たちは、『七人の侍』の戦士たちのように目的を求めて彷徨っているのだ。劇中、麦畑を背景にしたショットがいくつかあるが、極端に彩度が下げられているのでほとんど白黒に見える。黒澤の傑作から直接借用した構図だが、違うのはそこにいるのが侍ではなく犬ということだけだ。

ハート型の鼻を持ち、汚れた毛皮をまとった群れの犬たちのほとんどは、種類がはっきりしない（『ファ

上：ストップモーション中——チーフはアタリの師であり父替わりにもなる。ズィスーとネッド（『ライフ・アクアティック』）や、グスタヴとゼロ（『グランド・ブダペスト・ホテル』）と同様に。

ンタスティックMr.FOX』のときのようなラテン系の動物はいない）。途中、真っ黒なチーフは風呂に入る羽目になるが、何と白地に黒のぶち模様で風呂から出てくる。何らかの変容を遂げたアンダーソン作品のキャラクターは数あるが、これが一番衝撃的かもしれない。

人間のパペットを動かすとき、アニメーターたちは絵具箱から絵具を選ぶように、前もって作られた顔の表情を選ぶ。何十種類もある口の表情からひとつ選んでは入れ替えていく。

パペットの数も増えたが、スターも増えた。アンダーソンのアンサンブル・キャスト（俳優の群れ）の数は、指数関数的に増えているが、皆お馴染みの犬種だ。嬉しい新顔はガーウィグ、スレイバー、野村、そして10歳の日系カナダ人でこれが映画デビューのランキン（アタリ少年のパペットのモデルでもある）、そして寂しげな科学者役に、元ビートル妻オノ・ヨーコ。

代理人を通さずに直接本人に電話すると言うアンダーソンだが、実際多くの常連の俳優たちと友人関係を築いている。特に親しくない相手でも、アンダーソンは電話番号を探し出して、「もしもし、ウェス・アンダーソンです。今度映画を撮るんですが……」[23]。断られることは滅多にない。ガーウィグとは、執筆パートナーのバームバックの伝手で知り合い、クランストンにいたっては、脚本も読まずに引き受けた。

直接筋と関係のない内輪受けジョークが、マーレイとスカーレット・ヨハンソンが演じる犬に仕込まれている。ヨハンソンが演じるのは、ドッグショーに出演していた可愛いナツメグ。チーフとナツメグは、一時的に『わんわん物語』（1955）っぽいロマンチックな関係を持つ。もちろん、マーレイとヨハンソンは、日本を舞台にした疑似恋愛映画『ロスト・

イン・トランスレーション』で共演している。この映画も、文化盗用の際どい線上を渡った作品だったが、実際ソフィア・コッポラは、父親が撮って黒澤明が出たウィスキーCMの体験を基にこの映画を作った。マーレイ演じる孤独な俳優がわざわざアメリカから日本に来て宣伝したウィスキーには、同じ銘柄（サントリー）が使われた。

そのフランシス・コッポラと友人のジョージ・ルーカス（『スター・ウォーズ』はアンダーソンを映画の世界にはまりこませた強力な推進剤だった）は、老黒澤の晩年の作品に資金援助したが、元はと言えば、黒澤も西部劇や三文小説的なスリラーの筋立てを、自らが作った侍映画の古典的名作のために借用したわけだし……。

一連の騒動は別にして、観客は楽観的に映画を受け入れ、ロッテン・トマトでは90%を叩きだした。この映画レビュー集積サイトは、当てにはならないが映画がどれほど受け入れられたかを計るには影響力を持っている。多方『ライフ・アクアティック』は、その後再評価があったものの、当初は56%でトマトメーターは萎びていた。

チケットの売り上げは悪く無かったが、全世界で6400万ドルという数字は、この作品がファンだけを喜ばせたことを示唆している。

『犬ヶ島』を観ると、アンダーソンの華麗な視覚表現が空回りしていると感じざるを得ない。山のような参照も、ほぼ儀式的とさえ感じられる。手で触れられるような実体を持った俳優の不在も感じられた。出来の良いアンダーソン作品にあった、厳密なまでに幾何学的な画面構成と衝動的な主人公たちの間に張りつめた、あの何とも形容しがたい緊張感がない。物語が萎んでチーフの贖罪の話になったとたん、それまでの奇天烈な勢いは失われた。

とは言っても、豊富に蓄えられた感情の数々は、ちゃんとそこにあった。これはいつものように、家族と、友情と、成長と、そしてその人の本当の姿を見せてくれる何かについての物語なのだ。面白可笑しい物語の上で、綿雲のように死が漂っている。アンダーソンに関する論文の著者ソフィ・モンクス・カウフマンが言うように、「アンダーソンは、キャラクターの見栄えを良くするために死を使う」[24]。アタリは列車事故で両親を失う（ここにも孤児）。スポッツが、そして彼の後を引き継いでチーフが、代理の父となる。

きわめて舞台的に演出されたメガ崎市の政治的ヒステリーに見られるように、他の作品と較べると、この映画にはあからさまな政治性がある。アンダーソン作品の仄めかしは、衰えを知らない。彼が構築しているマルチバースの培養皿に、ジョン・フランケンハイマーの政治的被害妄想三部作『影なき狙撃者』（1962）、『五月の七日間』（1964）、そして『セコンド／アーサー・ハミルトンからトニー・ウィルソンへの転身』（1966）を加えてもいい。すべてを操ろうとする小林市長から、すべてを投票で決めようとするレックスに至るまで、アンダーソンは民主主義というものの本質を探究している。集団心理が常に理想的とは限らない。そうこうしている内に、現実の世界が声を上げた。

『犬ヶ島』の制作が始まって間もなく、ドナルド・トランプがアメリカ合衆国の大統領として権力の座に着いた。『犬ヶ島』には政府による強制的国外退去が描かれるが、その予見性には、はっとさせられる。「この映画を作っている間に、世界は随分変わってしまいました」とアンダーソンも認めている。「身の回りで起きていることはこの話と無関係ではないと、よく考えていました」[25]。政治的な現実味を帯びた喋る犬の映画を作っていることに、本気で気づいたというわけだ。

それは毛程も冗談などではない。

フレンチ・ディスパッチ　ザ・リバティ、カンザス・イヴニング・サン別冊

アンダーソンの10作目は、多層的に紡がれたジャーナリズムへの愛を歌い上げる映画だ。1950年代から1970年代までの架空のフランスの街を舞台に、週刊雑誌を編集するアメリカの知識人たちを中心に展開する物語。

何らかの懸念材料を抱えていたとしても、2018年の春に『犬ヶ島』が公開されたときには、アンダーソンは映画作家、アーティスト、ブランド、そして文化的なイコンとして分類されていた。どれも本人を身震いさせるような肩書きではあるが。ファンだった人たちは信者になった。そしてアンダーソンは、世界一整理整頓されたカルトの指導者となった。立派に仕立てられたスーツを着こなし、パリのアパートは優雅な家具で飾られていたが、48歳の彼は相変わらず痩せっぽちで、少年の面影をたたえていた。一見したところ何かの第一人者には見えないが、彼は影響力を持つに至った。自分の映画制作以外にも（彼と同じペースで撮れる人は中々いない）、2005年には友人ノア・バームバックの『イカとクジラ』のプロデューサーを務めた。さらに2014年にピーター・ボグダノヴィッチが13年ぶりに撮った『マイ・ファニー・レディ』をプロデュースしたことからも、彼がどのような高みに登ったかうかがい知れる。学生時代に崇拝していた、1970年代から人道主義的な映画監督として活躍していた、あのボグダノヴィッチを、である。

とりわけネット上で、アンダーソンは愛好され、分析され、オマージュ（とパロディ）を捧げられた。アンダーソンは蒐集される対象となった。評論家たち（マット・ゾラー・サイツのようにアンダーソン専門の者も増えた）は、アンダーソンのことをまるで家族の一員か、セラピストであるかのように語る。「私は個人的にウェス・アンダーソンのことを知っているわけではありませんが」と、きわめて個人的にアンダーソンを分析した『Close-ups 1: Wes Anderson〔クロース・アップス1：ウェス・アンダーソン〕』（未邦訳）の著者ソフィ・モンクス・カウフマンが前置きして言う。「でも、彼の人生のある時点で、悲しみに対する彼の感じ方が私の感じ方と繋がったんです。それは確かです」[1]。

上：デビュー時とあまり変わらない印象のウェス・アンダーソン48歳。今や映画産業の中で尊敬を集める存在であり、格子縞と杉彩模様を着合わせても問題にならない稀有の存在。

アンダーソンが創り出す、小気味よくて、抽象的で、目を見張るような色彩に溢れた、閉じた世界。そしてそこに住む、不思議と私たちの滅茶苦茶な人生を反映しているメランコリックな変わり者たち。そんな世界に執着といっていいほど心を捧げる、ひとつの共同体が存在するに至った。アンダーソンと彼が作る映画は、人々をひとつにするのだ。

たとえば、ワリー・コーヴァル。デラウェア育ちでブルックリン在住の彼は、旅行好きでアンダーソ

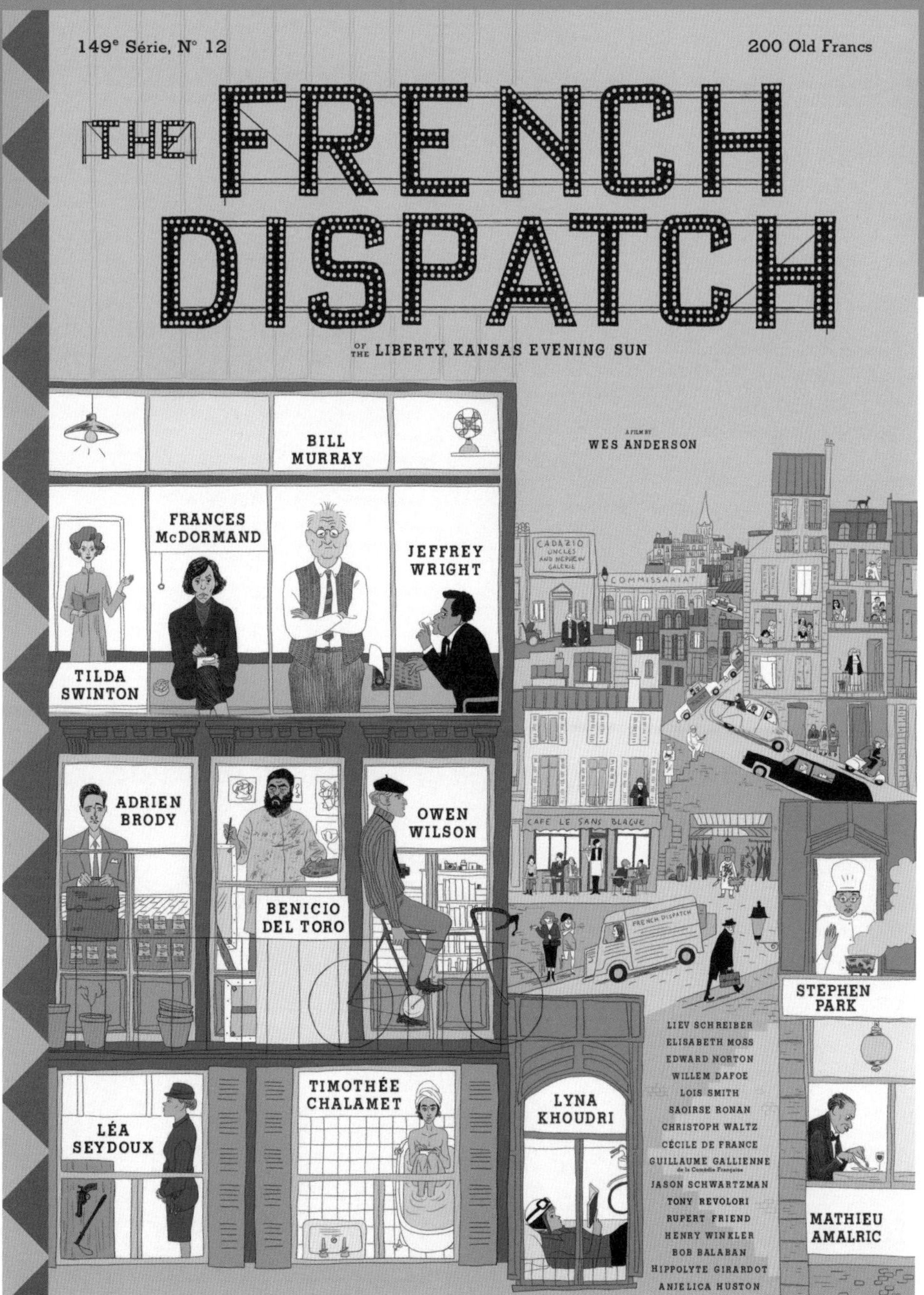

右：イラストで表現された『フレンチ・ディスパッチ』のポスター。豪華なキャストとグラフィック・デザイン。1946年6月1日号の「ニューヨーカー」誌（具体的!）のデザインと、ジャック・タチの『ぼくの伯父さん』（1958）のポスターと、『タンタンの冒険』の表紙を思わせる絵が混在して、物語の筋立てを伝えている。

上：「フレンチ・ディスパッチ最終号」発売中。アンニュイ・シュール・ブラゼの街にて（本当はアングレーム）。

ンの愛好家だ。土地や場所というものを使って観客の感情を喚起するアンダーソンが大好きだと言うコーヴァルは、パリやブダペスト、そしてインドへとロケ地巡礼の旅に出た。旅先でアンダーソンっぽい、と思われた風景はすべて写真に収めた。色彩設計、左右対称の構図、アンダーソン印のモチーフ。撮った写真は、「偶然アンダーソン〔Accidentally Anderson〕」という自分のインスタグラムのアカウントに上げた〔『ウェス・アンダーソンの風景』として書籍化され、日本ではDU BOOKSから刊行〕。やがて他の人が撮った写真もインスタ・アカウントでシェアした。ホテルの外景、列車の車両、ケーブルカー、劇場、灯台、図書館、そして公衆電話ボックス。遠くは南極やウルグアイから投稿された画像たちは、不思議とどこかがアンダーソンなのだった。「理由はいまいちわからないけど、不定形の属性ってやつですね」とコーヴァルは言う。「でも、ともかく、見ればすぐにアンダーソンだってわかるんです」[2]。現在彼のインスタ・アカウントには、100万人のフォロワーがいる。

このように偶像崇拝の的にされても、アンダーソンは気にも留めなかった。ましてや、それによって映画作家としての自分の価値を計ろうなんて考えもしなかった。そんなことをしたら、前に進めなくなってしまう。自己分析などを始めて、不定形の属性とやらを維持できなくなったら命取りだ。アンダーソンはいつものように、次回作に没頭した。今度は再び実写映画ということで一安心、という程度のことは本人から明かされた。それがどのような形になるかは、未知数だった。あるインタビューでは、嬉しそうにディケンズの話をした。「ディケンズの

上：フレンチ・ディスパッチの事務所と、ズィスー・カラーの青に塗られた配達車。ダックスフントも『ぼくの伯父さん』の引用。撮影された実景に、道路標識や店の構えが加えられ、建物の輪郭も調整された。

原作は映画化され過ぎていて、これ以上やる余地が残されていませんが、ディケンズの時代を舞台にしたロンドン、特にストランド地区の話がやりたいですね」[3]。

「ローゼンターラー・スイート〔Rosenthaler Suite〕」と名づけられた脚本が、引き出しの奥で埃を被っていた。長期に渡った『ファンタスティック Mr.FOX』の撮影中に書かれたものだ。プロデューサーのブライアン・グレイザー（『アポロ13』［1995］や『ビューティフル・マインド』［2001］など、ちょっと知的なハリウッド映画を連発した）の依頼で書いたこの脚本は、フランス映画『ぼくの大切なともだち』（2006）の翻案だった。主人公である人当たりの悪い古物商が、いつも話題に上る親友とやらを連れてこいと共同経営者に迫られ、連れてこないと賭けの代償として高価な花瓶を取られてしまうので、お喋りなタクシー運転手を丸めこみ親友と偽って連れて行くという話。アンダーソン版は、舞台がパリからニューヨークに変更され、古物商も美術商に変えられて、モーゼス・ローゼンターラーが描いた絵画のコレクションが賭けの代償になった。ジョージ・クルーニーとアンジェリカ・ヒューストンがいがみ合う美術商の役を、そしてエイドリアン・ブロディがポーランド系のタクシー運転手を演じるという話もあった。しかし、2010年にこの企画について問われたアンダーソンは、自分が監督することはあり得ないが、ロマン・コッポラならやるかもしれないと示唆した。そして「私は脚本を書くために雇われただけなんで」と肩をすくめた。「でも、書いたものがずいぶん好きにはなりましたけどね」[4]。

8年が経ち、「ローゼンターラー・スイート」は完全に忘れ去られたわけでもなかったが、アンダーソンが向かったのはロンドンでもニューヨークでもなかった。彼らしいことに行き先は、意表を突くよ

左：アーサー・ハウイッツァーに扮したビル・マーレイ。頑固な編集長にして映画の中の複数の物語の要。実在の編集者やジャーナリストに基いたキャラクターだが、その中にはアンダーソン本人も確実に入っている。

右ページ：近所のカフェ・ル・サン・ブラーグのウェイターと次号の内容を語り合うハウイッツァー編集長。3つの記事とそれを書く記者の名前が示されている。ローバック・ライト（ジェフリー・ライト）、ベレンセン（ティルダ・スウィントン）、そしてウェイターの向こうに隠れて見えないが、クレメンツ（フランシス・マクドーマンド）そしてサゼラック（オーウェン・ウィルソン）。3つの記事はそれぞれが映画中の物語なので、この掲示板は実質的に映画の地図なのだ。

うな、しかし自宅から近い場所だった。

まず、アンダーソンがミュージカルを撮るという噂がたった。大方はこれに歓迎の意を表した。凝った技巧と音楽に乗せた華麗な編集が十八番の名匠にとって、これ以上に相応しいジャンルがあるだろうか。しかも、彼が愛する第二の故郷フランスの、第二次世界大戦後の解放の空気に満ちた時代を舞台にした話だ。彼にとって初めてフランスで撮る映画でもあった。主役としてティルダ・スウィントンの名が囁かれた。噂のほとんどはガセだったが、ロケ地については大当たりだった(時代も……ちょっと当たり)。アンダーソンの新作は、南西フランスの「バルコニー」[5]として知られる、風光明媚な丘の上の街アングレームで撮られることになった。完璧に保存された中世の城壁や木々の緑、そして魅惑的な旧市街が自慢の街。しかし、アングレームの街は映画の中ではアングレームとは呼ばれないのだが。

2018年11月に半年の予定で撮影が始まったとき、プロデューサーのジェレミー・ドーソンは諸々の噂を正した。これはミュージカルではないが、いつものように伝統的ではないジャンル不明の、大勢の役者が絡むアンサンブル芝居で、笑いの要素もたくさ

上：「フレンチ・ディスパッチ」誌のスタッフ会議。左から、エリザベス・モス、ウィルソン演じるサゼラック（ベレー帽）、スウィントン演じるベレンセン、デスクのフィッシャー・スティーブンス、そして法務関係のグリフィン・ダン。

んある。豪華なキャストには常連のオーウェン・ウィルソンやフランシス・マクドーマンド、やはりスウィントン、そして（安定の！）ビル・マーレイの名前があった。一方初参加組にはベニチオ・デル・トロ、エリザベス・モス、ティモシー・シャラメなど興味深い顔ぶれが見られた。アメリカ人読者向きに雑誌を編集発行するフランス在住アメリカ人たちが主人公で、架空のフランスの都会が舞台だった。街の名前はいかにもアンダーソンらしく、「アンニュイ＝シュール＝ブラゼ〔Ennui-sur-Blasé〕」（きわめて大雑把に訳せば、無気力に乗った退屈、という感じで、これはマーレイの演技スタイルそのものだ）。映画のタイトル、すなわち雑誌の名前を一切の省略なしで表記すると、「カンザス州リバティ市夕刊新聞サンのフランス特報版」になる。

アンダーソン作品を続けて製作してきたフォックス・サーチライトが、些か小規模の2500万ドルという予算（『グランド・ブダペスト・ホテル』と同規模）で企画を承認したが、親会社の20世紀フォックスがディズニーに買収された。おかげでアンダーソンは今一度、『天才マックスの世界』、『ザ・ロイヤル・テネンバウムズ』、そして金食い虫の『ライフ・アクアティック』を製作したディズニーの懐に帰ることになった。最近のアンダーソンは、良い商売をしてくれそうに見えたので、ディズニーは特に遺恨を感じてはいなかった。

つまるところこの新作は、アメリカ的な機知とヨーロッパ的な激しい感情が並べられた、中程度の予算で作られる、不定形の、部分的に自画像と言えるような、つまり、いつもの正調アンダーソン映画になるということだった。「簡単に説明できる話ではないんです」と、アンダーソンは撮影中にフランスの日刊紙「シャラント・リブル〔Charente Libre〕」のインタビューで申し訳なさそうに応えている（まだ内容を詳しく述べられる段階ではなかった）。「フランスに根拠地を置いている、あるひとりのアメリカ人のジャーナリストが雑誌を創刊するんです。あるジャーナリストの、自分が書きたいことを書くための戦い。この男の肖像ですね。報道の自由を描いた映画ではありませんが、記者を描くというのは現実に起きていることを描くということですよね」[6]。

ここで明確になるのは、アンダーソンという人が、キャリアを通じて報道というものに特別な気持ちを抱いていたということだ。『天才マックスの世界』のマックス・フィッシャーは、学校新聞「ヤンキー・レビュー」の名誉ある発行人だった。『ライフ・アクアティック』の物語の肝は、ケイト・ブランシェット扮する恐れ知らずの記者が主人公の海洋学者の紹介記事を書くことだった。『グランド・ブダペスト・ホテル』に何度か現れる新聞を目を凝らして見ると、記事がすべてちゃんと書かれていることに気づく。

もうひとつ見逃せないのは、アンダーソンが高名な雑誌「ザ・ニューヨーカー」に対して抱く、信仰ともいえる尊敬の念だ。この雑誌が持つ皮肉っぽい手触りと知的な厳格さは、アンダーソンの人生を導く光だった。その影響が彼の映画作りの一部となっているのが感じ取れる。それが突出しているのが『ザ・ロイヤル・テネンバウムズ』だが、アンダーソンその人が持つ感性が、「ザ・ニューヨーカー」という小ざっぱりした文化的聖典の感性ときわめて近いのだ。彼が所有している「ザ・ニューヨーカー」の蔵書は、1940年代まで遡ることができる。

というわけで、アンダーソンの新作が、熱愛する「ザ・ニューヨーカー」誌の長い歴史の中から厳選された、特定の記者が書いた特定の記事に触発されたものになるという特ダネは、当然「ザ・ニューヨーカー」によって報じられることになった。今回も、ロマン・コッポラやヒューゴ・ギネス、ジェイソン・シュワルツマンというお馴染みの面々と一緒に練った本作だが、脚本のクレジットはアンダーソンひとりのものになった。そしてこの映画は、アンダーソンが手がけた映画の中で最も実話に近い物語でもある。

映画の形式は、いわゆるアンソロジーだった。3つの別々の話（それぞれ独立した記事に基づく）が、最終号を編集中のフレンチ・ディスパッチ社の編集室という仕掛けでリンクしている。この記念すべき号のために、3本の記事が再掲載されるべく選ばれたのだ。在りし日の出版ビジネスらしい雑然とした賑やかさの真っただ中に、アーサー・ハウイッツァー編集長がいる（「進捗状況」と書かれた紙が貼られたコルク板に、映画編集のショットリストのように、各号のメモが鋲で留められている）。壁は本と既刊号で埋め尽くされ、整然と並んだ編集者たちのデスクのどこかで、3台のベークライト製の電話が待ち伏せしている。アンジェリカ・ヒューストンのナレーションが淡々と入る。ここはフランスだが、基本的にはアンダーソンランドのフランス代理店なのだ。

見るからにくたびれたアーサー・ハウイッツァーは、「ザ・ニューヨーカー」誌の創業者でもあるハロルド・ロス編集長と、フリーの記者A・J・リーブリングを混ぜ合わせたキャラクターだ（ハロルド・ロスは元ソルトレイク・テレグラム紙の特派員で、有名なエリート出版関係者集団アルゴンキン・ラウンド・テーブルのメンバー、そして名だたる悪戯好きで、また罵詈雑言の名手かつ完全主義者でもあった――つまりマーレイにうってつけの役。リーブリングは、マンハッタン出身の遊び人のライターで、「詐欺師」[7]を嗅ぎ分ける鼻で知られ、第二次世界大戦中のパリに逗留し、取るに足らない通俗文化の諸々から絹のように繊細な文章を紡ぐことで知られた)。ハウイッツァーは、近所にあるカフェ・ル・サン・ブラーグから、注文したものをウエイターに自分のデスクまで持ってこさせる。このカフェの名前は、大雑把に言えば「冗談じゃないカフェ」と言ったところだ。編集長の下には、ちょっとよそよそしいが献身的な記者と編集者たち(場当たり的な家族再び)が働いている。そのひとり、エルブサン・サゼラック(ウィルソンが、わかりやすくベレー帽を被って登場)は、ニューヨークの生活を活写して有名だったジョゼフ・ミッチェルのアンダーソン版だ。

この大きな物語の中の入れ子の3つの物語は、それぞれの記事を書いた記者のナレーション(基本的に自分が書いた記事を読み上げる)によって始まる。さらに「ザ・ニューヨーカー」誌の記事を模倣した見出しが出て、それから記事に書かれた事柄が回想される。「確固たる(コンクリートの)名作」は、J・K・L・ベレンセン記者(赤銅色の髪のティルダ・スウィントン)が書いた一編で、デル・トロ演じる獄中の芸術家が描いた作品に執着する美術商に関する特集だ。このエピソードは、1951年にS・N・バーマンが6回連載で書いた英国の美術商デュヴィーン男爵の話に基いているが、かなりのフィクションが盛りこまれている。

『ファンタスティックMr.FOX』から『ムーンライズ・キングダム』まで、絵画は度々登場するモチーフである。『グランド・ブダペスト・ホテル』では「少年と林檎」を巡って争奪戦が繰り広げられるが、それは同時に物語のマクガフィンでもあった。デル・トロ演じる謎の芸術家の名前がモーゼス・ローゼンターラーであることから、アンダーソンが映画から映画に様々なアイデアを織りこむ様子がうかがい知れる。この謎の芸術家は、美しい看守であり彼のミューズでもあるシモーヌ(レア・セドゥ)をモデルにした連作を描いている。ところで、件の美術商はジュリアン・カダージオといい、エイドリアン・ブロディが演じている。

「宣言書の改訂」では、フランシス・マクドーマンド扮する政治記者ルシンダ・クレメンツが60年代後半の学生革命運動の核心に迫る。シャラメは、もじゃもじゃ髪で痩せぎすの、常に煙草を挑発的に咥える学生運動家を演じている。彼の役名はゼフィレッリだが、恐らくイタリアの映画監督フランコ・ゼフィレッリへの賛辞の現れだろう。このエピソードは、1968年にマーヴィス・ギャラントが書いたパリ騒乱に関する前後編記事を発想の源としている。

「警察署長の食事室」は、この「映画の中の入れ子の映画」の3つ目のエピソードで、グルメ記事になっている。少なくとも、ローバック・ライトという受賞経験もあるフードライター(ジェイムズ・ボールドウィンを部分的に元にしており、ジェフリー・ライトが演じている)が書くグルメ記事として始まる。この記者が警察の食事を取材していると、マチュー・アマルリック演じる警察官の息子の誘拐事件が発生、巻きこまれてしまう。シアーシャ・ローナンが、けばけばしい謎の女を演じている。

一目でそれとわかる「ザ・ニューヨーカー」誌のレイアウトと同じように、アンダーソンも独自の視覚的スタイルを固持した。いや、磨きをかけた。いつもどおりの豊かな色彩(事務所の場面には黄色と煙草色、白熱したルポルタージュの場面は明るい色)の中に点在するように、短編版『ボトル・ロケット』以来初の白黒が使われる。幾何学的で滑らかな移動も時折端折られ、カメラが被写体を囲むように置かれることすらあった。『グランド・ブダペスト・ホテル』で時代の違いを表現するために使われた手法は今回も健在

右ページ上:いかにもアンダーソン的な状況で待ちわびている人々。アート蒐集家のジュリアン・カダージオ(エイドリアン・ブロディ)をはじめとする主要キャスト。

右ページ下:アンダーソン、白黒を再発見。獄中の芸術家モーゼス・ローゼンターラー(ベニチオ・デル・トロ)と看守のシモーヌ(レア・セドゥ)。

GARDE

GARDIENNE

で、それぞれの時代が相応しい画面比で描かれた。

この映画に描かれるのはロマンティックに再想像されたフランスなので、俳優たちがフランス気分に同化できるように、大量のフランスの名作映画のDVD、書籍、記事等が、参考用に渡された。

再度撮影監督を務めるロバート・イェーマンは、「ある時代のフランス映画の雰囲気を、主題とスタイルという両方の観点から掴むため」[8]に、アンダーソンと一緒に5本の映画を貪るように観た。ジャン＝リュック・ゴダールによる複数のエピソードからなるヌーヴェル・ヴァーグ映画『女と男のいる舗道』(1962)。アンリ＝ジョルジュ・クルーゾーによるスリラーの傑作『悪魔のような女』(1955)。同監督による『犯罪河岸』(1947／アマルリックによると、彼が演じた警察官は、この映画でルイ・ジューヴェが演じた警官を基にしている)。マックス・オフュルスによる三部構成の女性映画『快楽』(1952)。そしてアンダーソン作風の基礎であるフランソワ・トリュフォーによるヌーヴェル・ヴァーグの古典的名作『大人は判ってくれない』、以上5本だ。イェーマンは、劇中の3つの物語がそれぞれ「創造的な可能性を秘めていた」[9]と語っている。

屋外の撮影は、古風で閑静なアングレームの街並みで行われた。美しい街並みではあるが、垢抜けすぎていたので、アンダーソンは陳腐な目印をミルフィーユのように重ねて町並みの美観を修正した。店先や標識に手を入れ、ゴシック風の塔をシルエットで足した。舗道や石畳に作り物の雪を敷き詰めて、季節にすら手を入れた。物理的には、これはアンダーソン作品でも最大規模のものになった。異なる時間軸に跨る4つのエピソードのために、総計125におよぶセットが建造された。屋内の撮影には、街はず

上：革命気分――マクドーマンド演じるクレメンツ（真ん中）が、学生運動の闘士ジュリエット（リナ・クードリ）とゼフィレッリ（ティモシー・シャラメ）と共に最前線へ。

れに見つけたフェルト工場の跡地が使用され、3つの主要ステージ、工房、倉庫、そして材木工房を備えた、立派な即席スタジオとして機能した。

デル・トロ扮する画家を収容する監獄の場面は、並ぶ独房（プラス死刑執行室）に似た構造を持った別の工場跡で撮影された。場所にあわせて、監獄の様子も設え直された。「これは、オーソン・ウェルズの『審判』（1962）だよね、と話していたんですよ」と、美術監督のアダム・ストックハウゼンは語る。「あの映画では、すべてのセットが鉄道の駅舎内に作られたんです。だからセットの向こうにある駅の構造が何となく見えたりするんですね」[10]。誰にも使われていないゲルリッツ百貨店が『グランド・ブダペスト・ホテル』になったように、ここでも監獄という場所の「全体的にそれっぽい感じ」[11]が、この映画の持つ遊び心にぴったりだった。

フランスが生んだ喜劇の巨人ジャック・タチが、戦後フランスにおける伝統と近代化の風変りな衝突を贅を尽くして描いた『ぼくの伯父さん』は、この映画のもうひとつの精神的な評価基準となった。疲れを知らないタチのドタバタ演技を、マーレイが演じた外れ者たちや、『グランド・ブダペスト・ホテル』でムッシュ・グスタヴを演じたレイフ・ファインズに見出すことは容易い。しかし今作と比較すべきは、タチが『ぼくの伯父さん』のためにニースの撮影所に建造した、狭い路地や割れた窓まで完璧に作りこまれたお伽噺のようなフランスの町並みの方だ。着想を得た作品をもうひとつあげるとすれば、アルベール・ラモリスの『赤い風船』（1956）だとストックハウゼンは言う。「美しく薄汚れた街並み」[12]から美麗な色彩が「飛び出してくるんです」[13]。

撮影は、他のどの作品にも増して目まぐるしいものとなった。名前のつけられた助演の役柄は40におよび、俳優たちが引きも切らずに出入りし続けた。小さいが印象的なキャラクターを演じた俳優たちを何人か挙げると、エドワード・ノートン、ウィレム・デフォー、クリストフ・ヴァルツ、フィッシャー・スティーヴンス、リーヴ・シュレイバー、リナ・クードリ、そして「ディスパッチ」誌のイラストレーターであるエルメス・ジョーンズを演じるジェイソン・シュワルツマン等々。数日の、人によっては数週間の出番を終えて現場を去る俳優たちは、口々にこれが今まで出演したアンダーソン作品の中で最もやりがいのあるものだったと匂わせた。いつものように脚本は大切にされたが、アンダーソンはどの場面でも即興演技を促した。しかし、それでキャストとスタッフというアンダーソン一家の信頼が揺らぐようなことはなかった。キャストとスタッフは、街の中心部にある美しいル・サン・ジュレ・ホテルで寝泊まりした。アンダーソンは夜な夜なパーティを催し、品格を演出するために、毎晩正装して現れた。

「ひとつ屋根の下で集い、家族のように寝食を、探検隊の一員として旅を共にするのです」と、ティルダ・スウィントンはアンダーソン号の乗り心地を楽しそうに伝えている。「皆の旅が映画になり、映画が皆の旅になるんですね。皆で遊ぶ時間、という気分。いたって真面目に遊ぶわけですが、それでも目を輝かせ、明るい水平線に目を向けながら、ですね」[14]。

最早アンダーソンのミューズというより守護動物と化したマーレイにとって、アンダーソン作品に出演するというのは、ほとんど化学的なプロセスだった。気分を落ち着けて、映画の一部となる。静物画のために置かれた、一輪の花のように。

「拘束時間は長く、ギャラは安いと約束されたからね」とマーレイは、まだ役に入ったままであるかのように顔色ひとつ変えずに溜め息を吐く。「それから硬くなったパン。そんなところかな。請われて長時間働いて、しかもお金はどんどん減っていく。稼ぎよりチップの払いの方が額が多いんだから、やっ

上：コンピュータ出現以前の出版文化全盛期——見事に散らかった「フレンチ・ディスパッチ」紙の聖域。ウォーリー・ウォロダースキーが演じる1本も記事を仕上げたことのない陽気な記者、マーレイ演じる気が散りがちな編集長、そしてウィルソン演じるサゼラック。

てられないよ。でも、知らない世界を見られるしね。魔法のような世界を生きているウェスが見られる。それは現実になった彼の夢の世界なんだな。私たちが仕事をしに出向けば、ウェスは自分の夢が叶って万々歳という算段だが、皆彼のことが好きだから、付き合ってやるんだ」[15]。

この本が印刷所に向かう頃、『フレンチ・ディスパッチ』は公開を控え、ファンたちの期待は抑えきれないほど膨らんでいるはずだ。公式ウェブサイトで間を持たせ、予告編を仔細に解剖して何とか手がかりを得ようと必死なファンたち。

作品のトーンが一番近いのは恐らく『グランド・ブダペスト・ホテル』だが、構造的な複雑さと内容の濃さは『ブダペスト』以上だ。暴動(路上で、そして監獄内)、追跡劇、そして銃撃という形で表される秩序と混沌の衝突を描きながら、『フレンチ・ディスパッチ』もまた、近年のヨーロッパの歴史を、そして現代という時間を合成する試みなのだ。一方でこの映画は、芸術や文芸、料理、政治的宣言といった創造的プロセスに秘められた謎を解明しようとする論考であり、そのような世界が持つ価値を紐解かんとする者たちを活写した論文でもある。そう考えるとこれは、アンダーソンの脳内を紐解こうと必死になる評論家たちをダシにしたジョークなのかもしれない。

『フレンチ・ディスパッチ』は、現役映画作家の中でもきわめて独特なキャリアを誇るひとりの映画監督のひとつの到達点だ。完璧に仕立てられたような彼の作風に耐えられないという観客に対して、彼はまったく容赦しない。どのコマからも、ウェスリー・ウェールズ・アンダーソンという人のビジョンが、そして彼が抱えこんだ矛盾が見てとれる。

アンダーソンは孤高の存在であり、作家なのだ(フランスの映画論によれば)。同時に彼は共同作業を好む。映画を作りながら形成されたコミュニティの中で彼の才能は育まれる。新作を撮るたびに同窓会なのだ。「ウェスは群れの動物ですよね」[16]とロマン・コッポラが言う。そして家族は拡大し続ける。アンダーソンは、紙人形劇のようなわざとらしさによって世界を描くが、彼ほどの鋭さで人間というものの真実を見つけ出せる映画作家もそうはいない。1度観たときは可笑しさが際立つアンダーソンの映画だが、2度目には胸がつぶれるほど悲しい。自身の気まぐれな思いつき一本でハリウッドの殿堂の一角に居場所を作り出したアンダーソンだが、そこはサタジット・レイからマイケル・マンに至る映画史という名の豊饒な土壌なのだ。

『グランド・ブダペスト・ホテル』でゼロ・ムスタファがムッシュ・グスタヴ・Hを指して言った台詞――そう、「彼の世界は、彼が足を踏み入れる遥か以前に消え失せていたのだが、彼は比類なき優雅さをもってその幻影を維持した」[17]。

比類なき優雅さをもって、幻影を維持し続ける――それがウェス・アンダーソンなのだ。

出典

*1 書籍が出典となる場合、初出時は〔 〕内に邦訳あり・なしの区別を記した上で、邦訳書の情報、あるいは日本語による原書の情報を併記した。以降、同じ書籍が用いられる際には原書情報のみ記載している。

*2 雑誌・新聞記事、ラジオ放送、記者会見等が出典となる場合、初出時には〔〕内に日本語での情報を併記。以降、同じ資料が用いられる場合には原語の情報のみを記載している。なお、とくに断りのない場合「インタビュー」はすべてウェス・アンダーソンのものを示す。

*3 邦訳のある資料が引用されている場合、基本的に文脈に合わせて訳者が新たに訳出している。

まえがき

1 Rushmore screenplay, Wes Anderson and Owen Wilson, Faber & Faber, 1999〔未邦訳：ウェス・アンダーソン＋オーウェン・ウィルソン『天才マックスの世界 スクリーン・プレイ』、1999年〕
2 Bottle Rocket Blu-ray, Criterion Collection, 4 December 2017〔『アンソニーのハッピー・モーテル』Blu-ray、2017年12月4日〕
3 Close-ups 1: Wes Anderson, Sophie Monks Kaufman, William Collins, 2018〔未邦訳：ウィリアム・コリンズ『クロース・アップス1：ウェス・アンダーソン』、2018年〕
4 NPR.org, Terry Gross, 29 May 2012〔テリー・グロスによるインタビュー、「NPR.org」、2012年5月29日〕
5 GQ, Chris Heath, 28 October 2014〔クリス・ハース、「GQ」誌、2014年10月28日〕
6 Ibid.
7 GQ, Anna Peele, 22 March 2018〔アンナ・ピール、「GQ」誌、2018年3月22日〕
8 The Guardian, Suzie Mackenzie, 12 February 2005〔スージー・マッケンジー、「ザ・ガーディアン」紙、2005年2月12日〕
9 The Royal Tenenbaums screenplay (introduction), Wes Anderson and Owen Wilson, Faber & Faber, 2001〔未邦訳：ウェス・アンダーソン+オーウェン・ウィルソン『ザ・ロイヤル・テネンバウムズ スクリーンプレイ（イントロダクション）』、2001年〕
10 The Grand Budapest Hotel screenplay, Wes Anderson, Faber & Faber, 2014〔未邦訳：ウェス・アンダーソン『ザ・グランド・ブダペスト・ホテル スクリーンプレイ』、2014年〕

アンソニーのハッピー・モーテル

1 NPR.org, Terry Gross, 29 May 2012
2 Ibid.
3 The Wes Anderson Collection, Matt Zoller Seitz, Abrams, 2013〔未邦訳：マット・ゾラー・サイツ『ザ・ウェス・アンダーソン・コレクション』、2013年〕
4 The Telegraph, Robbie Collin, 19 February 2014〔ロビー・コリン、「テレグラフ」紙、2014年2月19日〕
5 Ibid.
6 NPR.org, Terry Gross, 29 May 2012
7 Icon, Edward Appleby, September/October 1998〔エドワード・アップルビーによるインタビュー、「アイコン」誌、1998年9-10月〕
8 Ibid.
9 Rushmore press kit, Touchstone Pictures, October 1998〔『天才マックスの世界』プレスキット、1998年10月〕
10 Icon, Philip Zabriskie, September/October 1998〔フィリップ・ザブリスキーによるインタビュー、「アイコン」誌、1998年9-10月〕
11 Interview, Arnaud Desplechin, 26 October 2009〔アルノー・デプレシャンによるインタビュー、2009年10月26日〕
12 Los Angeles Magazine, Amy Wallace, December 2001〔エイミー・ウォレスによるインタビュー、「ロスアンジェルス・マガジン」誌、2001年12月〕
13 Ibid.
14 Live from the New York Public Library: Wes Anderson (via Nypl.org), Paul Holdengräber, 27 February 2014〔ニューヨーク公共図書館パブリックライブラリー：ウェス・アンダーソン（聞き手：ポール・ホルデングラバー）、2014年2月27日〕
15 The Wes Anderson Collection, Matt Zoller Seitz, Abrams, 2013
16 Vulture, Matt Zoller Seitz, 23 October 2013〔マット・ゾラー・サイツによるインタビュー、「ヴァルチャー」、2013年10月23日〕
17 Icon, Philip Zabriskie, September/October 1998
18 Los Angeles Magazine, Amy Wallace, December 2001
19 Live from the New York Public Library: Wes Anderson (via Nypl.org), Paul Holdengräber, 27 February 2014
20 Texas Monthly, Pamela Colloff, May 1998〔パメラ・コローフによるインタビュー、「テキサス・マンスリー」誌、1998年5月〕
21 The Wes Anderson Collection, Matt Zoller Seitz, Abrams, 2013
22 Ibid.
23 Premiere, October 1998〔「プレミア」誌、1998年10月〕
24 Icon, Philip Zabriskie, September/October 1998
25 Texas Monthly, Pamela Colloff, May 1998
26 Rushmore screenplay (foreword), Wes Anderson and Owen Wilson, Faber & Faber, 1998
27 The Wes Anderson Collection, Matt Zoller Seitz, Abrams, 2013
28 Ibid.
29 FlickeringMyth.com, Rachel Kaines, 11 January 2018〔レイチェル・ケインズによるインタビュー、「FlickeringMyth.com」、2018年1月11日〕
30 Premiere, October 1998
31 Ibid.
32 Ibid.
33 The Making of Bottle Rocket, Criterion Collection Blu-ray, 2017〔『アンソニーのハッピー・モーテル』メイキング、2017年〕
34 Ibid.
35 Los Angeles Times, Kenneth Turan, 21 February 1996〔ケネス・トルーラン、「ロサンゼルス・タイムス」紙、1996年2月21日〕
36 The Washington Post, Deeson Howe, 21 February 1996〔デッソン・ホー、「ワシントン・ポスト」紙、1996年2月21日〕
37 D Magazine, Matt Zoller Seitz, February 2016〔マット・ゾラー・サイツ、「Dマガジン」、2016年2月〕
38 Esquire, Martin Scorsese, 1 March 2000 (posted)〔マーティン・スコセッシ、「エスクワイア」、2000年3月1日〕

天才マックスの世界

1 The Wes Anderson Collection, Matt Zoller Seitz, Abrams, 2013
2 Ibid.
3 Icon, Philip Zabriskie, September/October 1998
4 The Wes Anderson Collection, Matt Zoller Seitz, Abrams, 2013
5 Rushmore screenplay, Wes Anderson and Owen Wilson, Faber & Faber, 1999
6 The Wes Anderson Collection, Matt Zoller Seitz, Abrams, 2013
7 Ibid.
8 Dazed and Confused, Trey Taylor, 2 June 2015〔トレイ・テイラーによるインタビュー、「Dazed and Confused」、2015年6月2日〕
9 Salon.com, Chris Lee, 21 January 1999〔クリス・リーによるインタビュー、「Salon.com」、1999年1月21日〕
10 Ibid.
11 Newsweek, Jeff Giles, 7 December 1998〔ジェフ・ジルスによるインタビュー、「Newsweek」紙、1998年12月7日〕
12 Sunday Today, Willie Geist, 15 April 2018〔ウ

ィリー・ガイスト、TV番組「Sunday Today」、2018年4月15日〕
13 Nobody's Fool, Anthony Lane, Vintage, 2003〔未邦訳：リチャード・ルッソ『ノーバディーズ・フール』、2013年〕
14 The Wes Anderson Collection, Matt Zoller Seitz, Abrams, 2013
15 Charlie Rose, 29 January 1999〔チャーリー・ローズによるインタビュー、1999年1月29日〕
16 Rushmore press kit, Touchstone Pictures, October 1998〔『天才マックスの世界』プレスキット、1998年10月〕
17 The Wes Anderson Collection, Matt Zoller Seitz, Abrams, 2013
18 Rushmore press kit, Touchstone Pictures, October 1998
19 Ibid.
20 The Wes Anderson Collection, Matt Zoller Seitz, Abrams, 2013
21 Ibid.
22 Rushmore press kit, Touchstone Pictures, October 1998
23 The Wes Anderson Collection, Matt Zoller Seitz, Abrams, 2013
24 Rolling Stone, James Rocchi, 11 March 2014〔ジェレミー・ドーソンへのジェイムズ・ロッチによるインタビュー、「ローリング・ストーン」誌、2014年3月11日〕
25 Close-ups: Wes Anderson, Sophie Monks Kaufman, William Collins, 2018
26 Rushmore screenplay (introduction), Wes Anderson and Owen Wilson, Faber & Faber, 1999
27 Ibid.
28 Ibid.
29 Ibid.
30 The Royal Tenenbaums screenplay, Wes Anderson and Own Wilson, Faber & Faber, 2001
31 The Life Aquatic with Steve Zissou screenplay, Wes Anderson and Noah Baumbach, Touchstone Pictures, 2004〔未邦訳：ウェス・アンダーソン＋ノア・バームバック『ライフ・アクアティック・ウィズ・スティーヴ・ズィスー・スクリーンプレイ』、2004年〕

ザ・ロイヤル・テネンバウムズ

1 The Wes Anderson Collection, Matt Zoller Seitz, Abrams, 2013
2 Ibid.
3 The Royal Tenenbaums press kit, Touchstone Pictures, 2001〔『ザ・ロイヤル・テネンバウムズ』プレスキット、2001年〕
4 The Wes Anderson Collection, Matt Zoller Seitz, Abrams, 2013
5 The Royal Tenenbaums press kit, Touchstone Pictures, 2001
6 Ibid.
7 The Wes Anderson Collection, Matt Zoller Seitz, Abrams, 2013
8 The Royal Tenenbaums press kit, Touchstone Pictures, 2001
9 The Wes Anderson Collection, Matt Zoller Seitz, Abrams, 2013
10 Rebels on the Backlot, Sharon Waxman, William Morrow, 2005〔未邦訳：シャロン・ワクスマン＋ウィリアム・モロウ『レベルズ・オン・ザ・バックロット』、2005年〕
11 Ibid.
12 The Royal Tenenbaums international press conference, 2 September 2002〔『ザ・ロイヤル・テネンバウムズ』インターナショナル・プレス・カンファレンス、2002年9月2日〕
13 The Royal Tenenbaums press kit, Touchstone Pictures, 2001
14 The Royal Tenenbaums international press conference, 3 September 2002
15 The Royal Tenenbaums press kit, Touchstone Pictures, 2001
16 Ibid.
17 Ibid.
18 The Royal Tenenbaums international press conference, 3 September 2002
19 The Wes Anderson Collection, Matt Zoller Seitz, Abrams, 2013
20 The Royal Tenenbaums international press conference, 3 September 2002
21 The Royal Tenenbaums screenplay (introduction), Wes Anderson and Owen Wilson, Faber & Faber, 2001
22 The Royal Tenenbaums press kit, Touchstone Pictures, 2001
23 The Wes Anderson Collection, Matt Zoller Seitz, Abrams, 2013
24 Ibid.
25 The Wes Anderson Collection, Matt Zoller Seitz, Abrams, 2013
26 The Royal Tenenbaums screenplay, Wes Anderson and Owen Wilson, Faber & Faber, 2001
27 The Royal Tenenbaums international press conference, 3 September 2002
28 The Royal Tenenbaums press kit, Touchstone Pictures, 2001
29 Ibid.
30 Film Threat, Tim Merrill, 6 December 2001〔ティム・メリル、「フィルム・スレット」誌、2001年12月6日〕
31 Entertainment Weekly, Lisa Schwartzbaum, 22 December 2001〔リサ・シュワルツバウム、「エンターテインメント・ウィークリー」誌、2001年12月22日〕
32 The Royal Tenenbaums screenplay, Wes Anderson and Owen Wilson, Faber & Faber, 2001
33 The Royal Tenenbaums press kit, Touchstone Pictures, 2001

ライフ・アクアティック

1 The Royal Tenenbaums international press conference, 3 September 2002
2 The Wes Anderson Collection, Matt Zoller Seitz, Abrams, 2013
3 BBC.com, Stella Papamichael, 28 October 2004〔ステラ・パパマイケルによるインタビュー、「BBC.com」、2004年10月28日〕
4 The Life Aquatic with Steve Zissou press kit, Touchstone Pictures, 2005〔『ライフ・アクアティック』プレスキット、2005年〕
5 Ibid.
6 Ibid.
7 BBC.com, Stella Papamichael, 28 October 2004
8 The Wes Anderson Collection, Matt Zoller Seitz, Abrams, 2013
9 The Life Aquatic with Steve Zissou press kit, Touchstone Pictures, 2005
10 Ibid.
11 New York Magazine, Ken Tucker, 20 December 2004〔ケン・タッカー、「ニューヨーク・マガジン」誌、2004年12月20日〕
12 The Life Aquatic with Steve Zissou screenplay, Wes Anderson and Noah Baumbach, Touchstone Pictures, 2004
13 The Wes Anderson Collection, Matt Zoller Seitz, Abrams, 2013
14 BBC.com, Stella Papamichael, 28 October 2004
15 The Life Aquatic with Steve Zissou screenplay, Wes Anderson and Noah Baumbach, Touchstone Pictures, 2004
16 The Life Aquatic with Steve Zissou press kit, Touchstone Pictures, 2005
17 Ibid.
18 New York Film Academy, Orson Welles, 6 June 2014 (posted)〔「ニューヨーク・フィルム・アカデミー」公式サイト内「オーソン・ウェルズ」(https://www.nyfa.edu/student-resources/orson-welles/)、2014年6月6日投稿〕
19 The Life Aquatic with Steve Zissou press kit, Touchstone Pictures, 2005
20 Ibid.
21 The Wes Anderson Collection, Matt Zoller Seitz, Abrams, 2013
22 New York Magazine, Ken Tucker, 20 December 2004
23 The Wes Anderson Collection, Matt Zoller Seitz, Abrams, 2013
24 Ibid.
25 New York Times live Q&A, David Carr, February 2014〔デヴィッド・カーによるインタビュー、「New York Times live」、2014年2月〕
26 The New Yorker, Richard Brody, 26 October

2009〔リチャード・ブロディによるインタビュー、「ザ・ニューヨーカー」誌、2009年10月26日〕

27 New York Magazine, Ken Tucker, 20 December 2004

28 The Independent, Anthony Quinn, 18 February 2005〔アンソニー・クイン、「ザ・インディペンデント」誌、2005年2月18日〕

29 The New Yorker, Anthony Lane, 15 January 2005〔アンソニー・レイン、「ザ・ニューヨーカー」誌、2005年1月15日〕

30 Esquire, Ryan Reed, 24 December 2014〔ライアン・リード、「エスクワイア」誌、2014年12月24日〕

31 The Life Aquatic with Steve Zissou screenplay, Wes Anderson and Noah Baumbach, Touchstone Pictures, 2004

32 New York Magazine, Ken Tucker, 20 December 2004

33 The Cinema of Ozu Yasujiro: Histories of the Everyday, Edinburgh University Press, 2017〔邦訳:朱宇正『小津映画の日常—戦争をまたぐ歴史のなかで—』、名古屋大学出版会、2020年〕

ダージリン急行

1 The Wes Anderson Collection, Matt Zoller Seitz, Abrams, 2013

2 Huffington Post, Karin Brady, 26 September 2007〔カリン・ブラディによるインタビュー、「ハフィントン・ポスト」、2007年9月26日〕

3 The Darjeeling Limited press kit, Fox Searchlight Pictures, 2007〔『ダージリン急行』プレスキット、2007年〕

4 Collider, Steve 'Frosty' Weintraub, 7 October 2007〔スティーヴ・"フロスティ"・ウェイントローブによるインタビュー、「Collider」、2007年10月7日〕

5 Ibid.

6 The Wes Anderson Collection, Matt Zoller Seitz, Abrams, 2013

7 Collider, Steve 'Frosty' Weintraub, 7 October 2007

8 Screen Anarchy, Michael Guillen, 10 October 2007〔マイケル・ギレンによるジェイソン・シュワルツマンへのインタビュー、「Screen Anarchy」、2007年10月10日〕

9 The Darjeeling Limited press kit, Fox Searchlight Pictures, 2007

10 IndieLondon, unattributed, October 2007〔インタビュー(聞き手記載なし)、「IndieLondon」、2007年10月〕

11 Screen Anarchy, Michael Guillen, 10 October 2007

12 Collider, Steve 'Frosty' Weintraub, 7 October 2007

13 The Wes Anderson Collection, Matt Zoller Seitz, Abrams, 2013

14 Huffington Post, Karin Brady, 26 September 2007

15 Ibid.

16 The Darjeeling Limited press kit, Fox Searchlight Pictures, 2007

17 Ibid.

18 Ibid.

19 Ibid.

20 The New Yorker, Richard Brody, 27 September 2009〔リチャード・ブロディ、「ザ・ニューヨーカー」誌、2009年9月27日〕

21 Entertainment Weekly, Lisa Schwartzbaum, 26 September 2007〔リサ・シュワルツバウム、「エンターテインメント・ウィークリー」誌、2007年9月26日〕

22 The Wes Anderson Collection, Matt Zoller Seitz, Abrams, 2013

23 Ibid.

24 The Darjeeling Limited DVD, Twentieth Century Fox, 2007〔『ダージリン急行』DVD、2007年〕

25 Screen Anarchy, Michael Guillen, 10 October 2007

26 IndieLondon, unattributed, October 2007

27 Ibid.

28 Screen Anarchy, Michael Guillen, 10 October 2007

ファンタスティックMr.FOX

1 The Wes Anderson Collection, Matt Zoller Seitz, Abrams, 2013

2 The Telegraph, Craig McLean, 20 October 2009〔クレイグ・マクリーンによるインタビュー、「テレグラフ」誌、2009年10月20日〕

3 DP/30 television interview, unattributed, 15 April 2012 (posted)〔TV番組「DP/30」インタビュー、2012年4月15日〕

4 The Wes Anderson Collection, Matt Zoller Seitz, Abrams, 2013

5 Ibid.

6 Ibid.

7 DP/30 television interview, unattributed, 15 April 2012 (posted)

8 Ibid.

9 Ibid.

10 Fantastic Mr. Fox Blu-ray, Criterion Collection, 28 February 2014〔『ファンタスティックMr.FOX』Blu-ray、2014年2月28日〕

11 The New Yorker, Richard Brody, 26 October 2009〔リチャード・ブロディによるインタビュー、「ザ・ニューヨーカー」誌、2009年10月26日〕

12 DP/30 television interview, unattributed, 15 April 2012 (posted)

13 Time Out London, Dave Calhoun, October 2009〔デイヴ・コルホウンによるインタビュー、「タイムアウト・ロンドン」誌、2009年10月〕

14 DP/30 television interview, unattributed, 15 April 2012 (posted)

15 Ibid.

16 Fantastic Mr. Fox Blu-ray (behind the scenes footage), Criterion Collection, 28 February 2014

17 The New Yorker, Richard Brody, 26 October 2009

18 Los Angeles Times, Chris Lee, 11 October 2009

19 DP/30 television interview, unattributed, 15 April 2012 (posted)

20 Interview, Arnaud Desplechin, 26 October 2009

21 The New Yorker, Richard Brody, 26 October 2009

22 Ibid.

23 DP/30 television interview, unattributed, 15 April 2012 (posted)

24 The New Republic, Christopher Orr, 26 November 2009〔クリストファー・オア、「ニュー・リパブリック」誌、2009年11月26日〕

25 DP/30 television interview, unattributed, 15 April 2012 (posted)

ムーンライズ・キングダム

1 Fresh Air Interview, Terri Gross, 30 May 2012〔テリ・グロスによるインタビュー、ラジオ番組「Fresh Air」、2012年5月30日〕

2 Entertainment Weekly, Rob Brunner, 10 April 2012〔ロブ・ブラナーによるインタビュー、「エンターテインメント・ウィークリー」誌、2012年4月10日〕

3 Ibid.

4 CNN, Mike Ayers, 24 May 2012〔マイク・アイヤーズによるインタビュー、CNN、2012年〕

5 The New Yorker, Anthony Lane, 28 May 2012〔アンソニー・レイン、「ザ・ニューヨーカー」誌、2012年5月28日〕

6 NPR, unattributed, 29 May 2012〔インタビュー(聞き手記載なし)、NPR、2012年5月29日〕

7 Fast Company, Ari Karpel, 27 April 2012〔アリ・カーペルによるインタビュー、「ファスト・カンパニー」誌、2012年4月27日〕

8 Heyuguys, Craig Skinner, 18 May 2012〔クレイグ・スキナーによるインタビュー、「Heyuguys」、2012年5月18日〕

9 The Guardian, Francesca Babb, 19 May 2012〔フランチェスカ・バーブによるインタビュー、「ザ・ガーディアン」紙、2012年5月19日〕

10 Fast Company, Ari Karpel, 27 April 2012

11 Ibid.

12 CNN, Mike Ayers, 24 May 2012

13 Hollywood Reporter, Gregg Kilday, 15 May 2012〔グレッグ・キルデイによるインタビュー、「ハリウッド・リポーター」紙、2012年5月15日〕

14 The Wes Anderson Collection, Matt Zoller Seitz, Abrams, 2013

15 Moonrise Kingdom screenplay, Wes

Anderson and Roman Coppola, Faber & Faber, 25 May 2012〔未邦訳：ウェス・アンダーソン＋ロマン・コッポラ『ムーンライズ・キングダム・スクリーンプレイ』、2012年5月〕
16 Ibid.
17 NPR, unattributed, 29 May 2012
18 Esquire, Scott Raab, 23 May 2012〔スコット・ラアブによるビル・マーレイへのインタビュー、「エスクワイア」誌、2012年5月23日〕
19 Hollywood Reporter, Gregg Kilday, 15 May 2012
20 Moonrise Kingdom screenplay, Wes Anderson and Roman Coppola, Faber & Faber, 25 May 2012
21 NPR, unattributed, 29 May 2012
22 Entertainment Weekly, Rob Brunner, 10 April 2012
23 Esquire, Scott Rabb, 23 May 2012
24 The Wes Anderson Collection, Matt Zoller Seitz, Abrams, 2013
25 The Atlantic, Christopher Orr, 1 June 2012〔クリストファー・オア、「アトランティック」誌、2012年6月1日〕
26 The Life Aquatic with Steve Zissou press kit, Touchstone Pictures, 2005
27 The Wes Anderson Collection, Matt Zoller Seitz, Abrams, 2013
28 The Observer, Philip French, 27 May 2012〔フィリップ・フレンチ、「ザ・オブザーバー」誌、2012年5月27日〕
29 Hollywood Reporter, Gregg Kilday, 15 May 2012
30 The New Republic, David Thomson, 4 June 2012〔デヴィッド・トムソンによるインタビュー、「ニュー・リパブリック」誌、2012年6月4日〕

グランド・ブダペスト・ホテル

1 The Guardian, Suzie Mackenzie, 12 February 2005〔スージー・マッケンジーによるインタビュー、「ザ・ガーディアン」紙、2005年2月12日〕
2 Esquire, Ryan Reed, 24 December 2014〔ライアン・リード、「エスクワイア」誌、2014年12月24日〕
3 YouTube, 28 December 2012〔https://www.youtube.com/watch?v=FCVErMpzYg8〕
4 YouTube, 18 April 2019 (posted)〔https://www.youtube.com/watch?v=gfDIAZCwHQE〕
5 Time Out London, Dave Calhoun, 4 March 2014〔デイヴ・コルホウンによるインタビュー、「Time Out London」、2014年3月4日〕
6 The Telegraph, Robbie Collin, 19 February 2014〔ロビー・コリンによるインタビュー、「ザ・テレグラフ」誌、2014年2月19日〕
7 The Grand Budapest Hotel, Matt Zoller Seitz, Abrams, 2015〔邦訳：マット・ゾラー・サイツ『ウェス・アンダーソンの世界 グランド・ブダペスト・ホテル』、篠儀直子＋小澤英実、DU BOOKS、2016年〕
8 Ibid.
9 Ibid.
10 Time Out London, Dave Calhoun, 4 March 2014
11 Collider, Steve 'Frosty' Weintraub, 24 February 2014〔スティーヴ・"フロスティ"・ウェイントローブによるインタビュー、「Collider」、2014年2月24日〕
12 The Grand Budapest Hotel, Matt Zoller Seitz, Abrams, 2015
13 Ibid.
14 Collider, Steve 'Frosty' Weintraub, 24 February 2014
15 The Grand Budapest Hotel, Matt Zoller Seitz, Abrams, 2015
16 Ibid.
17 The Society of Crossed Keys (introductory conversation), Stefan Zweig, Pushkin Press, 2014〔未邦訳：ウェス・アンダーソン編『ステファン・ツヴァイク短編集』所収の「ウェス・アンダーソン談話」、プシュキン・プレス、2014年〕
18 The Telegraph, Robbie Collin, 19 February 2014
19 Time Out London, Dave Calhoun, 4 March 2014
20 The Grand Budapest Hotel, Matt Zoller Seitz, Abrams, 2015
21 Ibid.
22 Ibid.
23 Time, Richard Corliss, 10 March 2014〔リチャード・コーリス、「タイム」紙、2014年3月10日〕
24 Collider, Steve 'Frosty' Weintraub, 24 February 2014
25 Time Out London, Dave Calhoun, 4 March 2014
26 New Republic, David Thomson, 6 March 2014〔デヴィッド・トムソン、「ニュー・リパブリック」誌、2014年3月6日〕
27 The Grand Budapest Hotel, Matt Zoller Seitz, Abrams, 2015
28 Film Comment, Jonathan Romney, 12 March 2014〔ジョナサン・ロムニー、「フィルム・コメント」誌、2014年3月12日〕
29 The Grand Budapest Hotel screenplay, Wes Anderson, Faber & Faber, 2014
30 Ibid.

犬ヶ島

1 Entertainment Weekly, Piya Sinha-Roy, 22 March 2018〔ピヤ・シンハ＝ロイによるインタビュー、「エンターテインメント・ウィークリー」紙、2018年3月22日〕
2 Hollywood Reporter, Marc Bernadin, 29 March 2018〔マーク・バーナーディン、「ハリウッド・リポーター」紙、2018年3月29日〕
3 The Guardian, Steve Rose, 26 March 2018〔スティーブ・ローズ、「ザ・ガーディアン」紙、2018年3月26日〕
4 Ibid.
5 GQ, Anna Peele, 22 March 2018
6 Little White Lies, Sophie Monks Kaufman, 24 March 2018〔ソフィ・モンクス・カウフマン、「リトル・ホワイト・ライズ誌」、2013年3月24日〕
7 The New Yorker, Ian Crouch, 21 June 2012〔イアン・クラウチ、「ザ・ニューヨーカー」誌、2012年6月21日〕
8 Time Out London, Gail Tolley, 23 March 2018〔ゲイル・トーリーによるインタビュー、「タイム・アウト・ロンドン」誌、2018年3月23日〕
9 Ibid.
10 Ibid.
11 Japan Forward, Katsuro Fujii, 9 June 2018〔藤井克郎によるインタビュー、「Japan Forward」、2018年6月9日〕
12 Ibid.
13 Ibid.
14 Isle of Dogs, Taylor Ramos and Tony Zhou, Abrams, 2018〔邦訳：ローレン・ウィルフォード＋ライアン・スティーヴンソン『The Wes Anderson Collection: メイキングブック 犬ヶ島』、金原瑞人＝訳、フィルムアート社、2019年〕
15 Entertainment Weekly, Piya Sinha-Roy, 22 March 2018
16 GQ, Anna Peele, 22 March 2018
17 Little White Lies, Sophie Monks Kaufman, 24 March 2018
18 GQ, Anna Peele, 22 March 2018
19 The Guardian, Peter Bradshaw, 29 March 2018〔ピーター・ブラッドシャー、「ザ・ガーディアン」紙、2018年3月29日〕
20 Isle of Dogs, Taylor Ramos and Tony Zhou, Abrams, 2018
21 Ibid.
22 Isle of Dogs screenplay, Wes Anderson, Faber & Faber, 2018〔未邦訳：ウェス・アンダーソン『犬ヶ島 スクリーンプレイ』、2018年〕
23 Isle of Dogs, Taylor Ramos and Tony Zhou, Abrams, 2018
24 Close-ups: Wes Anderson, Sophie Monks Kaufman, William Collins, 2018
25 Time Out London, Gail Tolley, 23 March 2018

フレンチ・ディスパッチ ザ・リバティ、カンザス・イヴニング・サン別冊

1 Close-ups: Wes Anderson, Sophie Monks Kaufman, William Collins, 2018
2 Passion Passport, Britton Perelman, 28 May 2018〔ブリットン・パレルマンによるワリー・コーヴァルへのインタビュー、「Passion Passport」、2018年5月28日〕

3 Time Out, Gail Tolley, 23 March 2018
4 The Playlist, Kevin Jagernauth, 18 January 2010〔ケヴィン・ジャガーナウス、「The Playlist」、2010年1月18日〕
5 Collider.com
6 Charente Libre, Richard Tallet, 11 April 2019〔リシャール・タレによるインタビュー、「シャラント・リブル」紙、2019年4月11日〕
7 Just Enough Liebling, A.J. Liebling, North Point Press, 2004〔未邦訳:A.J.リービング『ジャスト・イナフ・リービング』、2004年〕
8 IndieWire, Zack Sharf, 23 March 2020〔ザック・シャーフによるロバート・イェーマンへのインタビュー、「IndieWire」、2020年3月23日〕
9 Ibid.
10 IndieWire, Zack Sharf, 20 March 2020
11 Ibid.
12 Ibid.
13 Ibid.
14 GQ, Anna Peele, 22 March 2018
15 Esquire, R. Kurt Osenlund, 7 March 2014〔R.カート・オセンランドによるビル・マーレイへのインタビュー、「エスクワイア」誌、2014年3月7日〕
16 Ibid.
17 The Grand Budapest Hotel screenplay, Wes Anderson, Faber & Faber, 2014

謝辞

今この瞬間、私が最も重要な映画監督だと信じる作家たちをフィーチャーしたこのシリーズもいよいよ充実してきたが、まず何を差し置いてもウェス・アンダーソンご本人に感謝を捧げたい。あなたが作りあげた、華麗で計算され尽くされた世界を放浪しながら、その小綺麗な表面の下にある何かを感じとるのは、言い尽くせない喜びだった。本書を書き始めた時には一ファンだった私だが、旅を終えてみると大ファンになっていた。今では、ビル・マーレイが現代最高の役者だと信じている（異論・共感ともにいつものアドレスにどうぞ）。仰々しい学術本以外で、アンダーソンという豊饒な主題を扱った書籍は驚くほど少ない。本書によって彼という存在が文化的な文脈にきちんと置かれる一助になればと願う。私の小さな貢献は、クアトロの編集者ピーター・ジョーゲンセンの励まし（と少しだけ文句）なしでは果たし得なかった。私が迷子にならないように導いてくれたジョー・ハールズワース。鷹の目を光らせて私の文章を理解できるものに直してくれた校正のニック・フリース。辛抱強く目に麗しいデザインを仕上げてくれたストーン・キャッスル・グラフィックのスー・プレスリー。スティーブ・ズィスー的に壮大な私の妄想に付き合って、助言や洞察を与えてくれた皆様（多数）。そして何でもカワイイ箱に入れてしまうキャットに、いつまでも変らぬ愛と感謝を。

イアン・ネイサン

著者
Ian Nathan　イアン・ネイサン
イギリスで広く知られる映画ライター。『エイリアン・コンプリートブック』『スティーヴン・キング　映画＆テレビ コンプリートガイド』（以上、竹書房）をはじめ『ティム・バートン 鬼才と呼ばれる映画監督の名作と奇妙な物語』（玄光社）、『魔法への招待『: ファンタスティック・ビーストと魔法使いの旅』メイキング・ブック 』（ハーパーコリンズ・ジャパン）、『クエンティン・タランティーノ 映画に魂を売った男』（フィルムアート社）など。
世界最大の映画雑誌「エンパイア」の編集者およびエグゼクティブ・エディターをつとめた後、現在は寄稿編集者として引き続き同誌に貢献。他にも「タイムズ」紙、「インディペンデント」紙、「メイル・オン・サンデー」紙、「カイエ・デュ・シネマ」誌、スカイ・アーツ・チャンネルのドキュメンタリー・シリーズ「ディスカバリング・フィルム」などに定期的に貢献している。

訳者
島内哲朗　しまうち・てつろう
映像翻訳者。字幕翻訳を手がけた主な劇映画には『朝が来る』『大怪獣のあとしまつ』『ザ・ファブル 殺さない殺し屋』『海辺の映画館—キネマの玉手箱』『AI崩壊』『護られなかった者たちへ』『さがす』『キングダム』『スマホを落としただけなのに』『愛のむきだし』『チワワちゃん』『野火』『サウダーヂ』『GANTZ』『忍たま乱太郎』等がある。翻訳した書籍には、フランク・ローズ『のめりこませる技術　誰が物語を操るのか』、カール・イグレシアス『「感情」から書く脚本術　心を奪って釘づけにする物語の書き方』『脚本を書くための101の習慣　創作の神様との付き合い方』、シーラ・カーラン・バーナード『ドキュメンタリー・ストーリーテリング［増補改訂版］』、ジェシカ・ブロディ『Save the Catの法則で売れる小説を書く』（以上、フィルムアート社）等がある。

ウェス・アンダーソン
旅する優雅な空想家

2022年2月25日　初版発行
2023年7月1日　第2刷

著者　イアン・ネイサン
翻訳　島内哲朗
ブックデザイン　石島章輝（イシジマデザイン制作室）
日本語版編集　田中竜輔
発行者　上原哲郎
発行所　株式会社フィルムアート社
〒150-0022
東京都渋谷区恵比寿南1-20-6
第21荒井ビル
Tel. 03-5725-2001
Fax. 03-5725-2626
http://filmart.co.jp

印刷・製本　シナノ印刷株式会社

©2022 Tetsuro Shimauchi
Printed in Japan
ISBN978-4-8459-2115-7　C0074

落丁・乱丁の本がございましたら、お手数ですが小社宛にお送りください。
送料は小社負担でお取り替えいたします。